23. Sonderveröffentlichung
des Historischen Vereins für die Grafschaft Ravensberg

Bielefelder Baukultur
in Industrie, Wirtschaft und Dienstleistung
1986–2020

Andreas Beaugrand, Florian Böllhoff (Hg.)

BVA Bielefelder Verlag

Mehr Mut zum Wandel!
Pit Clausen, Oberbürgermeister der Stadt Bielefeld

Wie sich Bielefeld entwickelt hat? Am »leinenen Faden« sagt der Hobbyhistoriker. Da scheint einiges dran zu sein – stelle ich mir das Bielefeld von gestern vor und betrachte das heutige Stadtbild oberflächlich. [ ] Tatsächlich hat das Leinengewerbe Bielefeld maßgeblich geformt. Zumindest in der jüngeren Geschichte. Noch heute prägt die Industriearchitektur das Gesicht der Stadt – bestes Beispiel dafür ist die Ravensberger Spinnerei. Wie viele andere historische Industriebauten wurde sie einer anderen Nutzung zugeführt. Engagierte Bielefelderinnen und Bielefelder haben deren Abriss verhindert und so einen Wandel herbeigeführt. Auch in den Köpfen vieler Menschen. Und so gibt es im 21. Jahrhundert immer noch viele Zeugen der Industrialisierung. Viele dieser früheren Nutzbauten wurden über viele Jahre stiefmütterlich behandelt. Heute schauen wir mit einem gewissen Stolz auf die Bauten, ihre Architektur und Geschichte. Krieg, Nachkriegszeit, Wirtschaftswunderjahre und insbesondere das letzte Jahrzehnt schrieben ihre eigene städtebauliche Geschichte – vom einstigen Telekom-Hochhaus am innerstädtischen Kesselbrink bis zum früheren städtebaulichen Vorzeigemodell im Bielefelder Süden, der Sennestadt. Auch an diesen Standorten geht die Entwicklung weiter. [ ] Doch Veränderungen treffen nicht immer auf Zustimmung, erhalten nicht immer Beifall. Viele Menschen haben Angst davor, sind misstrauisch. Warum eigentlich? Das Leben ist eine ständige Veränderung. Ohne sie würden wir uns nicht weiterentwickeln, immer nur auf der Stelle treten. Und was für uns Menschen gilt, gilt für eine Stadt in besonderem Maße. Städte verändern sich, müssen sich auch verändern. Stadtentwicklung darf nie fertig sein. Aber wie schaut das Bielefeld von morgen aus? [ ] Umwelt – Arbeiten – Wohnen – Mobilität: Das sind die Themen von heute. Jedes für sich eine Herausforderung und doch eng miteinander verwoben. Im Grunde bricht eine Zeitenwende an. Der Mensch und seine Bedürfnisse sollen wieder im Mittelpunkt der Stadtentwicklung stehen. Und dafür müssen wir heute die Weichen stellen, denn jetzt gestalten wir das Bielefeld von morgen. [ ] Wir? Bielefeld – das sind wir alle: 330.000 Menschen. Alle unterschiedlich und jeder für sich besonders. Bielefeld ist unsere Stadt. Dabei ist es egal, wo wir herkommen, an wen wir glauben, wen wir lieben, wie wir leben. Eine Stadt gehört allen, die zu der Stadtgemeinschaft gehören. Und wir alle sind für sie verantwortlich. Und die Stadt sollte im Gegenzug uns allen möglichst gerecht werden. [ ] Vielleicht müssen wir dafür ein wenig mutiger in die Zukunft blicken, die ostwestfälische Zurückhaltung und Skepsis einmal außen vor lassen. Vielleicht sollten wir in manchen Dingen auch einfach gelassener werden und Veränderungen als Chancen verstehen. Vielleicht auch mal gegen den Mainstream agieren – so wie es das vorliegende Buch zur Bielefelder Baukultur macht. Es dokumentiert den stadtgestalterischen Wandel in den vergangenen 30 Jahren bis in die dynamische Gegenwart, in der täglich Neues entsteht. Gestalten wir also gemeinsam unsere Stadt von morgen – jetzt!

Wirtschaftskraft und Wissenschaft
Wolf Meier-Scheuven, Präsident der Industrie- und Handelskammer Ostwestfalen zu Bielefeld

Bielefeld ist als Oberzentrum Ostwestfalen-Lippes inmitten des Teutoburger Waldes und im Umkreis von gut 100 Kilometern zwischen Hannover und Dortmund nicht nur die größte, sondern auch die wirtschaftsstärkste Stadt dieser Region. Weltweit agierende Firmen aus dem Maschinenbau, der Metall- und Fahrzeugtechnik, der Lebensmittel-, IT- und Bauindustrie prägen ebenso die Wirtschaft dieser Stadt wie der stark wachsende Dienstleistungssektor und die vielfältigen Handelsunternehmen. Die lebhafte Wirtschaftsentwicklung und die Expansion von Universität und Fachhochschulen in der Stadt haben in Bielefeld in den letzten Jahrzehnten zu intensiver Bautätigkeit geführt. Entstanden sind zahlreiche neue Stadt- und Produktionsareale, in denen die Menschen der nach wie vor wachsenden Stadt leben und arbeiten. [ ] Sicherlich: Sparrenburg, Kunsthalle und der allseits beliebte Tierpark Olderdissen gehören immer noch zu den Attraktionen, die genannt werden, wenn man nach Bielefeld fragt. Besonders auch Arminia, Dr. Oetker und Schüco gehören dazu, aber zunehmend sind es auch nicht wirtschaftliche Aspekte, die Beachtung finden: das kulturelle Leben in der Stadt, die zahlreichen Konzert- und Großveranstaltungsmöglichkeiten, das viele Grün mitten in der Stadt und das zunehmend modernere Stadtbild, das durch viele innovative Investitionen in Gebäude und Plätze mitgestaltet wird. Mit den Entwicklungen der Bielefelder Baukultur der letzten Jahrzehnte beschäftigt sich dieses eindrucksvolle Werk. Ich beglückwünsche die Initiatoren und Beteiligten dazu und wünsche dem Buchprojekt die ihm gebührende positive Resonanz.

Zeitgenössische Baukultur als historische Quelle
Prof. Dr. Ulrich Andermann, Vorsitzender des Historischen Vereins für die Grafschaft Ravensberg

Der vorliegende Band zur Bielefelder Baukultur erscheint innerhalb der Schriftenreihe der Sonderveröffentlichungen des Historischen Vereins für die Grafschaft Ravensberg. Dort nimmt er mit Blick auf die bisherigen Publikationen thematisch betrachtet eine Sonderrolle ein. Denn im Gegensatz zu den ›klassischen‹ historischen Themen widmet sich dieses Buch gemäß seinem Untertitel der Baukultur »in Industrie, Wirtschaft und Dienstleistung«. Für diese wird nicht nur der Status quo abgebildet, sondern auch ihre Wandlungen werden in den Blick genommen. So wird zum Beispiel bei Gerhard Renda die bildliche Repräsentation der Stadt Bielefeld seit dem 17. Jahrhundert oder bei Ascan von Neumann-Cosel die zukünftige Stadtentwicklung thematisiert. Mit der Stadtgestalt erfasst dieser Sammelband zugleich einen wesentlichen Aspekt der bürgerlichen bzw. der Stadtkultur. Denn die in ihm vorgestellten Gebäude und Plätze sind die Orte, an denen sich die Bürgerinnen und Bürger aufhalten, wo sie lernen, studieren, arbeiten, ihre Freizeit verbringen oder wo sie dies in der Vergangenheit getan haben. [ ] Wer wie der Verfasser allzu gut weiß, wie mühsam es ist, historische Stadtgesellschaften mittels archäologischer Befunde oder archivalischer Schriftquellen zu rekonstruieren, kann den Wert einer Publikation wie der vorliegenden nur unterstreichen. Ihr wird zunehmend der Wert einer historischen Quelle zuwachsen, von der viele spätere Historiker profitieren können. [ ] Den Herausgebern, Herrn Prof. Dr. Andreas Beaugrand und Herrn Dr. Florian Böllhoff, sowie den zahlreichen Autorinnen und Autoren ist für ein außergewöhnliches Buch zu danken. Im Frühjahr 2020 wird zu seinem Gegenstand eine Ausstellung im Historischen Museum und andernorts in Bielefeld zu sehen sein. Ihr ist ein interessiertes Publikum und dem Buch eine zahlreiche Leserschaft zu wünschen.

Bielefelder Industriebaukultur

Dr. Wilhelm Stratmann, Museumsleiter

1986 gab ein Team um Dr. Florian Böllhoff, Prof. Jörg Boström und Prof. Dr. Bernhard Hey das erste umfangreiche Werk über die Industriearchitektur in Bielefeld heraus. Zahlreiche Wissenschaftlerinnen und Wissenschaftler, Architekten und Studierende befassten sich darin mit der Geschichte und ihren wichtigen Zeugnissen Bielefelder Industriebaukultur. 2016 entwickelte Florian Böllhoff die Idee, das Thema zu aktualisieren. Die Fachhochschule Bielefeld begann unter der Leitung von Prof. Dr. Andreas Beaugrand, die Weiterentwicklung der Baukultur in Industrie und vor allem Dienstleistung in den Blick zu nehmen. Studierende des Fachbereichs Gestaltung spürten in der Stadt die seit 1986 entstandenen, das Stadtbild prägenden Gebäude auf und begannen, diese unter der Regie von Prof. Roman Bezjak fotografisch zu dokumentieren. Die Ergebnisse mit begleitenden Texten zu verschiedenen Aspekten der Stadtgestaltentwicklung werden dankenswerterweise in der Schriftenreihe des Historischen Vereins für die Grafschaft Ravensberg publiziert. [ ] Schon früh suchten die Initiatoren des Projekts, Florian Böllhoff und Andreas Beaugrand, den Kontakt zum Historischen Museum, um die Erkenntnisse aus der Studie mit einer Ausstellung auch einem breiteren Publikum zugänglich zu machen. Das Vorhaben passt hervorragend in das Ausstellungsprogramm des Museums, das sich in Zukunft nicht nur mit der Geschichte, sondern auch mit der Gegenwart und den Zukunftsperspektiven der Stadt Bielefeld befassen will. Um in der Öffentlichkeit noch stärker wahrgenommen zu werden, entschieden wir uns, die Ausstellung nicht nur in den Räumen des Museums, sondern auch im Ravensberger Park stattfinden zu lassen. Mit diesem Experiment hoffen wir das Interesse der Menschen zu wecken, die den Ravensberger Park nicht für einen Museumsbesuch aufsuchen. In diesem Sinne sehe ich dem Vorhaben gespannt entgegen und hoffe auf einen Erfolg sowohl des Buches als auch der Ausstellung.

Bielefelder Spaziergang durch Raum und Zeit
Prof. Dr. Ingeborg Schramm-Wölk, Präsidentin der Fachhochschule Bielefeld

Schrift, Bild und Kunst sind in niveauvoll gestalteten Büchern seit jeher eine Einheit, die seit dem Beginn der Digitalisierung zudem gänzlich neue Dimensionen erreicht hat und mit Book-on-Demand-Auflagen und digitalen Büchern auf dem Online-Buchmarkt weiterhin erreichen wird. Eine derartige Dynamisierung erlebte auch Bielefeld in den letzten Jahrzehnten. Die Stadt, die sich während der Industrialisierung im 19. Jahrhundert von einer Kaufmanns- und Händlerstadt zu einem bedeutenden Industriezentrum entwickelt hatte, ist heute ein Zentrum des Sozialwesens, des Groß- und Einzelhandels, des Gesundheitswesens und – seit der Gründung der Universität 1968 und der Fachhochschule Bielefeld 1971 – der Erziehung, Bildung und Forschung. Dienstleistungs- und verwandte Wirtschaftszweige haben der ehemals zentralen Bedeutung des Maschinen- und Anlagenbaus ihren Rang abgelaufen und das Stadtbild sukzessive verändert. Zwar gibt es noch zahlreiche, heute zumeist umgenutzte alte Fabrikgebäude in der Stadt und viele Straßen, die mit Villen und Bürgerhäusern aus der Gründerzeit bebaut sind, aber die architektonische Moderne beginnt sich durch die Branchenveränderungen auch in Bielefeld durchzusetzen. [ ] Das von Prof. Dr. Andreas Beaugrand und Dr. Florian Böllhoff initiierte und zusammen mit Lehrenden und Studierenden des Fachbereichs Gestaltung verwirklichte Projekt zur Bielefelder Baukultur widmet sich seit knapp drei Jahren der Dokumentation dieses städtebaulichen Wandels, der in diesem Buch und in den drei begleitenden Ausstellungen nachvollziehbar wird. Die Fotografien der von Prof. Roman Bezjak betreuten Studierenden und die wissenschaftlichen Begleittexte von Autorinnen und Autoren aus den Bereichen Geschichte, Gestaltung, Architektur und Stadtplanung beleuchten die Bielefelder Stadtentwicklung mit ihren baulichen Folgen aus verschiedenen Perspektiven. Sie ermöglichen konstruktive Kritik und neue Sichtweisen auf ein vermeintlich bekanntes Bielefelder Stadtbild – wesentlich unterstützt durch die kreative Arbeit des Instituts für Buchgestaltung (IFB) unter der Leitung von Prof. Dirk Fütterer, das am Fachbereich Gestaltung 2006 mit dem Ziel gegründet worden ist, Buchgestaltung und -projekte zu erforschen und zu fördern sowie die interdisziplinäre Zusammenarbeit und Kooperation des Instituts mit Verlagen, Unternehmen und Institutionen zu intensivieren. [ ] Danke an alle Beteiligten für ein weiteres wunderbares Buch, das mit offenem und weitem Blick zum Spaziergang in Bielefeld durch Raum und Zeit einlädt.

Architektonischer Zeitgeist im Wandel
Paul von Schubert

Mit dieser Dokumentation über den städtebaulichen Wandel in Bielefeld haben Prof. Dr. Andreas Beaugrand und Dr. Florian Böllhoff eine wichtige Initiative ergriffen. Das vorliegende Buch dokumentiert den baulichen und architektonischen Wandel einer Stadt, die sowohl ihren industriellen Kern als auch ihre regionale wirtschaftspolitische Rolle stetig weiterentwickelt. Sicherlich findet das heute in einem deutlich komplexeren Kontext als noch vor vielen Jahren statt. Umso mehr können Schwerpunkt und Zeitgeist an der Architektur ausgemacht werden. Es macht mir Freude, diesen Wandel aufmerksam zu verfolgen und ihn zu unterstützen. Ich wünsche mir, dass wir auch zukünftig viele neue architektonische Anreize und Aussagen in Bielefeld erleben können, wozu den beteiligten Akteurinnen und Akteuren eine gute Hand zu wünschen ist. [ ] Ich danke den vielen Mitwirkenden, die über knapp drei Jahre mit großem Eifer und Fleiß an diesem Projekt gearbeitet haben. Ich freue mich, dass wir als BVA Bielefelder Verlag einen Beitrag zu diesem Buch leisten konnten, und danke hier im Besonderen Katja Diekmann für ihre professionelle Projektbegleitung. [ ] Wir wünschen Ihnen viel Freude und reichlich Erkenntnis bei der Lektüre dieses Werkes.

Inhaltsverzeichnis

22 **Zum Projekt**
Andreas Beaugrand, Florian Böllhoff

26 **Zur Baugeschichte der Wirtschaft in Bielefeld**
Die Fortentwicklung des Projekts *Industriearchitektur in Bielefeld. Geschichte und Fotografie 1986*
Florian Böllhoff

34 **Bielefelds Bild der Stadt im Wandel**
Andreas Beaugrand

44 **Platzgestaltung**
Adenauerplatz, Neumarkt, Kesselbrink

62 **Bauen für Mobilität in Bielefeld**
Joachim Wibbing

72 **Stadtarchitekturen**
Westend Tower, Eastend Tower, Technisches Rathaus der Stadt Bielefeld, Bankhaus Lampe KG, Ortwin Goldbeck Forum/Kunstforum Hermann Stenner e.V., LOOM Bielefeld, Industrie- und Handelskammer Ostwestfalen zu Bielefeld (IHK), Kunsthalle Bielefeld, Wellehaus, Informationspunkt für die Parklandschaft Johannisberg, Besucherzentrum Sparrenburg

100 **Architekturqualität und Stadtgestalt**
Reinhard Drees, Andreas Hollstein

112 **Bielefeld-Bilder**
Die bildliche Repräsentation der Stadt vom 17. bis zum 21. Jahrhundert
Gerhard Renda

126 **Hauptbahnhofsumfeld**
Boulevard, ehemalige Hauptfiliale der Deutschen Post mit Postfinanzcenter, Stadthalle Bielefeld, Stayery. Bielefeld, Jugendberufsagentur Bielefeld, Handwerkskammer Ostwestfalen-Lippe zu Bielefeld/Berufsbildungszentrum, Jobcenter Arbeitplus Bielefeld

146 **Revitalisierte Innenstadtareale**
Ehemalige Dürkoppwerke, Ankergärten, Wohn- und Geschäftshäuser am Ostmarkt, Gundlach Holding GmbH & Co. KG/Gundlach-Carrée

160 **»Die Stadt wird mir fremd vor lauter Veränderungen.«**
Ein Plädoyer gegen den Stillstand städtebaulicher Entwicklung
Bernd J. Wagner

170 **Neue Stadtviertel**
Lenkwerk, Büro- und Geschäftsgebäude Werner-Bock-Straße 38–40, Halfar System GmbH, Interkommunales Gewerbegebiet Hellfeld, BBV Bielefelder Bettfedern-Manufaktur Verse GmbH, Gewerbegebiet Niedermeyers Hof

190 **Zur Zukunft der Stadtentwicklung**
»Die einzige Konstante … ist die Veränderung.«
Ascan von Neumann-Cosel

200 **Erziehung und Bildung**
Städt. Max-Planck-Gymnasium, Almsporthalle, CITEC (Cognitive Interaction Technology), Fachhochschule Bielefeld, Universität Bielefeld, Medizinische Fakultät der Universität Bielefeld, Studierendenwerk Bielefeld, Gebäude X der Universität Bielefeld, Experimentalphysikgebäude der Universität Bielefeld

222 **Gesundheits-, Sozial- und Rettungswesen**
Brockensammlung der v. Bodelschwinghschen Stiftungen Bethel, Hauptverwaltung der v. Bodelschwinghschen Stiftungen Bethel, Dreifachsporthalle der v. Bodelschwinghschen Stiftungen Bethel, Franziskus Hospital Bielefeld, Feuer- und Rettungswachen, Klinikum Bielefeld

236 **Mehrdeutigkeit gestalten**
Zur Notwendigkeit einer bedürfnisgerechten Baukultur in Bielefeld
Lucia Thiede

248 **Bunker, Kasernen, Konversion**
Luftschutzbunker Nr. 8 (Sedanbunker), Luftschutzbunker Nr. 6, Gesellschaft für Arbeits- und Berufsförderung (GAB), Hochbunker Nr. 7

258 **Wandel und Dynamik**
Bielefeld aus dem Blick des Prognostikers
Christian Böllhoff

268 **Exemplarische Unternehmen und Firmenareale**
Schüco International KG, Dr. Wolff-Gruppe GmbH, Golf House Direktversand GmbH, Carolinen Mineralquellen Wüllner GmbH & Co. KG, Ihde Gebäudetechnik GmbH, itelligence AG, Gebr. Tuxhorn GmbH & Co. KG, Dr. August Oetker KG, Diamant Software GmbH & Co. KG, Ziegenbruch GmbH, Goldbeck GmbH, Böllhoff-Gruppe

300 **Fotografie und Architektur**
Roman Bezjak

308 **STADT/GESTALTen**
Gedanken zu Wahrnehmung und Raum
Michael Falkenstein

312 **Beispiele vorbildlicher Architektur in Ostwestfalen-Lippe**

324 **Anhang**
Kartenverzeichnis
Verzeichnis der Autorinnen und Autoren
Register
Bildnachweis
Quellenverzeichnis
Danksagung
Impressum

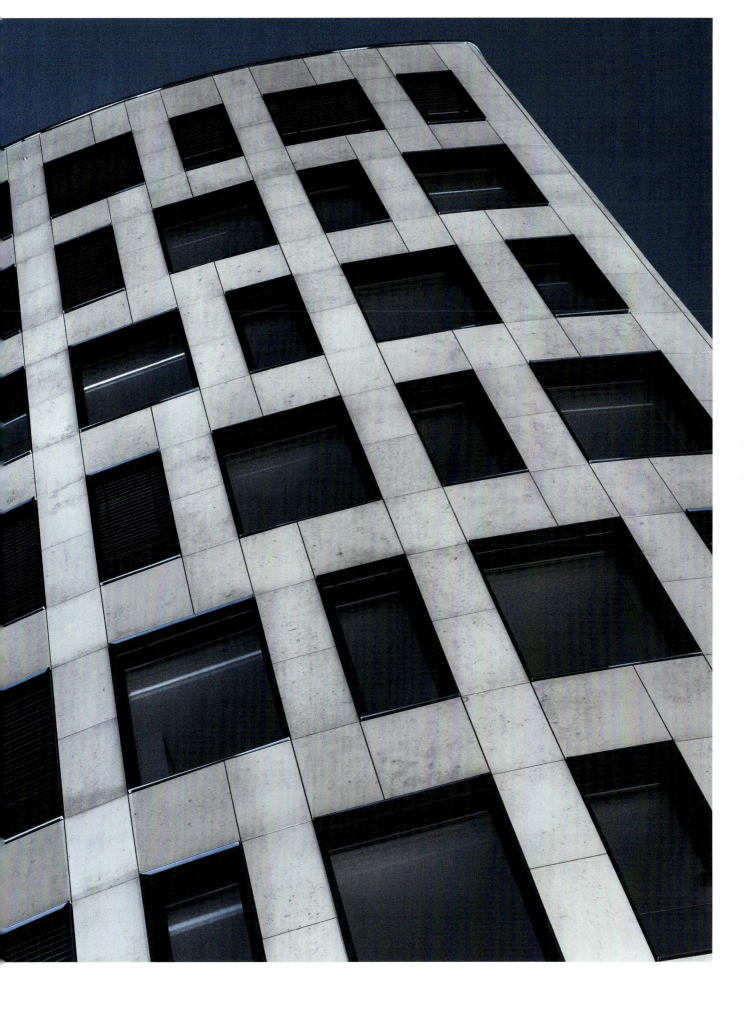

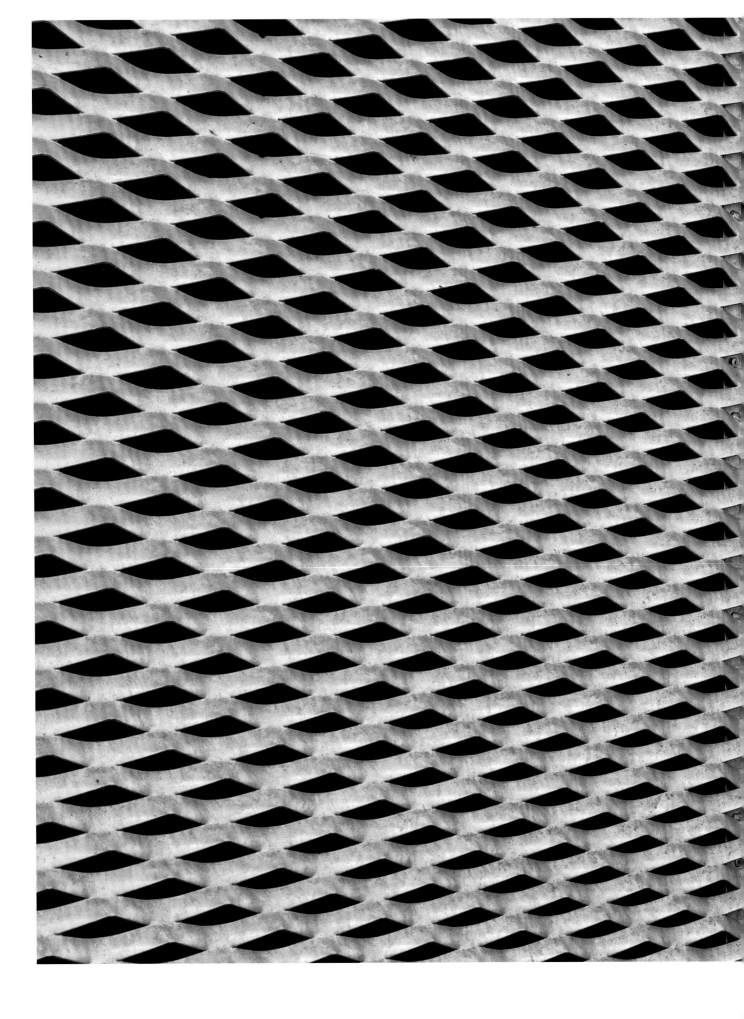

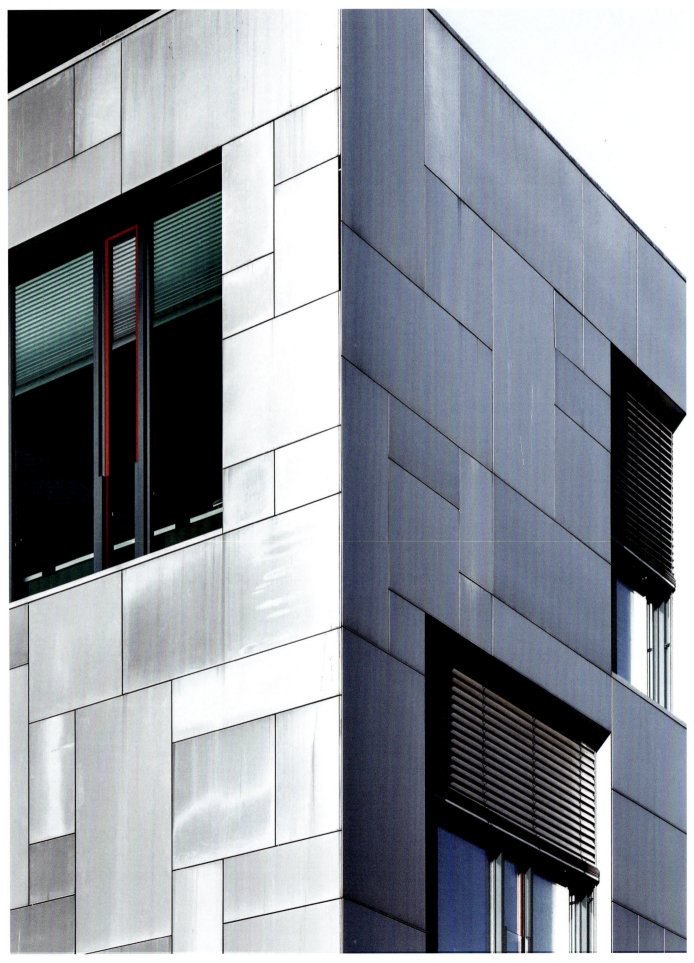

Zum Projekt

Andreas Beaugrand, Florian Böllhoff

Bielefeld ist heute das kulturelle und wirtschaftliche Oberzentrum Ostwestfalen-Lippes und verbindet großstädtisches Leben, ein breites Freizeit- und Kulturangebot sowie eine erfolgreiche Wirtschaft. Bielefeld gehört Anfang des Jahres 2020 mit über 330.000 Einwohnern bei weiterwachsender Tendenz zu den 20 größten Städten Deutschlands. Die Stadt genießt wirtschaftlich durch zahlreiche Weltunternehmen oder Hidden Champions nationalen und internationalen Ruf. Imagebildend für »Bielefeld, die Stadt im Grünen« sind darüber hinaus ihre Hochschulen, die v. Bodelschwinghschen Stiftungen Bethel, die Kunsthalle Bielefeld und nicht zuletzt der Fußballverein DSC Arminia Bielefeld. [ ] Das vorliegende Buch bietet einen Überblick über die Architekturen von Industrie, Wirtschaft und Dienstleistung und zeigt, wie diese in den letzten 30 Jahren – konkret von 1986 bis 2020 – Stadtbild und Stadtgestalt verändert haben. [ ] Wie bereits ein früherer Band zur Industriearchitektur in Bielefeld bis 1986 gezeigt hat,[1] entwickelte sich Bielefeld seit 1850 im Kontext der expandierenden Industriestaaten Westeuropas und veränderte sich grundlegend durch massive Stadterweiterungen, insbesondere nach dem eigentlichen Industrialisierungsschub durch den Bau der Köln-Mindener Eisenbahn 1847, deren Trasse die Stadt bis heute – seit den frühen 1980er-Jahren zusammen mit der Stadtautobahn Ostwestfalendamm – durchschneidet. [ ] Bielefelds äußeres Erscheinungsbild ist somit von der Stadtgründung bis ins 19. Jahrhundert relativ konstant geblieben und hat sich erst seit Beginn der Industrialisierung ab 1850 am mittlerweile historischen »leinenen Faden« schnell ausgebreitet. Die Geschichte der Stadt und ihrer Gestalt ist somit bis heute als ein Resultat unternehmerischer und politischer Interessendurchsetzung zu beschreiben, in deren Konsequenz Bielefeld zur Blüte kam, aber heute mit schwindendem Einfluss der Industrie und dem rasanten Wachstum der Dienstleistungen, der Hochschulen und der kurativen Angebote eine neue Qualität von Urbanität entwickelt. [ ] Den damit verbundenen Wandel der Baukultur zu dokumentieren, sich in der Stadt neu zu orientieren, Unbekanntes aus den Bereichen Industrie, Wirtschaft und Dienstleistung zu entdecken und Bekanntes neu zu sehen, ist das Ziel dieses Buches. Angesichts der Fülle der in den letzten Jahrzehnten über Bielefeld erschienenen Veröffentlichungen haben die die Bildstrecken kommentierenden Texte lediglich essayistischen Charakter. Das Literatur- und Quellenverzeichnis ermöglicht weitere Recherchen; allerdings konnten die dort genannten Links nur bis zum Zeitpunkt der Buchveröffentlichung eingesehen werden. [ ] Dieses Projekt und dieses Buch wären nicht zustande gekommen, hätte sich nicht in einer glücklichen Konstellation eine engagierte Zusammenarbeit zwischen den Herausgebern und der Fachhochschule Bielefeld, dem Historischen Verein, zahlreichen Unternehmern und Verantwortlichen verschiedenster Institutionen entwickelt. Nur durch dieses Netzwerk und das vielfältige Engagement aller Beteiligten konnte die Idee einer Fortsetzung des Projektes *Industriearchitektur* des Jahres 1986 realisiert werden. [ ] Hier sind zunächst die zahlreichen Studierenden der Fachhochschule Bielefeld zu erwähnen, die über mehr als anderthalb Jahre im Rahmen der Seminare von Andreas Beaugrand die vielfältigen Arbeiten des Recherchierens und Dokumentierens Bielefelder Architekturen in Industrie, Wirtschaft und Dienstleistung übernommen und den Reader für die Auswahlsitzung des Fachbeirats am 14. Dezember 2018 erarbeitet haben.[2] Ihnen gebührt ein besonderer Dank, zumal dadurch die Verbindung zwischen Hochschule und Stadt sehr lebendig konkretisiert worden ist. [ ] Ein Projekt dieser Art erfordert eine Objektauswahl und dann den Zugang zu den Gebäuden und Grundstücken. Im Fachbeirat haben mit den beiden Herausgebern mitgewirkt: Prof. Hilde Léon, Leibniz Universität Hannover; Prof. Bettina Mons, Fachhochschule Bielefeld; Dr. Friedrich Meschede, Kunsthalle Bielefeld; Ascan von Neumann-Cosel, Bauamt der Stadt Bielefeld, Abteilung Denkmalschutz; Dr. Gerhard Renda, Historisches Museum der Stadt Bielefeld; Prof. Roman Bezjak, Fachhochschule Bielefeld. Als externe Gutachterin fungierte Prof. Dr. Eva-Maria Seng, Universität Paderborn; die Dokumentation der Diskussionsergebnisse hatte die Studentin Larissa Siepmann übernommen. Ihnen allen ist für ihre Mitarbeit ganz herzlich zu danken. [ ] Ohne

---

1 Florian Böllhoff, Jörg Boström, Bernd Hey (Hg.): *Industriearchitektur in Bielefeld. Geschichte und Fotografie*, Bielefeld 1986. **2** Namentlich waren dies in den Stadtgestalt-im-Wandel-Theorieseminaren bei Andreas Beaugrand seit dem Sommersemester 2017 – zum Teil über den gesamten Projektzeitraum, teilweise für ein oder zwei Semester – Nalan Batmaz, Aylin Besiroglu, Magnus Bleyl (heute: Rennen), Sandra Eden, Louisa Gudereit, Thomas Handke, Jonas Hartz, Paulina Herbig, Alina Honsel, Denise Kipke, Lisa Sophie Körtgen, Bernd Lange, Alina Medvedeva, Eda Pekazak, Susanna Rebsch, Annabel Reckmeyer, Phillip Rohde, Larissa Siepmann, Miriam Steff, Friederike Sujeba-Roesler, André Vorwerk, Laura Wullenkord und Eduard Zent.

die aktive Mitwirkung und fachliche Betreuung der Professoren Dirk Fütterer (Institut für Buchgestaltung) und Roman Bezjak (Fotografie und Medien) wären die Studierenden nicht zu den anschaulichen Beispielen der Bielefelder Baukultur gekommen, die jetzt in diesem Buch dokumentiert sind. Dabei ist zu betonen, dass jeder Mitwirkende aus der Studienrichtung Fotografie und Medien[3] seinen eigenen Stil und seine eigene Bildauffassung verwirklichen konnte, was eine Uniformität vermeidet und der Darstellung einen besonderen Reiz gibt. Die fotografische Erfassung der Objekte in diesem Buch war ein sich über mehrere Monate hinziehender Prozess in den Jahren 2018/2019, sodass der Wandel der Stadtgestalt dadurch zusätzlich sichtbar wird. Die Gestaltung des Buches ist aus einem internen Wettbewerb des Instituts für Buchgestaltung am Fachbereich Gestaltung der Fachhochschule Bielefeld hervorgegangen.[4] Die gelungene Umsetzung verdanken wir der Wettbewerbsgewinnerin Anke Marie Warlies, die im Sommersemester 2019 mit Unterstützung von Lena Christ das Grundkonzept des Buchlayouts entwickelt und im Wintersemester 2019/2020 das Gesamtwerk zur Druckreife geführt hat. [ ] Allen beteiligten Unternehmen und Institutionen ist zu danken, da sie sich dem Projekt unterstützend geöffnet haben. In diesem Zusammenhang sind besonders die zehn Sponsoren zu nennen, die sich bautechnisch aus renommierten Bielefelder Unternehmen mit alten und eigenen neuen Gebäuden zusammensetzen (Wilhelm Böllhoff GmbH & Co. KG, Gundlach Holding GmbH & Co. KG, Dr. August Oetker KG) oder selber – offen oder verdeckt gestaltend und konstruktiv – die neue Baukultur repräsentieren und sichtbar bzw. unsichtbar wesentliche Objekte zur aktuellen Bielefelder Stadtgestalt beigetragen haben (Bautra Immobilienverwaltungs GmbH, Borchard Bau und Ingenieur Gruppe Dietrich GmbH & Co. OHG, Goldbeck GmbH, Hörmann KG Verkaufsgesellschaft, QUAKERNACK Straßen- & Tiefbau GmbH & Co. KG, Schüco International KG, Baugesellschaft Sudbrack mbH). Ihnen sei für ihre großzügige Unterstützung gedankt, die den günstigen Preis des Buches ermöglicht. [ ] Wir danken allen Autorinnen und Autoren für ihre eigenständigen Beiträge, die die verschiedenen Aspekte der Baukultur und Architektur, des Wandels und der Stadtgestalt beleuchten und eine hervorragende Ergänzung des gesamten Bildmaterials darstellen. [ ] Wir danken der Hans

[3] Beteiligt waren an den Fotografieseminaren von Roman Bezjak in unterschiedlichem Umfang die Studierenden Felix Bernhard, Jan Düfelsiek, Patrick Fäth, Daria Gatska, Andreas Jon Grote, Thomas Handke, Jonas Hartz, Constantin Iliopoulos, Jasmin Klink, Bernd Lange, Christoph Maurer, Alina Medvedeva, Corinna Mehl, Tina Schmidt, Kirill Starodubskij, Kerry Steen, Till Stürmann und Lea Uckelmann. [4] Beteiligt waren in diesem Wettbewerb die Studierenden Lena Christ, Caro Hartmann, Julia Hartmann, Finn Rodenberg, Larissa Siepmann und Anke Marie Warlies.

Gieselmann Druck und Medienhaus GmbH & Co. KG für Druck und Auslieferung des Buches, der Fachhochschule Bielefeld und der Bauverwaltung der Stadt Bielefeld für ihre Unterstützung, dem Historischen Verein für die Grafschaft Ravensberg e.V. für die Aufnahme des Buches als Nr. 23 in der Reihe seiner Sonderveröffentlichungen und dem Historischen Museum Bielefeld, der Kommunalen Galerie der Stadt Bielefeld und der Fachhochschule Bielefeld für die Bereitstellung von Räumen zur Präsentation der Fotografien über den Zeitraum von fünf Monaten im ersten Halbjahr 2020. [ ] Die Herausgeber und der Bielefelder Verlag hoffen nun, dass dieses Buch für die interessierte Stadtgesellschaft, für Verwaltung und Politik sowie für alle zukünftigen Investoren und Bauherren einen guten Beitrag leistet: für das aktuelle und bessere Verständnis der Bielefelder Baukultur, für die vielschichtigen Dimensionen einer modernen Wirtschaftsarchitektur, für ihre offensichtlichen Reize, aber auch für ihre versteckten Attraktionen oder die weniger geglückten Beispiele und last, but not least für ihre Potenziale für Verbesserungen.

1 Diese Publikation hatte nachhaltige Wirkung, weil sich erst seitdem in vielfacher Hinsicht das wissenschaftliche und kulturelle Interesse an der industriellen Geschichte der Stadt Bielefeld und ihren baulichen Ausformungen manifestiert hat. So hat etwa Andreas Beaugrand seitdem zahlreiche Publikationen veröffentlicht, unter anderem: *Gebaute Repräsentation im 19., 20. und frühen 21. Jahrhundert. Von der Industrie- zur Mobilitäts- und Dienstleistungsarchitektur*, in: Jürgen Büschenfeld, Bärbel Sunderbrink (Hg.): *Bielefeld und die Welt. Prägungen und Impulse*, Bielefeld 2014, S. 417–441; Andreas Beaugrand (Hg.): *Stadtbuch Bielefeld 1214–2014*, Bielefeld 2013; Andreas Beaugrand, Gerhard Renda (Hg.): *Werkkunst. Kunst und Gestaltung in Bielefeld 1907–2007*, Bielefeld 2007; Andreas Beaugrand: *Bielefelder Industrie im Bild. Das künstlerische Bild als historische Quelle*, in: *Ravensberger Blätter*. Organ des Historischen Vereins für die Grafschaft Ravensberg, Heft 2, Bielefeld 1996; Andreas Beaugrand: *Bürgerliche Repräsentation*

Zur Baugeschichte der Wirtschaft in Bielefeld
Die Fortentwicklung des Projekts *Industriearchitektur in Bielefeld. Geschichte und Fotografie 1986*
Florian Böllhoff

Vor dem Hintergrund, dass die Kulturgeschichte der Stadt Bielefeld seit 1850 vor allem die Geschichte der industriellen Entwicklung und damit Industriegeschichte darstellt, entstand Mitte der 1980er-Jahre der Plan, in einem Projekt zur Industriearchitektur die für sich selbst sprechenden und stadtbildprägenden Zeugnisse in ihren historischen und architektonischen Zusammenhängen aufzuarbeiten. Sie sollten dokumentiert und durch Fotografien dargestellt werden. Damit wurde zum ersten Mal für Bielefeld in einer neuen Konzeption und in einer erstmaligen Zusammenarbeit zwischen Universität Bielefeld (Geschichte), Fachhochschule Bielefeld (Fotografie), Stadt Bielefeld (Archiv), Unternehmen (Finanzierung, Zugang und Materialien) und Bielefelder Kunstverein (Organisation) ein Thema aufgegriffen, das in seinem Zusammenhang von Geschichte, Architektur und Fotografie von exemplarischer Bedeutung war und auch heute noch ist. ← 1.01 [ ] Die seinerzeitige Ausstellung und das dazu erschienene umfangreiche Buch sollten dazu beitragen, die Sensibilität für die spezifische Biele-

1.01 **Adenauerplatz, vom Johannisberg aus gesehen, 2018**

felder Stadtgestalt zu wecken, die bis dahin wenig Beachtung gefunden hatte. Dabei lag der Schwerpunkt auf Zeugnissen der ›älteren‹ Industriearchitektur, wenn auch zahlreiche Beispiele des in diesen Jahren aktuellen Industriebaus gezeigt wurden. [ ] Die Ausstellung → 1.02 ist vergangen, nicht aber das Buch, → 1.03 wenn auch im Buchhandel vergriffen. Es steht in allen städtischen Bibliotheken und in vielen Bücherschränken Bielefelder Bürgerinnen und Bürger und ist unverändert eine wichtige Quelle städtischen Geschichtsbewusstseins von 1850 bis 1986.[1] [ ] In der Einführung zu Ausstellung und Buch schrieben die Herausgeber damals: »Eine Stadt, eine Region lebt mit ihren Denkmälern, an denen sich ihre Geschichte festmacht und an denen sich wesentliche Elemente ihrer historischen und aktuellen Identität wiederfinden lassen. ... In allen Teilen der Stadt stehen Denkmäler des Handwerks- und Arbeiterfleißes und des kaufmännischen und industriellen Unternehmergeistes im Mittelpunkt städtebaulicher Kultur. ... Sie sind die Fixpunkte der städtischen bürgerlichen Identität. ... Und Bielefeld ist ein weit über seine Grenzen hinausreichendes Beispiel für das Wechselverhältnis von gesellschaftlichen, wirtschaftlichen und technischen Entwicklungen der Industrialisierung und ihren Ausprägungen in Architektur und Stadtgestalt.« [ ] Das alles wurde in Buch und Ausstellung dokumentarisch und in einer eigenständigen Auffassung von Fotografie gezeigt. Aber schon damals zeichnete sich im Zusammenwirken historischer, ökonomischer, technischer und architektonischer Faktoren ab, dass sich das Industriezeitalter dem Ende zuneigte und die technischen Neuerungen des Beginns der Digitalisierung Altes verschwinden und Neues entstehen lassen sollten. Hinzu kam, dass neue Baumaterialien, industrialisierte Bauweisen und ein neues, mehr funktionales Architekturverständnis neue Gebäudekomplexe entstehen ließen und gleichzeitig den alten Industriearchitekturen neue, bei ihrer Entstehung noch ungeahnte Verwendungen zuführten. [ ] Diese Vision ist eingetreten und gut 30 Jahre später erscheint es heute angebracht, sich mit der Baukultur in Wirtschaft, Industrie und Dienstleistung und den damit einherge-

1.02 **Plakat Industriearchitektur, 1986**

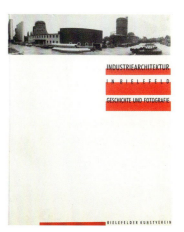

1.03 **Buchcover, 1986**

um 1900. Historismus in Bielefeld, in: Joachim Meynert, Josef Mooser, Volker Rodekamp (Hg.): *Unter Pickelhaube und Zylinder. Das östliche Westfalen im Zeitalter des Wilhelminismus 1888 bis 1914*, Bielefeld 1991; Andreas Beaugrand, Jörg Boström, Theodor Helmert-Corvey (Hg.): *Der steinerne Prometheus. Industriebau und Stadtkultur. Plädoyer für eine neue Urbanität*, Berlin 1989.

1.04 Das 360°-Haus von crayen +
bergedieck architekten stadtplaner
BDA, 2018

henden sichtbaren Änderungen in der Stadtgestalt Bielefelds erneut auseinanderzusetzen. Der Zeitraum 30 Jahre umfasst in etwa eine Generation und ist lang genug, um strukturelle Veränderungen wahrzunehmen, zu dokumentieren, einzuordnen und damit wiederum bewusst zu machen. [ ] Welche Wandlungen können wir für diesen Zeitraum erkennen und was hat davon sichtbare Auswirkungen und Zeugnisse in Stadtgestalt und Baukultur entstehen lassen? Diese Fragestellung schlägt den Bogen vom Industriearchitekturprojekt 1986 zur Gegenwart. Ihre Antworten lassen sich wie folgt zusammenfassen: → Die Industriearbeitsplätze sind deutlich geschrumpft, aus dem engeren Stadtbild verschwunden und weiter an die Peripherie gerückt. Diese Tendenz hatte schon in den 1980er-Jahren begonnen. → Der Dienstleistungssektor hat überproportional zugenommen. → Die alte Industriearchitektur ist aber mit wenigen Ausnahmen seit 1986 bestehen geblieben. Trotz oder gerade auch wegen der Vorschriften des Denkmalschutzes hat man sich vielfach zu Umbauten, Erweiterungen und Modernisierung entschlossen, zumal sich die alten Gebäude in ihrer Multifunktionalität – übrigens im Gegensatz zu vielen modernen Zweckbauten – sehr gut für ganz andere Nutzungen als die ursprünglichen eignen. Sie werden heute überwiegend vom vielfältigen Dienstleistungssektor genutzt. Das nach wie vor gerade in der Innenstadt unverwechselbare Bild der Stadtgestalt ist somit aber in den letzten 30 Jahren weitgehend erhalten geblieben. → Neue Gebäudekomplexe sind zum einen verstreut über das Stadtgebiet, zum anderen aber konzentriert an Platzsituationen ← 1.04 oder in neu entwickelten Gewerbegebieten am Rand der Innenstadt oder in der Peripherie errichtet worden. Diese vier Tendenzen werden im Folgenden kurz konkretisiert und in den weiteren Kapiteln des Buches ausführlicher dargestellt. [ ] Die Auswahl der in diese Publikation aufgenommenen Objekte richtete sich nicht wie beim ersten Projekt 1986 an der industriegeschichtlichen Bedeutung der Unternehmen oder Institutionen aus, sondern an der architektonischen und stadtbildprägenden Qualität, dem Wandel und der gesellschaftlichen Bedeutung der aktuellen Nutzungen. In einer Kommissionssitzung mit Fachleuten aus Architektur und bildender Kunst wurde eine erste Auswahl der im Einzelnen darzustellenden Objekte erstellt. Im weiteren Verlauf des Projektes wurde einiges durch aktuelle Neubauten ergänzt. Das gesamte Projektdesign orientierte sich an dem Kooperationsmuster bei der Projektdurchführung 1986. Studierende des Fachbereichs Gestaltung der Fachhochschule Bielefeld waren unter der Leitung von Prof. Dr. Andreas Beaugrand (Mitherausgeber und Professor für Theorie der Gestaltung) und der zuständigen Fachprofessoren Roman Bezjak (Fotografie und Bildmedien) und Dirk Fütterer (Kommunikationsdesign) für die Fotografien und das Buchlayout verantwortlich. Die

Herausgeber sorgten für die Finanzierung, für den Zugang zu den Unternehmen und Institutionen, für die Autorinnen und Autoren der verschiedenen Fachaufsätze sowie die Einbindung des Projektes in den Historischen Verein für die Grafschaft Ravensberg e. V. und damit auch für die Anbindung eines Ausstellungsprojektes im Historischen Museum, in der Fachhochschule Bielefeld und in der Kommunalen Galerie der Stadt Bielefeld. Die im ersten Buch 1986 deutlich im Vordergrund stehende Geschichte der Industrie und ihrer Architektur in Bielefeld wurde in diesem aktuellen Projekt nur am Rande verfolgt. [ ] In den folgenden Beiträgen dieses Buches sind ausschließlich Architektur- und Raumbeispiele dargestellt, die seit 1987 entstanden oder realisiert worden sind. Einige Beispiele von aktuell geplanten oder noch im Bau befindlichen Objekten sind jedoch in die Textbeiträge mitaufgenommen worden (Kinderzentrum v. Bodelschwinghsche Stiftungen, → 1.05 Lenkwerk No. 1, → 1.06 Schüco International KG, Universität, Studierendenwohnheim Rotunde in Dornberg → 1.07 u.a.m.). [ ] Bei der Objektauswahl konnte kein Wert auf Vollständigkeit gelegt werden, da dies den Rahmen des Buches gesprengt hätte. Die Auswahl orientierte sich an der Bedeutung und/oder stadtgestalterischen Akzentuierung der Bauwerke. Dieses Projekt ist somit auch als eine ›Standansage‹ am Ende des zweiten Jahrzehnts des 21. Jahrhunderts zu verstehen, die die Gegenwart der Baukultur in Industrie, Wirtschaft und Dienstleistung in Bielefeld aus verschiedenen fotografischen Blickwinkeln dokumentiert. Dadurch sollen zugleich Anregungen und Vorschläge für die Stadtentwicklung unter Kriterien baulicher Qualität gegeben werden.

1.05 **Entwurf der Berliner Architekten Hascher Jehle Assoziierte GmbH für das neue Kinderzentrum der v. Bodelschwinghschen Stiftungen, 2018**

1.06 **Lenkwerk No. 1: Visualisierung des Bielefelder Architekten Tim Dressler, 2019**

1.07 **Das neue Studierendenwohnheim an der Dornberger Straße: Entwurf der Bielefelder Architekten Gabrysch + Weiner, seit 2019 im Bau**

Aspekte des stadtgestalterischen Wandels 1986 bis 2020

Architekturwandel ist eine Folge von Veränderungen der Sozial- und/oder Wirtschaftsstrukturen und von Entscheidungen der privaten, institutionellen oder öffentlichen Bauherren, Projektentwickler und Architektinnen und Architekten. Er entsteht in der Regel nicht einfach aus sich heraus. Denn neue Wohnbedürfnisse lassen andere Siedlungsformen und/oder Gebäudestrukturen entstehen. Wachsende oder schrumpfende Wirtschaft zieht eine Anpassung der für die Produktion, den Vertrieb, die Verwaltung notwendigen Infrastrukturen im Gebäudebestand nach sich. Die Digitalisierung verschiebt ganze Wertschöpfungsketten mit neuen Anforderungen an die erforderlichen Gebäudestrukturen. Migration, Zu- oder Abwanderungen schaffen weitere Herausforderungen für die Stadtplanung und -entwicklung. [ ] Im Fazit ist der Wandel der Baukultur und damit auch der Stadtgestalt immer eine Folge verschiedener Einflüsse und Entwicklungen. Diese werden in Bielefeld durch das Fehlen politischer Zielsetzungen und verwaltungsseitiger Planungs-

2 Quelle: Industrie- und Handelskammer Ostwestfalen zu Bielefeld (Oktober 2019).

vorgaben und damit auch durch die zum Teil sehr heterogenen Investoreninteressen verstärkt, die im Sinne von Stadtgestaltung und Baukultur nicht gerade leicht gebändigt werden können. [ ] Ein kurzer Blick auf die wirtschaftlichen Rahmendaten der Periode 1986 bis 2018 zeigt das Folgende:[2] → Die Bevölkerung in Bielefeld hat sich in diesem Zeitraum rasant von 299.373 auf 332.552 Einwohnerinnen und Einwohner entwickelt, ein Plus von ca. elf Prozent. Die Gründe für dieses Wachstum sind vielfältig: gestiegene Nachfrage im Dienstleistungssektor (siehe unten), Zuzug von Migrantinnen und Migranten, demografische Faktoren und starkes Wachstum der Hochschulen. → Die Struktur der Industrieunternehmen mit mehr als 20 Beschäftigten ist im gleichen Zeitraum von 253 auf 172 gesunken, ein Minus von 32 Prozent. → Die sozialversicherungspflichtigen Beschäftigten stiegen im tertiären Sektor von 68.964 auf 122.238 um 77 Prozent, während die vergleichbare Zahl im sekundären Sektor um 39 Prozent sank – von 54.691 auf 33.311. [ ] Diese Entwicklungen haben im Zeitraum von 30 Jahren zu einer Verschiebung in der baulichen Infrastruktur Bielefelds geführt, wie man sie an vielen Beispielen im Stadtbild wahrnehmen kann. Dies wird im Folgenden unter zwei Aspekten kurz skizziert.

Revitalisierung alter Industrieareale

Noch in den 1980er-Jahren fand Industrieproduktion im Zentrum Bielefelds statt. Unternehmen der Metall verarbeitenden Industrie wie die Fahrradfabrik Göricke an der Paulusstraße, die Dürkoppwerke in ihrem großen Areal zwischen Teutoburger Straße und Niederwall, Gildemeister und Kochs Adler am oder in der Nähe vom Bielefelder Hauptbahnhof oder Droop & Rein hinter dem Bahndamm in direkter Nachbarschaft zu den Stadtwerken an der Schildescher Straße, Gundlach Druck am Niederwall, Dr. Oetker in der Lutterstraße, SUM-Kekse in der August-Bebel-Straße und viele andere mehr arbeiteten gemäß der Bielefelder ›Diversifizierung am leinenen Faden‹ mit an der schnellen Entwicklung der ostwestfälischen Metropole zu einem wirtschaftsstarken Oberzentrum. ← 1.08 [ ] Alle genannten, aber auch viele andere Unternehmen haben in der Zwischenzeit mit anderen fusioniert (z.B. Kochs Adler mit Dürkopp), ihre Produktion an diesen Standorten aufgegeben bzw.

1.08 **Die Dürkoppwerke im Bielefelder Zentrum, 1984**

1.09 **Das Gundlach-Areal Anfang der 1990er-Jahre**

ganz geschlossen oder an den Stadtrand verlagert (z.B. Gundlach, Dürkopp Adler AG, Gildemeister/DGM). Die baulichen Zeugnisse sind aber mit wenigen Ausnahmen (z.B. Droop & Rein, Kochs Adler) erhalten und teilweise in hervorragender Weise neuen Nutzungen gewidmet worden. Beispielhaft seien genannt: das Gundlach-Gelände ← 1.09, → 1.10 zwischen Niederwall, Ravensberger, Turner- und Rohrteichstraße, früher Kalender- und Verpackungsdruck, heute Fachhochschule des Mittelstandes und Senioreneinrichtung; Dürkopp Tor 1 und Tor 6 an der August-Bebel-Straße, früher Produktion von Näh- und Fördertechnik, heute Seniorenwohnanlage, Theaterwerkstätten, Wirtschaftsprüfer, Rechtsanwälte, Jugendhotel, Theaterlabor, Jugendausbildung und andere mehr; → 1.11 das frühere Puddingpulverhaus der Dr. August Oetker KG, seit 2005 Dr. Oetker Welt mit Ausstellungs- und Kundenzentrum; → 1.12 die früheren Anker-Werke zwischen Ravensberger- und Rohrteichstraße, heute Ankergärten mit einer Innenstadtwohnanlage; → 1.13 das Gelände der ehemaligen Lohmannwerke an der Detmolder Straße/Prießallee.

1.10 **Das Gundlach-Areal, 2019**

1.11 **Die Dürkoppwerke, 2018**

Stadtarchitekturen, Firmenareale und Gewerbegebiete

Überblickt man die seit 1987 mehr als 220 in Bielefeld errichteten neuen Bauwerke, so lassen sich die folgenden zusammenfassenden Eindrücke ableiten: → Im Postleitzahlbereich 33602 sind mit weitem Abstand die meisten Neubauten als Bauten für den Dienstleistungsbereich entstanden. → Wie die langjährige Tendenz schon vor 1987 zeigte, sind industrienahe oder industrielle Nutzungen in die am Rande liegenden neuen Gewerbegebiete abgewandert – mit teilweise sehr guter Gestaltung (z.B. Metallit, HUNTER, Halfar), teilweise mit nicht immer überzeugender Architektur und wenig Gestaltungsanspruch (z.B. Ludwig-Erhard-Allee oder Gewerbegebiet Niedermeyers Hof). Das zeigt sich ebenso in der gemischten Verteilung der Objekte in den verschiedenen Postleitzahlgebieten. → S. 325 → Bereits vor 1986 vorhandene Industrieareale wie beispielsweise Goldbeck, Schüco, Oetker, Böllhoff, Anstoetz oder Dr. Wolff Alcina sind oder werden aktuell weiter ausgebaut und mit durchweg anspruchsvoller Architektur erweitert. → S. 268 → Einige kleinere neue Baugebiete sind ebenfalls mit ausschließlicher Dienstleistungsnutzung und klarer architektonisch baukultureller Handschrift in Innenstadtnähe entstanden, beispielsweise das Lenkwerk, das Schlachthofviertel mit Arbeitsagentur, die Seidenstickerhalle, das Aldi-Bürohaus oder das Paulus-Carrée. → S. 170 → Um den Hauptbahnhof haben sich in allen Richtungen neue Baugebiete eröffnet, die mit ihren zum Teil sehr gut gelungenen Bauwerken den Gesamteindruck der Stadtgestalt verändert haben; zu nennen sind hier etwa das CinemaxX, der Boulevard, das Ishara-

1.12 **Das frühere Puddingpulverhaus** wurde vom Tübinger Architekturbüro Ackermann + Raff zur Dr. Oetker Welt umgebaut, die das Firmenmuseum sowie Ausstellungs- und Seminarräume beherbergt.

1.13 **Die Ankergärten, 2018**

1.14 Wissenschaft auf einen Blick – vom CITEC über die Fachhochschule zur Universität Bielefeld, 2019

1.15 Die Catterick Barracks zwischen Lipper Hellweg und Detmolder Straße, 2019. Nach dem Abzug der British Army of the Rhine könnten an den Wohnstandorten Am Niederfeld, Königsberger Straße, Lipper Hellweg und Sperberstraße/Oldentruper Straße im Stadtbezirk Stieghorst neue Stadtviertel entstehen.

1.16 Die 2011 nach Plänen des Bielefelder Architekturbüros brüchnerhüttemann pasch fertiggestellte Geschäftsstelle des ADAC Ostwestfalen-Lippe e. V. an der Eckendorfer Straße, 2018

Schwimmbad, die Handwerkskammer, die Stadthallen, das Finanzcenter, neue Hotels und die Jugendberufsagentur. → S. 126 → An einigen Plätzen sind durch neue Architekturen klarere Platzverhältnisse geschaffen oder neue, befriedigende stadtgestalterische Akzente gesetzt worden, etwa am Adenauerplatz, am Neumarkt, am Kesselbrink → S. 44 oder am Alten Markt. → S. 81 → Den größten Bereich mit neuen Bauten stellen die Universität und die Fachhochschule mit dem neuen Campus, → 1.14 den neuen Forschungsinstituten, dem Gebäude X, Studierendenwohnheimen, den Neubauten für die Medizinische Fakultät, für Hörsäle und die Hochschulverwaltungen dar. → S. 200 → Einige Schulen und Sporthallen sind neu errichtet und alte modernisiert worden, so zum Beispiel das Max-Planck-Gymnasium, → S. 202 die Almsporthalle → S. 205 oder die neue Sporthalle in Bethel. → S. 227 → Eine große Herausforderung für die Stadt stellen die Konversionsflächen der britischen Kasernenkomplexe Richmond und Catterick dar. ← 1.15 Ein gutes Beispiel einer Umnutzung ist das alte Luftwaffenbekleidungsamt am Stadtholz zum Lenkwerkkomplex. Die vier alten Weltkriegsbunker im Stadtgebiet sind anspruchsvoll modernisiert und überbaut und setzen Stadtakzente. → 248 → In Bielefeld, der Hauptstadt der Diakonie, haben zahlreiche Neubauten, Umbauten und Erweiterungen in den städtischen Kliniken, in den v. Bodelschwinghschen Stiftungen (Brockensammlung, Mehrfachsporthalle, Gilead, Neubau der Kinderklinik) sowie im Franziskus Hospital Bielefeld stadtgestalterische Aufmerksamkeit auf sich gezogen. → 222 → Eine Fülle von Solitären wirtschaftsnaher Baukultur, die an ihren jeweiligen Standorten in jüngerer Zeit die Stadtgestalt verändert haben, sind hervorzuheben, etwa die Besucherzentren Sparrenburg und Johannisberg, das Wellehaus, der IHK-Foyeranbau, das LOOM, das Technische Rathaus, das Ortwin Goldbeck Forum, der Eastend und Westend Tower, → S. 72 Feuerwehrneubauten, → S. 230 intelligence, Carolinenbrunnen, ADAC, ← 1.16 Golf House, Ziegenbruch, Ihde, Diamant Software u.a.m.) → 268 Zusammenfassend kann man sagen: Neben hervorragenden Einzelbauten, gut gestalteten Unternehmens- sowie neu entwickelten Gewerbearealen und revitalisierten Altarchitekturen finden sich in Bielefeld im Gegensatz zu einer ähnlich strukturierten Stadt wie Graz in Österreich – mit Ausnahme der Kunsthalle – keine international herausragenden Architekturbeispiele und Leuchttürme der Baukultur. Das wird auch schnell deutlich, wenn man über die Autobahn nach Amsterdam in die Niederlande fährt, wo man, wie auf einer Perlenschnur aufgereiht, durchweg interessante, moderne Gewerbearchitektur wahrnehmen kann. [ ] In Bielefeld dagegen ist alles ostwestfälisch solide und setzt der Fantasie der alten Industriearchitektur, die Bielefeld auszeichnete, wie diese im ersten Projekt 1986 dargestellt werden konnte, wenig entgegen, wenngleich es durchaus sehr gute Beispiele moderner Architekturgestaltung in Bielefeld gibt. Diese zu entdecken, ist Ziel dieser Publikation. [ ] Der Stadtpolitik und -verwaltung sollte daher empfohlen werden, aus der Vergangenheit zu lernen, anspruchsvolle Baukultur zu fordern und zu fördern sowie Stadtplanung und Stadtentwicklung mit integrierter Stadtgestaltung wieder ernster zu nehmen. Nur dadurch kann die Stadt ein gestaltender Partner zukünftiger Investoren sein, so wie unsere Vorfahren es uns vorgemacht haben. Dass dafür eine wichtige Voraussetzung die Schaffung neuer Baugebiete für Gewerbe, Wirtschaft und Industrie ist, sei hier nur angemerkt. Das Fehlen entsprechender Flächen[3] könnte auch für die Bielefelder Baukultur einen Rückschlag bedeuten.

[3] Siehe *Neue Westfälische* vom 30. Oktober 2019.

1 Florian Böllhoff, Jörg Boström, Bernd Hey (Hg.): *Industriearchitektur in Bielefeld. Geschichte und Fotografie*, Bielefeld 1986. **2** Kurt Ehmke: *Bielefeld wird großstädtischer*, in: *Neue Westfälische* vom 13. Mai 2019. **3** Ulrich Greiner: *Total vergnügt. Stadtkultur und Unterhaltungsindustrie im Widerstreit*, in: *Die Zeit* Nr. 15 vom 5. April 1996, S. 46. **4** Der Baukulturbegriff folgt hier der Definition des Stadtplaners und Architekten Werner Durth und des Kunsthistorikers Paul Sigel, die sie in einem umfangreichen interdisziplinären Forschungsprojekt seit 2010 erarbeitet haben: Werner Durth, Paul Sigel: *Baukultur. Spiegel gesellschaftlichen Wandels*, 3 Bände, Berlin 2016³, hier insbesondere Band 2. **5** Vgl. http://www.campus-bielefeld.de/medien/ (2. Oktober 2019).

Bielefelds Bild der Stadt im Wandel

Andreas Beaugrand

Zeitsprung. 1981 gab es noch zahlreiche Industriebetriebe in Bielefelds Innenstadt und nur einen Biergarten: *Zum Siekerfelde* im Ehlentruper Weg 30. 1986 hat das Projekt *Industriearchitektur in Bielefeld. Geschichte und Fotografie*¹ erstmals auf ein Thema aufmerksam gemacht, das Bielefelds Stadtentwicklung seit der Hochindustrialisierung nachhaltig und bis heute geprägt hat, und 2019 »sieht Bielefeld schon viel großstädtischer aus.«² [ ] Stadt, Stadtkultur und städtisches Leben verändern sich kontinuierlich. ← 2.01 Heute gibt es kaum noch Industrieareale in der Innenstadt, aber Dienstleistungen aller Art und überall sowie unzählige Außengastronomien, in der Altstadt sogar ein Lokal neben dem anderen – im Übrigen eine Entwicklung, die auch aus anderen Städten bekannt ist und die der Publizist Ulrich Greiner bereits 1996 diagnostiziert hat: Delokalisierung – raus aus dem Stadtzentrum –, Mobilität – raus aus der Stadt – und Virtualität – raus aus der Wirklichkeit – waren für ihn schon damals die Ursachen für den Bedeutungswandel der Stadt und ihres sich schnell verändernden Stadt-

2.01 **Das Stadtbild dominierende Mobilitätsstrukturen: Bielefeld von oben**

bilds. »Während die ›res publica‹, die öffentliche Angelegenheit, dadurch verdirbt, dass die Medien sie privatisieren und intimisieren, spiegelt das neue Bild der alten Stadt denselben Vorgang auf andere Weise: Was einstmals öffentlicher ... Platz war, wird zum exklusiven halböffentlichen Raum, der die Merkmale eines Wohnzimmers aufweist. ... Die Stadt verliert ihre traditionellen politischen und wirtschaftlichen Funktionen. Sie wird zum Ort der Zerstreuung. Aber überall Hennes & Mauritz und ›Cats‹ und Carpaccio vom Lachs.« Doch offenbar genügt das nicht. »Denn wenn die Stadt nur noch einer der Vergnügungspunkte auf der Transitstrecke des kosmopolitischen Flaneurs ist, dann verliert sie ihre Basis und Eigenart« und die Menschen, »die jene Erinnerung und Solidarität aufbringen, ohne die eine Stadt nicht gedeiht.«[3] [ ] Das Projekt *Bielefelder Baukultur in Industrie, Wirtschaft und Dienstleistung 1986–2020*[4] macht darauf aufmerksam, dass sich Bielefelds Stadtgestalt infolge der dynamisierten Globalisierung in den vergangenen gut drei Jahrzehnten ähnlich massiv verändert hat wie nach 1847 (Anlage der Köln-Mindener-Eisenbahn, Errichtung des ›Bahnhofs bei Bielefeld‹ und der daraus folgenden Industrialisierung), nach 1945 (Wieder- und Neuaufbau der Zerstörungen des Zweiten Weltkriegs und Integration der Ostvertriebenen), nach 1968 und nach 1971 (Gründung von Universität und Fachhochschule Bielefeld, Integration von Akademikern und Studierenden sowie der Baubeginn des Ostwestfalendamms). Und seit etwa fünfzehn Jahren erlebt die Stadt Bielefeld einen Bauboom, → 2.02, → 2.03 der seinesgleichen sucht: Großbaustellen in nahezu jedem Stadtteil und in den Stadtrandbezirken; auf dem Campus Bielefeld befindet sich mit dem Modernisierungs- und Neubau von Universität und Fachhochschule die derzeit größte Baustelle Europas, für die bis etwa 2030 weit mehr als eine Milliarde Euro investiert werden[5] – Bauten und Bauvorhaben, die nicht zuletzt wegen der neu gegründeten Medizinischen Fakultät der Universität wiederum neue Studierende, Lehrende, Mitarbeiterinnen und Mitarbeiter in die Stadt führen werden. Bielefeld wächst und wächst und auch der Wohnraum wird knapper für die Menschen,

2.02, 2.03 **Bauboom in Bielefeld**

2.04 **Stampfbeton**

2.05 **Wellblech**

2.06 **Sandstein**

2.07 **Glas**

die in den Unternehmen von Industrie, Wirtschaft und Dienstleistungen aktuell tätig sind und zukünftig tätig sein werden. [ ] Die Geschichte der Planung und Errichtung des Ostwestfalendamms spiegelt diesen Wandel über einen langen Zeitraum und veranschaulicht zugleich die Komplexität des Prozesses. Der Ostwestfalendamm war ursprünglich als Entlastungsstraße für die Bielefelder Innenstadt vorgesehen, in der seit den 1950er-Jahren das Auto und der Individualverkehr Vorfahrt hatten.[6] Parallel zur Eisenbahntrasse wurde für die vierspurige Straße von Brackwede im Südwesten zur Eckendorfer Straße im Nordosten das Teutoburger Waldgebirge nebst jüdischem Teil des Johannisfriedhofs abgetragen, wurden etwa 120 Häuser abgerissen und schließlich der sogenannte Ostwestfalentunnel errichtet.[7] Nach intensiven Protesten gegen den Häuserabriss, Demonstrationen und Hausbesetzungen während der 1980er-Jahre – »Freie Sicht bis Heepen!« – »Unter dem Pflaster liegt der Strand« –, der Etablierung einer studentendominierten Bunten Liste im Bielefelder Stadtrat, aus der die Grünen hervorgingen, und weiterer jahrzehntelanger Protestkampagnen gegen den Bau der Bundesautobahn 33, deren Vollendung selbst nach nunmehr gut achtzigjähriger (!) Planungs- und Bauzeit noch nicht vollständig abgeschlossen ist, gibt es inzwischen viele Befürworter dieses Betonbaus, der als wesentlicher Mobilitätsfaktor die Wirtschaftskraft und daraus folgend den Wandel der Bielefelder Stadtgestalt mitverursacht hat, ohne dass das ursprünglich so geplant worden wäre. Denn es gibt in Bielefeld zwar ein städtisches Bauamt mit der Abteilung »Gesamträumliche Planung und Stadtentwicklung«,[8] aber keinen Stadtentwicklungsplan. Stadtentwicklung findet in Bielefeld in den letzten Jahrzehnten investorenabhängig statt. Bauherren und Investoren bauen so, wie es ihnen bzw. dem beauftragten Architekten gefällt und wie es das Budget zulässt. [ ] Die gesellschaftlichen und wirtschaftlichen Rahmenbedingungen, der zu beliefernde Markt, die Konkurrenz, die Politik, die sozialen Systeme – die produzierende und handelnde Welt ist eine andere geworden. Auch dies spiegeln die Architekturen von Industrie, Wirtschaft und Dienstleistung in Bielefeld. Durchaus unterschiedliche Baustile entwickelten sich – in manchen Zeiten schnell, in anderen eher gemächlich, was von den wirtschaftlichen und gesellschaftlichen Rahmenbedingungen abhängig ist. Für die zweite Hälfte des 20. Jahrhunderts ließe sich nach gut einhundertjähriger Bielefelder Industrie- und Wirtschaftsgeschichte das Resümee wagen, dass bis zur Mitte der 1950er-Jahre als Fassadenverkleidung Klinker, Glasbausteine und Putz verwendet wurden und bis in die 1960er-Jahre das tragende Skelett sichtbar gemacht wurde. Dann wurde die vorgefertigte Betonaußenwand ← 2.04 bevorzugt und in den 1970er-Jahren durch die Metallrasterwand abgelöst. Seit den 1970er-Jahren bis zur Jahrtausendwende hat sich der containerartige Hallenbau mit Blechpaneelwänden ← 2.05 durchgesetzt und in den vergangenen gut fünfzehn Jahren dominieren Stahl, Beton, Sandstein und Glas das jeweils Moderne. ← 2.06, ← 2.07 [ ] Zugleich ist eine Umkehrung der Industriebautechnik offensichtlich: Die ersten Fabrikgebäude bestanden auch in Bielefeld aus einem massiven, tragenden Mauerwerk, in das – wie beispielsweise bei der Ravensberger Spinnerei – das Gusseisengerüst eingehängt bzw. -gestellt wurde. Im Gegensatz dazu werden in modernen Gebäuden aus Industrie, Wirtschaft und Dienstleistung an das tragende Stahlbetongerüst leichte Blechwände, Glasfassaden oder Wände aus jeweils zeitgemäßem Material angehängt. Damals wie heute wird lediglich eine ansprechende Hülle für den möglichst zweckmäßigen Produktionsverlauf errichtet, ohne dass etwa auf eine möglichst qualitätsvolle Stadtgestaltung geachtet würde. [ ] Im genannten Zeitraum veränderte sich auch das gesellschaftliche Rollenverständnis der Unternehmer, gleichgültig in welcher Branche. Unternehmerische Repräsentation verlagerte sich vom »Stolz der Fabrik«[9] (Ruppert) über die private Demonstration von »mein Schiff, mein Auto, meine Kunstsammlung« bis hin zu »mein Haus, meine Familie, mein SUV« und zum dezent zur Schau gestellten Mäzenatentum im sozialen und künstlerischen Bereich. In besonders auswucherndem Maße veranschaulichten Banken dieses Prinzip, die sich, lange Zeit einem vergleichbaren Größenwahn folgend

6 Zum Thema Stadtbild und Mobilität vgl. auch Andreas Beaugrand, Thomas Niekamp: *Blick zurück nach vorn. Hans Niessen. Bielefelder Fotograf der fünfziger Jahre*, Bielefeld 1994, S. 37–42. **7** Der Ostwestfalendamm war in den 1970er-Jahren Bestandteil der Planungen einer Bundesautobahn 47. Der Ostwestfalentunnel war Bestandteil einer ebenfalls nicht realisierten Bundesautobahn 35. Die Verbindung zwischen dem Ostwestfalendamm und dem Ostwestfalentunnel in einer lang gezogenen Kurve sowie der Überflieger an der Abfahrt Ernst-Rein-Straße sind die einzig realisierten Teile eines dort geplanten Autobahnkreuzes. Nach endgültiger Aufgabe der Verkehrsplanungen war auch die Neuerrichtung eines Fußballstadions für den Verein Arminia Bielefeld auf der dort dadurch frei werdenden Fläche in den 1990er-Jahren diskutiert worden. Vgl. dazu auch Hans-Jörg Kühne: *Bielefeld '66–'77: Wildes Leben, Musik, Demos und Reformen*, Bielefeld 2006; Fabian Schröter (Hg.): *Linksruck. Politische und kulturelle Aufbrüche in Bielefeld*, Bielefeld 2016; und den Beitrag von Joachim Wibbing in diesem Band. **8** Vgl. https://www.bielefeld.de/de/rv/ds_stadt-verwaltung/bamt/auf/stahl.html (15. Mai 2019). **9** Wolfgang Ruppert: *Die Fabrik. Geschichte von Arbeit und Industrialisierung in Deutschland*, München 1994, S. 15 ff.

wie etwa manche Erdöl exportierenden Länder, der Errichtung möglichst hoher Türme widmeten – bis 2001: »Die Aufrichtung einer Vertikalen ist in der Geschichte meist ein Vorgang von symbolischer Bedeutung gewesen: In der Vertikalen wird das Hauptthema des Bauens, die Überwindung der Schwerkraft sichtbar, die Vertikalbewegung ist die konstituierende Kraft der Architektur. Hohe Türme gelten seit jeher, von der Antike bis in die Gegenwart, als menschlicher Triumph über die Schwerkraft, als Herrschaftszeichen des Menschen. Die Katastrophe des Attentats auf das World Trade Center in New York am 11. September 2001 verdeutlicht aufschlussreich diese Symbolik und macht auf tragische Weise aktuell offenkundig, was Architektur auszudrücken imstande ist: Architektur ist ein menschliches, gesellschaftliches und politisches Phänomen und in keinem Fall nur eine Frage von Geschmack oder Stil.«[10] [ ] Seitdem funktioniert Bauen anders. Auch architektonisch entwickelte sich eine neue Stilvielfalt, die wesentlich mehr Aufmerksamkeit auf ebenso funktionale wie ästhetisch funktionierende Bauten bei weitgehender Beachtung von Materialgerechtigkeit legt. Ein frühes und manche Entwicklung vorwegnehmendes Beispiel dafür ist der 1935 in Manchester geborene englische Architekt Sir Norman Robert Foster, der mit seinem 1967 gegründeten Büro Foster+Partners von 1985 bis 1993 das Kulturzentrum Carré d'Art in Nîmes, 1991 den Um- und Neubau des ehemaligen Militärflughafens London-Stansted, von 2001 bis 2004 das 30 St Mary Axe-Gebäude in London (meist *The Gherkin* oder *Swiss-Re-Tower* genannt) oder den Umbau des Reichstagsgebäudes in Berlin (1995 ff.) u.v.m. errichtet hat,[11] das Vorbildcharakter hat. [ ] Ein weiteres Beispiel für nationale wie internationale Popularität und die damit verbundene Verbreitung von (Architektur-)Stil ist Meinhard von Gerkan, 1935 in Riga, Lettland, geboren, der seit 1964 mit seinem Hamburger Architekturbüro von Gerkan, Marg und Partner (gmp) bundesrepublikanische und internationale Industrie-, Dienstleistungs- und Mobilitätsbaugeschichte schreibt. Von ihm stammen (schon 1966!) der Entwurf des Flughafens Berlin-Tegel, die Erweiterung des

10 Andreas Beaugrand: *Überlegungen zur Architektur in der Bundesrepublik Deutschland,* in: Ders. (Hg.): *Fünf Jahrzehnte innovative Architektur in Ostwestfalen-Lippe,* Bielefeld 2001, S. 9, sowie Ders.: *Gebaute Repräsentation im 19., 20. und frühen 21. Jahrhundert. Von der Industrie- zur Mobilitäts- und Dienstleistungsarchitektur,* in: Jürgen Büschenfeld, Bärbel Sunderbrink (Hg.): *Bielefeld und die Welt. Prägungen und Impulse,* Bielefeld 2014, S. 417–441. **11** Norman Foster: *Works 1–4,* München 2003–2006. **12** Vgl. Dirk Kurbjuweit: *Messis Freiheit,* in: *Der Spiegel* Nr. 16 vom 14. April 2013, S. 134 f., sowie Susanne Beyer, Ulrike Knöfel: *Versaute Verhältnisse. Gipfeltreffen der geplagten Architekten: Pierre de Meuron, Meinhard von Gerkan und Christoph Ingenhoven verantworten die größten und schwierigsten Bauprojekte des Landes,* in: *Der Spiegel* Nr. 24 vom 10. Juni 2013, S. 118–124. In China wurde im September 2019 nach nur vier Jahren Bauzeit Pekings Giga-Flughafen Beijing Daxing Airport eröffnet – wohl der größte der Welt –, während in Deutschland seit September 2006 (!) der Versuch unternommen wird, am Südrand von Berlin den Flughafen Berlin Brandenburg Willy Brandt zu errichten …

Flughafens Hamburg (1993, 2005), des Flughafens Stuttgart (1991 ff.), der neue Berliner Hauptbahnhof (zuvor Lehrter Stadtbahnhof, 2006), der Umbau des Berliner Olympiastadions (2000–2004) sowie die Stadthalle Bielefeld (1990) und ihre Erweiterung (2009). → S. 136 [ ] Gegenwärtig befasst sich das Büro gmp intensiv mit Planungen in China, wo die Retortenstadt Lingang New City (2003) nicht nur geplant, sondern auch in die Realität umgesetzt werden soll (voraussichtliche Fertigstellung 2020). Ob sich die Architekturentwürfe des Wiener Architekten Wolf D. Prix und seiner Bürogemeinschaft Coop-Himmelb(l)au wie die BMW-Welt in München, das Internationale Konferenzzentrum im chinesischen Dalian oder das 2014 eröffnete Verwaltungsturmgebäude der Europäischen Zentralbank in Frankfurt als zukunftsweisend entpuppen, wird man ebenso abwarten müssen wie den Ausgang der aktuell größten und schwierigsten Bauprojekte in Deutschland: der Flughafen Berlin Brandenburg und das Projekt Stuttgart 21.[12]

2.08 **Überbauung des Operationsbunkers durch das neue Ärztehaus am Klinikum Bielefeld**

Das neue Selbstverständnis über das Bild der Stadt

Etwas von dieser zeitgenössischen Stilistik macht auch in Bielefeld Schule. Die zahlreichen Architekturen der Borchard + Dietrich Projektentwicklung und der Borchard Bau und Ingenieur Gruppe Dietrich GmbH & Co. OHG in Bielefeld beginnen, das Stadtbild Bielefeld zunehmend egalisierender zu dominieren – angefangen vom Westend → S. 74 und Eastend Tower → S. 75 und Baukomplexen wie Wohnen am Johannisbach über das Wohn- und das Parkhaus Am Zwinger, das BLB-NRW-Verwaltungsgebäude am Kesselbrink → S. 53 und das Pricewaterhouse-Coopers-International-Bürohaus am Adenauerplatz → S. 46 bis hin zum Lenkwerkareal am Stadtholz. → S. 172 Bunker des Zweiten Weltkriegs mutieren zu ›coolen Wohnanlagen‹ → 2.08 und verändern das Stadtbild auf nunmehr andere Weise. Das gilt für den Bunker an der Neustädter Straße → S. 255 von Hauer Dipl.-Ing. Architekten BDA, Gütersloh, genauso wie für den nunmehr ganz hinter wurstebreifarbenen Klinkern ver-

2.09 Animation der 2019 im Bau befindlichen Schüco-Verwaltungsgebäude

schwundenen Bunker am Lipper Hellweg, → S. 252 während den Stadtplanern von crayen+bergedieck architekten stadtplaner BDA am Bielefelder Klinikum eindrucksvoll gelungen ist, den alten Bunker mit der Moderne in Einklang zu bringen. → S. 232 Das Besucherzentrum an der Sparrenburg → S. 98 und der Informationspunkt am Johannisberg → S. 96 von Max Dudler Architekten, Berlin, zeigen in konzeptionell hervorragender Weise, dass auch modernste Architektur mit scharfkantigen Gebäudekonstruktionen aus Stampfbeton ein historisches Baudenkmal in seiner weithin bekannten Wirkung qualitätsvoll unterstützen kann. 2011 entstand an der Eckendorfer Straße die neue ADAC-Geschäftsstelle Bielefeld, geplant von brüchner-hüttemann pasch Architekten+Generalplaner GmbH, Bielefeld; die ehemalige ADAC-Liegenschaft an der Stapenhorststraße ist seit einer umfassenden Gebäudesanierung Sitz der WSR Kuchem & Partner mbB. Ebenfalls im Jahre 2010 ließ der SAP-Unternehmer Herbert Vogel für seine intelligence AG → S. 284 an der Königsbreede ein neues, ebenso zeitgemäßes wie repräsentatives Unternehmensareal errichten, das vom Ingenieurbüro für Bauwesen Dipl.-Ing. Günther Breder aus Bad Salzuflen entworfen wurde, und die seit 2011 durch die Bielefelder Architekten Volker Crayen und Markus Bergedieck entwickelte, futuristisch anmutende Unternehmenszentrale der Wüllner GmbH & Co. KG (Carolinen) am Produktionsstandort Bielefeld-Ubbedissen ist bis heute architektonisches Gesprächsthema. → S. 279 Auf einem über Jahrzehnte brachliegenden Gelände an der Herforder Straße entstand in kurzer Zeit bis Anfang 2019 ein neues Einkaufszentrum und der seit 2018 im Bau befindliche neue Schüco-Verwaltungsgebäude, ← 2.09 geplant durch das Kopenhagener Architekturbüro 3XN, wird die Einfahrt nach Bielefeld über die Herforder Straße in außergewöhnlicher Weise ästhetisch vitalisieren – ähnlich, wie das Unternehmen Goldbeck → S. 293 das

Ummelner Firmenareal architektonisch innovativ modernisiert. [ ] Viel hat sich getan und weiterhin tut sich viel → 2.10 und die Frage, ob es überhaupt Baukultur in Bielefeld gibt, beantwortete etwa der Bielefelder Architekt Heinrich Martin Bruns noch 2013 eindeutig mit Ja und stellte dabei zugleich fest, dass diese nicht von Kommunalpolitikern, der städtischen Bauverwaltung, Flächennutzungsplänen oder der Gestaltungssatzung, sondern von der Gesellschaft und den in ihr agierenden Menschen bestimmt wird. Er wehrte sich mit Recht gegen einfallslose Industriearchitektur – »glatte Flächen, eckig, kantig, fertig«[13] – von fantasielosen Architekten – »Fassaden-Panscher« – und war der Überzeugung, dass qualitätsvolle Architektur »keine Frage des Geldes und auch nicht der Üppigkeit, ... (sondern) eine Frage der Auffassung, der kulturellen Identität einer Stadt, einer Gesellschaft« sei: »Architekten können im Bereich einer behutsamen Stadtentwicklung durch Umbau und Umnutzung von Gebäuden ihre Qualität einbringen. Sanierung im Bestand, mit Erweiterung, mit Einbindung in die Stadt ist primäre Aufgabe der Architekten.« Damit wendet sich Bruns ganz ausdrücklich gegen heute weit verbreitete Unternehmensstrategien wie etwa die des tschechischen Schuhunternehmens Bata, das als frühes Beispiel der Globalisierung mit der Verlagerung seiner Produktionsstandorte ins Ausland nach Batanagar in Indien, Möhlin in der Schweiz und East Tilbury in Großbritannien, das gesamte »System Bata« von betrieblichen Sozialleistungen bis hin zu Städtebau und Architektur exportiert.[14] [ ] In den vergangenen Jahren ist darüber hinaus ein gänzlich neues Problem entstanden, das lange Zeit nicht Gegenstand der öffentlichen Wahrnehmung gewesen ist: In vielen alten Industriekulissen sind neben der Infrastruktur für neue Nutzung auch neue Park- und Freizeitanlagen entstanden, um die industrielle Vergangenheit so zu »kaschieren, als sei in Duisburg oder Eisenhüttenstadt nie jemand anderes als Mutter Natur persönlich gewesen.« Tatsächlich handelt es sich aber um

2.10 Umbauentwurf für das ehemalige Telekom-Hochhaus durch die Fa. Goldbeck, November 2019

13 Vgl. hierzu und für das Folgende Wilfried Massmann: *Die Stadt ist ausgeblutet. Interview; Heinrich Martin Bruns, Bielefelder Architekt*, in: *Neue Westfälische* vom 9./10. März 2013. **14** Regina Bittner, Wilfried Hackenbroich: *Architektur aus der Schuhbox. Batas internationale Fabrikstädte* (= Bauhaus Taschenbuch Nr. 2, hg. von der Stiftung Bauhaus Dessau), Leipzig 2012.

15 Henning Sussebach: ›*Das Stiefmütterchen wird diffamiert.*‹ *... Ein Gespräch mit Udo Weilacher, Kenner und Kritiker der Gartenkultur,* in: *Die Zeit* vom 27. März 2013, S. 15–17. Siehe dazu auch Peter Lorenz: *Gewerbebau, Industriebau. Architektur, Planen, Gestalten,* Leinfelden-Echterdingen 1991; Richard Schindler: *Landschaft verstehen. Industriearchitektur und Landschaftsästhetik,* Freiburg 2005; Markus Otto, Karl Plastrotmann, Lars Scharnholz, Ilija Vukorep: *Industriebau als Ressource,* Berlin 2009; Gerd Albers, Julian Wékel: *Stadtplanung. Eine illustrierte Einführung,* Darmstadt 2011², S. 171 ff.; sowie StadtBauKultur NRW (Hg.): *Big Beautiful Buildings. Als die Zukunft gebaut wurde. Die Nachkriegsmoderne im Europäischen Kulturerbejahr 2018,* Dortmund 2019. **16** Vgl. http://www.gab-bielefeld.de/ (29. März 2016). **17** Zitiert nach Günter Gerke: *Bielefeld so wie es war,* Band 3, Düsseldorf 1977, S. 10. **18** In den Bielefelder Tageszeitungen *Neue Westfälische* und *Westfalen-Blatt* werden diese Diskussionen besonders in den letzten Jahren intensiv journalistisch begleitet, die betreffenden Artikel füllen seit Projektbeginn 2016 einen ganzen Aktenordner. **19** Vgl. www.forum-baukultur-owl.de (15. Oktober 2019)

»Experimentierfelder, die eine Gesellschaft braucht. ... Auf einem alten Stahlwerksgelände in Duisburg klettert heute eine der größten Sektionen des Deutschen Alpenvereins. Die haben Klettersteige in die Betonwände der alten Kohlebunker gebaut, ein Gipfelkreuz obendrauf gesetzt und das Ganze ›Monte Thysso‹ genannt. Trotzdem haben solche Orte ein Legitimationsproblem. Weil sie als nicht schön gelten«[15] – was auch für das Gelände der Gesellschaft für Arbeits- und Berufsförderung (GAB) → S. 253 in der Bielefelder Meisenstraße gilt, wo auf dem Gelände der ehemaligen Rochdale Barracks soziale und künstlerische Initiativen aktiv sind und ein kolossales neues Kletterzentrum der Bielefelder Sektion des Deutschen Alpenvereins entstanden ist.[16] [ ] Was zu tun bleibt, muss nach wie vor zusammen mit den Architekten gelöst werden, selbst wenn sie für viele bauliche Verfehlungen selbst verantwortlich waren: »Die Krankheit unserer heutigen Städte und Siedlungen ist das traurige Resultat unseres Versagens, menschliche Grundbedürfnisse überwirtschaftliche und industrielle Forderungen zu stellen« (Walter Gropius, 1883–1969). »Billiger bauen heißt noch lange nicht schlechter bauen. Architekten müssen endlich lernen, mit den Ressourcen besser umzugehen, auch mit Energie« (Peter P. Schweger, Architekt, 2012). Dem entspricht auch die sich zunehmend verbreitende Initiative von Architekten, nicht mehr im großen Stil Grün-, Landwirtschafts- und Naturflächen großflächig zu überbauen, wie es etwa mit den früheren Erdbeerfeldern des jetzigen Gewerbegebiets Niedermeyers Hof → S. 187 der Fall gewesen ist, sondern bebautes Areal durch zukunftsweisende architektonische Ideen zu modernisieren. Die Bielefelder Architekten Wannenmacher+Möller haben mit einem Gestaltungsvorschlag → 2.11 für die Bielefelder Innenstadt – für das ehemalige Telekom-Hochhaus und den Alten Markt – eindrucksvolle Vorschläge gemacht. → 194 Dieses Vorgehen entspricht im Prinzip den Forderungen Gustav Engels, dem früheren Leiter des Bielefelder Stadtarchivs, der schon in den 1950er-Jahren die baulichen Veränderungen in Bielefeld kritisierte und angesichts der »Notwendigkeiten der Zeit« vor »falscher Romantik«

2.11 **Vorbildliche Architektur für innovative Baukultur: Impression der German School Madrid, 2016 geplant von den Berliner Grüntuch Ernst Architekten**

warnte. Zugleich aber gab er Architekten und Stadtplanern einen bis heute wesentlichen Rat: »Horcht, ihr Baumeister, auch auf die Stimmen, die aus der Tiefe der Zeit heraufklingen, von dorther, wo die Wurzeln dieser Stadt im Erdreich ruhen. Dann wird Bielefeld wieder schön werden.«[17] Daran muss, wie auch die öffentlich intensiv diskutierten Fragen zur Bielefelder Baukultur zeigen,[18] noch gearbeitet werden, zumal es – um es nochmals zu wiederholen! – für Bielefeld nach wie vor keinen politisch verabschiedeten Stadtentwicklungsplan gibt. Es wird darum gehen müssen, Baukultur als Lernprozess zu begreifen und die Erkenntnis baulich umzusetzen, dass auch die Entwicklung einer Stadt wie Bielefeld dem schicksalhaften Wechsel von internationalen Finanzkrisen und Kapitalströmungen und damit verbundenen Standortpräferenzen unterworfen ist. Immerhin gibt es stattdessen seit einiger Zeit das Forum Baukultur OWL e. V., von dem weitere Initiativen zur Verbesserung der architektonischen Qualität in Bielefeld und Ostwestfalen-Lippe zu erwarten sind.[19]

Platzgestaltung

Patrick Fäth
Kirill Starodubskij
Lea Uckelmann

Platzgestaltung

→ 46
Adenauerplatz

→ 53
Neumarkt

→ 58
Kesselbrink

Adenauerplatz

PricewaterhouseCoopers GmbH Wirtschaftsprüfungsgesellschaft
Kreuzstraße 35
33602 Bielefeld

360°-Haus
Adenauerplatz 1
33602 Bielefeld

Streitbörger PartGmbB
Adenauerplatz 4
33602 Bielefeld

The Cube
Adenauerplatz 7
33602 Bielefeld

In der näheren Umgebung des Adenauerplatzes, der eigentlich kein Platz, sondern ein Verkehrsknotenpunkt ist, in dessen Mitte eine Normaluhr steht, befinden sich neben der Kunsthalle Bielefeld Kunst – seit 1989 mit der Skulptur *Axis* von Richard Serra und ihr gegenüber einigen Basaltstelen aus dem documenta-Projekt *7000 Eichen* von Joseph Beuys –, eine Stadtbahnhaltestelle und einige neue Bürogebäude, die für ein neues und zeitgemäßes Stadtbild stehen. Hierzu zählen das 2004 von den Bielefelder Streich Architekten + Ingenieure geplante und bis 2006 fertiggestellte Gebäude der Streitbörger & Partner GmbH, die von den Bielefelder Architekten crayen + bergedieck entworfenen und von der Bielefelder Bautra GmbH errichteten Bürogebäude 360°-Haus (2006) und The Cube (2010–2012) sowie das 2011 durch den Bielefelder Architekten Klemens Gabrysch geplante und von der Bielefelder Borchard + Dietrich OHG an der Ecke Kreuzstraße/Am Sparrenberg errichtete Gebäude für die PWC-Wirtschaftsprüfungsgesellschaft.

Platzgestaltung

Platzgestaltung

Neumarkt

Stadtarchiv und Landesgeschichtliche Bibliothek Bielefeld
Neumarkt 1
33602 Bielefeld

Légère Hotel Bielefeld
Neumarkt 2
33602 Bielefeld

Charly's House Bielefeld
Kavalleriestraße 9
33602 Bielefeld

Telekom-Hochhaus
Philipp-Reis-Platz 1
33602 Bielefeld

An der Stelle des alten Wochenmarktes wurde 1993 das Amerikahaus eröffnet, benannt nach dem 2017 in Konkurs gegangenen US-amerikanischen Spielzeughändler Toys »R« Us, der (vorübergehend) neben einem Golf-Fachgeschäft und dem Lebensmittelmarkt Kaiser's in den unter der Leitung von brunsarchitekten, Bielefeld, errichteten Bau eingezogen war. 1996 kaufte die Fondsgesellschaft Wealthcap (früher HFS-Fonds) das Gebäude, das von den Bielefelder Architekten joachim oehme + partner gbr umgebaut wurde und seit Anfang 2012 von Stadtbibliothek, Stadtarchiv, Kulturamt und als Café genutzt wird. Am Neumarkt entstanden unter der Regie der Wiesbadener FIBONA GmbH 2016 das Légère Hotel Bielefeld mit 120 Zimmern in zeitgemäßem Design und 2017 das Bed & Breakfast-Hotel Charly's House mit 112 Zimmern, 25 Eigentumswohnungen und zwei Penthouses. Das Ensemble wird vom 1974 fertiggestellten 78 Meter hohen ehemaligen Fernmeldehochhaus überragt, das 2019 von der Firma Goldbeck gekauft wurde.

Kesselbrink

Volksbank Bielefeld-Gütersloh eG – Hauptstelle Kesselbrink
Friedrich-Ebert-Straße 14
33602 Bielefeld

›Grüner Würfel‹
Kesselbrink 2
33602 Bielefeld

Bau- und Liegenschaftsbetrieb NRW Bielefeld
August-Bebel-Straße 91
33602 Bielefeld

Der etwa 20.000 m² große Kesselbrink war Viehweide (›Köttelbrink‹), Heilquellen-, Exerzier-, Volksfest-, Fußball-, Zirkus- und Kirmesplatz, zur NS-Zeit Sammelplatz zur Judendeportation und von der Nachkriegszeit bis zur Sanierung Parkplatz und Busbahnhof mit Einkaufspavillons über der bis 1965 errichteten, damals größten Tiefgarage Deutschlands. Von 1954 bis zum Abriss 2000 stand dort, wo heute das von Borchard+Dietrich errichtete BLB-NRW-Verwaltungsgebäude steht, das Hallenbad. Bis Mitte der 1960er-Jahre wurde das Polizeipräsidium und bis 1974 das 18-stöckige Fernmeldehochhaus errichtet, das seit 2019 von der Firma Goldbeck umgebaut wird. Im Rahmen des Förderprogramms Stadtumbau West wurde der Platz von 2011 bis 2014 neu gestaltet und bietet seitdem Raum für eine Skateranlage, einen Spielplatz und den Wochenmarkt. 2015 wurde der durch den Bielefelder Architekten Sven Detering im Auftrag der BGW als Restaurant geplante ›Grüne Würfel‹ eröffnet, der zukünftig der Jugendarbeit dient.

Platzgestaltung

1 Andreas Beaugrand: *Bielefelds Weg in die Nachkriegsmoderne. Die 1950er Jahre*, in: Andreas Beaugrand (Hg.): *Stadtbuch Bielefeld 1214–2014*, Bielefeld 2013, S. 130–137; Neue Westfälische (Hg.): *Jahnplatz – gestern und heute. Zeitgeschichtliche Dokumentation (DVD)*, Bielefeld 2007 (Neuauflage des NW-Videos von 1990); Reinhard Vogelsang: *Geschichte der Stadt Bielefeld*, Band 3: *Von der Novemberrevolution 1918 bis zum Ende des 20. Jahrhunderts*, Bielefeld 2005. **2** Hans-Jörg Kühne: *Bielefeld. Von A bis Z. Wissenswertes in 1500 Stichworten*, Münster 2007, S. 35.

Bauen für Mobilität in Bielefeld
Joachim Wibbing

Je größer eine Stadt wird, desto wichtiger werden die Mobilität und die Verkehrsinfrastruktur. Die Menschen müssen ihre Wohnhäuser verlassen, um Arbeitsstätten, Schulen, Praxen oder Kaufhäuser zu erreichen. In kleinen Orten kann dies oftmals mit Fußwegen erreicht werden, in größeren Städten natürlich nicht. Der Stadtbewohner ist auf ein ganzes Bündel von individuellen und öffentlichen Verkehrsinfrastrukturangeboten angewiesen. Nach dem Zweiten Weltkrieg gingen die Stadtplaner in Bielefeld von der Idee einer »autogerechten Stadt« aus. ← 3.01 [ ] Die Entwicklung im Bereich der Kraftfahrzeuge in Bielefeld nach dem Zweiten Weltkrieg bis in die 1980er-Jahre hinein ist von mehreren Wellen gekennzeichnet. Zunächst kamen die Motorräder und Roller – wie beispielsweise die Diana von Dürkopp – in Mode. Dann folgten die Kleinstautomobile wie Isetta, Goggomobil, Messerschmitt-Kabinenroller. Die Bauverwaltung reagierte auf diese Trends mit der Ausarbeitung großer Straßenprojekte und Straßenkreuzungen. So entstanden um 1955 die Pläne für ein umfangreiches Straßenkreuz

3.01 **Die Stützmauer am Ostwestfalendamm**

im Bereich des Kamphofes oder in den 1970er-Jahren auf dem Gelände der Ravensberger Spinnerei. Sie wurden – teilweise durch den Widerstand der Bevölkerung – später wieder aufgegeben. In Bielefeld stellte die Schaffung von Straßenraum hohe Anforderungen an die Spitzen der Stadt. Grundsätzlich sollte der Kraftwagenverkehr größtmöglichen Zugang zur Innenstadt erhalten. Daraus ergab sich ein grundlegender Bedarf an Parkplätzen in unmittelbarer Nähe des geschäftlichen Zentrums. Der Kesselbrink sollte zum »Auto-Zentralbahnhof« mit gut 1.000 unterirdischen Einstellplätzen umgestaltet werden. Die Kraftfahrzeugzahlen entwickelten sich nach der Währungsreform rasant nach oben. Wie bedeutsam das Automobil wurde, verdeutlichen zwei Daten: 1903 waren im Stadt- und Landkreis Bielefeld insgesamt zwölf Automobile angemeldet, 1959 waren es bereits über 23.000, allein 17.000 davon Personenkraftwagen. Bielefeld befand sich damit hinter Bonn an zweiter Stelle der PKW-Dichte in Nordrhein-Westfalen. [ ] Die Konsequenzen zeigten sich in Bielefeld, indem um die Neustädter Marienkirche im Sinne einer neuzeitlichen Architektur noch vorhandene Gebäude abgerissen und Straßen wie beispielsweise die Kreuzstraße vierspurig ausgebaut wurden. Es galt, für die zunehmend größer werdende Autowelle auch in der Bielefelder Innenstadt die erforderlichen Verkehrs- und Parkflächen zu schaffen: »Mit dem Auto mitten in die Stadt!« hieß nun das Motto. So mussten neue Straßen und Parkplätze geschaffen und der Jahnplatz zur Verkehrsdrehscheibe ausgebaut werden. Auf dem vergrößerten Jahnplatz wurden die Fußgänger wegen der stark steigenden Autozahlen kurzerhand unter die Erdoberfläche verbannt. Darüber entstand ein verkehrsreicher Platz für Auto und Straßenbahn.[1] Die Idee einer autogerechten Stadt reichte bei den zuständigen Stadtplanern bis weit in die 1970er-Jahre. Ein Straßenbauprojekt nach dem anderen wurde durchgeführt. Dies endete erst mit einer »zunehmend mündiger werdenden Bürgerschaft«.[2] Für den Jahnplatz bedeutete die Problemlösung von Verkehrsnot und Verkehrssicherheit demnach: nur noch Kraftfahrzeugverkehr auf dem Platz, Fußgänger darunter.

3.02 **Einfahrt in den Ostwestfalentunnel**

3.03 **Luftbild des Bielefelder Kreuzes der A 2 und der A 33**

3.04 **Bau der OWD-Stützmauer**

3.05 **Der Flugplatz Bielefeld**

Ostwestfalendamm, Autobahn und Luftverkehr

Zu einem wirklichen Riesenprojekt entwickelte sich der Bau des Ostwestfalendamms (OWD). Der OWD wurde bereits in den 1950er-Jahren geplant und in den 1960er-Jahren politisch und finanziell bei Stadt und Land auf der Basis von Gutachten durchgesetzt. Er sollte dem Verkehrsinfarkt vorbeugen. Das erste Teilstück dieser Stadtautobahn hatte sich 1977 weit ins Stadtbild gefressen. Entlang der Strecke des Ostwestfalendamms hatte man seit 1970 etwa 335 Häuser abgerissen – vornehmlich repräsentative Altbauten, Villen und große Bürgerhäuser. Weithin sichtbar und um den Berg abzustützen, zog man 1975 eine 18 Meter hohe und 1.600 Meter lange Betonwand hoch, die das Abrutschen des Bergs auf die Stadtautobahn verhindern soll. 515 starke Anker, die bis zu 30 Meter in den Berg getrieben worden waren, sichern die 350 Meter lange Wand über dem Ostwestfalendamm.[3] Ein Teil des prachtvollen Johannesfriedhofs musste für den Ostwestfalendamm ebenso weichen wie ein gutes Drittel des alten jüdischen Friedhofs. Am schlimmsten stellte sich die quer durch die Stadt geschlagene Ostwestfalendammschneise am Beginn der Jöllenbecker Straße direkt hinter dem Hauptbahnhof dar. Hier verschwanden ganze Stadtviertel unter den mächtigen und schmucklosen Betonträgern des überdimensionalen Bauvorhabens. Bereits 1982 wurden erste Teilstücke freigegeben und bestimmen seither maßgeblich das Bielefelder Stadtbild. Als letztes Teilstück wurde am 5. Dezember 2012 der 1,4 Kilometer lange Abschnitt vom Südring in Brackwede bis zur A 33 für den Verkehr freigegeben. Der 535 m lange Ostwestfalentunnel ergänzte 1994 den OWD.[4] ← 3.02 [ ] Ein neuer Trend griff nach der Jahrtausendwende auch in Bielefeld Platz: der Bau von Kreiseln. Man findet sie mittlerweile an zahlreichen früheren Kreuzungen wie an der Engerschen Straße in Schildesche oder vor dem Stadtwerkehochhaus, um nur zwei Beispiele zu nennen. Die Kreisel gelten als wesentlich weniger unfallträchtig als die früheren Kreuzungen.[5] [ ] Prägend für den überörtlichen Verkehr wurden die Bundesautobahnen 2 und 33.[6] Die Planungen für die A 33 gehen sechs Jahrzehnte zurück. Der erste, 6,4 Kilometer lange Bauabschnitt zwischen der A 2 und der B 61 (Anschlussstelle Bielefeld-Zentrum/Ostwestfalendamm) im südlichen Bielefeld wurde seit dem 16. Juni 2007 gebaut, der letzte Bauabschnitt 2019 freigegeben.[7] Im Bielefelder Süden entstand ein großes Verkehrskreuz, das aus der Vogelperspektive fast kleeblattförmig auf den Betrachter wirkt. ← 3.03 [ ] Moderne Verkehrswege werden in ihrer Erscheinungsweise von Funktionalität und Sicherheitsaspekten geprägt. Deshalb kommen sie architektonisch nicht besonders anziehend daher, ebenso wenig wie die verwendeten Baumaterialien Beton, Stahl und Asphalt. Nur gelegentlich wirken die Bauwerke überwältigend, vielleicht sogar erdrückend auf den zeitgenössischen Betrachter wie die gewaltige Stützmauer am Ostwestfalendamm auf der Höhe des Johannisfriedhofes. ← 3.04 [ ] Darüber hinaus gab es zwischen 1960 und 1980 umfangreiche Planungen für den Regionalflughafen Nagelsholz im Nordwesten der Stadt vor den Toren Jöllenbecks. Letztlich zerschlugen sich die zunächst euphorischen Vorstellungen.[8] Gegenwärtig ist die Stadt Bielefeld durch den Verkehrslandeplatz Windelsbleiche an den Luftverkehr angebunden. Betreiber ist die Flughafen Bielefeld GmbH. Zurzeit steht den Flugzeugen eine asphaltierte, befeuerte Landebahn mit den Maßen von 1.256 Metern Länge und 20 Metern Breite bei ihren Starts und Landungen zur Verfügung. Die Gesellschafter sind die Stadt, die Industrie- und Handelskammer sowie 14 Unternehmen aus der Region.[9] ← 3.05

Eisenbahnverkehr, Fußgängermobilität und Fahrradfahren

Den zentralen Punkt für die Eisenbahn stellt der Hauptbahnhof dar. Beim Bau der Bielefelder Stadtbahn wurde allerdings darauf verzichtet, unter dem Hauptbahnhof eine zentrale Haltestelle einzurichten. Zur Weltausstellung EXPO 2000 in Hannover sollte der Bahnhof verändert und saniert werden. Die Baumaßnahmen umfassten die Verbreiterung und Verlängerung des Fußgängertunnels mit Durchstich nach Norden → 3.06 sowie die barrierefreie Modernisierung der vorhandenen Bahnsteige und des denkmalgeschützten historischen Empfangsgebäudes. → 3.07 Ebenso wurden zusätzliche Gleise und nördlich ein neuer Bahnsteig gebaut. Nach einer Insolvenz des Generalunternehmers ruhten die Bauarbeiten jedoch aufgrund ungeklärter finanzieller Umstände für einen Zeitraum von 17 Monaten. Erst im September 2006 konnten die Baumaßnahmen abgeschlossen werden.[10] [ ] Für die Fußgänger wurde in Bielefeld nach 1945 wenig getan. Sie nutzten die Bürgersteige und seit den 1950er-Jahren die Zebrastreifen genannten Querungshilfen. Ansonsten wurden sie eher als Behinderungen in der autogerechten Stadt gesehen. 1957 war der Jahnplatztunnel eröffnet worden und lenkte damit einen Teil der Fußgängerströme unter die Erde. Als besonderes Highlight wurde am 30. Mai 1969 in Bielefeld die Fußgängerzone in der Innenstadt eröffnet. Nunmehr konnten

3 Joachim Uthmann: *Bauarbeiten auf dem OWD führen zu Staus*, in: *Neue Westfälische* vom 30. März 2016. **4** Kühne, S. 246 f. **5** Thorsten Böhm: *Konflikte im Kreisel*, in: *Bielefelder Radnachrichten*, Ausgabe 1/2007. **6** Kühne, S. 35. **7** Susanne Bieneck und andere (Hg.): *Ubbedissen-Lämershagen. Ein Bildband*, Gütersloh 1994; und Verein für Dorfgeschichte Ubbedissen-Lämershagen e.V. (Hg.): *Jubiläums-Bildband Ubbedissen – Lämershagen*, Bielefeld 2005. **8** Kühne, S. 114 und 233; und Günter Gerke: *Bielefeld – so wie es war* (Band 3), Düsseldorf 1977. **9** Vgl. https://de.wikipedia.org/wiki/Flugplatz_Bielefeld; und Kühne, S. 332. **10** Vgl. dazu F.W.W. Hövels: *Hauptbahnhof Bielefeld. Informationsbroschüre anlässlich der Fertigstellung 2005/2006*, Melle 2005.

3.06 **Der Ausgang vom Hauptbahnhof Bielefeld zum Boulevard, 2010**

3.07 **Das Hauptbahnhofsgebäude von innen, 2010**

11 Joachim Wibbing: *50 Jahre Fußgängerzone Bielefeld*, in: *Neue Westfälische* vom 4. Juni 2019. **12** Karl Beckmann, Rolf Künnemeyer: *1151–2001 Brackwede. Stationen einer 850-jährigen Geschichte*, Bielefeld 2001, S. 284. **13** Kühne, S. 233. **14** Doris Reichel: *Gründung des Bielefelder Netzwerkes Verkehrssicherheit*, in: BI-NETT 2007, vgl. https://nationaler-radverkehrsplan.de/de/aktuell/nachrichten/gruendung-des-bielefeldernetzwerkes (15. Oktober 2019). **15** Rupert Consulting: *Gutachten zur zukünftigen Mobilitätsstrategie der Stadt Bielefeld*, Bielefeld 2019. **16** Kurt Ehmke: *Gruppe fordert »Masterplan Gehen«*, in: *Neue Westfälische* vom 26. September 2019. **17** Ingrid Dingerdissen: *30 Jahre ADFC in Bielefeld – ein Überblick*, in: *Bielefelder Radnachrichten*, Ausgabe 2011. **18** *Bielefelder Radnachrichten* 1/2003; Thorsten Böhm: *16 Jahre Fahrradstation in Bielefeld!*, in: *Bielefelder Radnachrichten*, Ausgabe 02/2008; Joachim Uthmann: *Fahrrad-Bunker für Bielefeld? Wirbel um Radstation vorm Bahnhof*, in: *Neue Westfälische* vom 15. Juni 2019; Christine Panhorst: *Neue Radstation in Bielefeld soll Ende Juli tatsächlich öffnen*, in: *Neue Westfälische* vom 10. Juli 2019; Joachim Uthmann: *Am Bielefelder Hauptbahnhof wird's bald schwierig, einen Fahrrad-Parkplatz zu finden*, in: *Neue Westfälische* vom 6. November 2018; und Stefan Becker: *Nächste Panne beim Fahrrad-Parkhaus der Post in Bielefeld*, in: *Neue Westfälische* vom 29. Mai 2019.

die Bielefelder ohne Störungen von Auto- oder Straßenbahnverkehr ihre Einkäufe tätigen. Der erste Teil wurde auf der Niedern- und Obernstraße sowie dem Alten Markt eingerichtet. Im folgenden Jahr wurde auch die Bahnhofstraße in eine Fußgängerzone umgewandelt. Im Zeitraum 2005/2006 war die Sanierung der Fußgängerzone erforderlich.[11] Kleine Fußgängerzonen wurden ab 1965 im heutigen Bielefelder Stadtteil Brackwede an der Treppenstraße[12] oder in den 1980er-Jahren in der Einkaufszone des Bültmannshofs eingerichtet. Auch mit der Gestaltung des Neuen Bahnhofsviertels seit 1999 entstanden dort mit dem Boulevard und dem Europaplatz kleine Fußgängerzonen, in denen lediglich automobiler Lieferverkehr erlaubt ist.[13] Eine wirkliche Lobby für die Fußgänger etablierte sich in Bielefeld erst 1978 mit der Gründung der Gruppe aktiver Fahrradfahrer (GAFF). 2007 war die GAFF an der Einrichtung des Bielefelder Netzwerks Verkehrssicherheit beteiligt.[14] [ ] Seit 2017 begann sich der Wind allmählich zu drehen: Die Autos wurden nun als das Problem angesehen, sie sollten ganz oder ein wenig mehr verschwinden. Und die Fußgänger sollten im öffentlichen Straßenbereich mehr Aufenthaltsqualität bekommen.[15] 2019 ergriff eine Gruppe um Günter Hölling Partei für die Fußgänger: Sie legte einen »Masterplan Gehen« vor. Die Stadt plant, dass in Zukunft ein Viertel aller Wege zu Fuß zurückgelegt werden soll. Hölling hat aus dem Verein Gesundheitsladen eine Initiative gegründet, an der auch die Universität, Krankenkassen, Ärzte, Elternvertreter und Bürgerinnen und Bürger teilnehmen.[16] [ ] War Bielefeld von den 1920er- bis in die 1960er-Jahre noch eine Fahrradhochburg, so spielten Fahrräder in den 1980er-Jahren praktisch keine große Rolle mehr. Die Radfahrer schwammen im allgemeinen Autoverkehr einfach mit. 1929 hatte es den ersten eigenen Fahrradweg an der Heeper Straße gegeben, 1958 erhielt die Detmolder Straße einen Fahrradweg. Eine Lobby für Radfahrer entstand erst 1978 mit der GAFF und 1980 mit der Gründung einer Bielefelder Ortsgruppe des Allgemeinen Deutschen Fahrrad-Clubs (ADFC). Eine Entwicklung aus den 1920er-Jahren – die der Roten Radler – nahm die flott weg Fahrradkurier GmbH in Bielefeld 1994 wieder auf. [ ] Am Anfang des ADFC-Ortsvereins Bielefeld stand im Juli 1981 ein informelles Treffen von einigen wenigen Insidern. Um eine größere Öffentlichkeit anzusprechen, wurde zunächst eine Radwanderung an einem sogenannten freiwilligen autofreien Sonntag im September von der Stiftskirche in Schildesche zum Hücker Moor organisiert. 70 Interessierte nahmen teil. Im Winter 1981/1982 haben die Aktiven in Bielefeld eine Mängelliste für den Radverkehr zusammengestellt und der Stadtverwaltung übergeben. Eine Vereinszeitung, das RADBLATT, wurde im Januar 1983 ins Leben gerufen. Im darauffolgenden Monat fand die offizielle Gründungsversammlung statt, organisiert von dem fahrradbegeisterten Michael Mertins. Im September des Jahres konnte mit dem RADHAUS eine Geschäftsstelle an der Bielsteinstraße 34 eröffnet werden. Schwerpunkte der Vereinsarbeit waren Technik, Urlaub und Kaufberatung. [ ] Ein weiterer Höhepunkt war die Realisierung einer Radstation in der Nähe des Hauptbahnhofs.[17] Am 3. Juli 1992 war es so weit: Oberbürgermeister Eberhard David eröffnete die erste deutsche Fahrradstation nach niederländischem Vorbild. Zum 1. August 2003 hat die Stadtwerketochter moBiel den Betrieb der Fahrradstation übernommen.[18] 2018 wurde deutlich, dass die Bahn als Eigentümer das Gebäude abreißen wollte, weil sie Neubaupläne hatte. Im folgenden Jahr wurde ein Ersatz bzw. eine Zwischenlösung an der Nahariyastraße geschaffen. Über den Neubau wurde in der Folge umfänglich debattiert.[19] Auch der Plan einer Einrichtung unter dem Jahnplatz wurde diskutiert. Zu den Erfolgen des ADFC gehörten auch immer wieder die Öffnung von Einbahnstraßen für die Fahrradnutzung in beide Richtungen – beispielsweise 2013 an der Bleichstraße oder am Gehrenberg.[20] Der ADFC bündelte die Interessen der Radfahrer und machte den Fahrradgedanken publik, indem für einen autofreien Tag im Jahr, »mit dem Rad zur Arbeit« oder für die autofreie Herforder Straße geworben wurde.[21] Auch wurde ein Fahrradbeauftragter bei der Stadt etabliert.[22]

Stadtbahn und ÖPVN

Das deutsche Wirtschaftswunder machte sich auch in Bielefeld bemerkbar. Der Kraftverkehr nahm zu. Die Meinung vieler war: »Die Straßenbahn stört den Verkehr!« Doch die Bielefelder Stadtoberen waren ebenso vor- wie weitsichtig. Sie gaben ein Gutachten in Auftrag und kamen zu dem Entschluss, die Straßenbahn grundsätzlich beizubehalten und zu modernisieren – eine weise Entscheidung aus dem Jahr 1955. Der Pro-Straßenbahn-Beschluss des Rates führte in den folgenden Jahren zu vielen Veränderungen im Streckennetz. → 3.08 Es entstanden beispielsweise eigene Gleiskörper im Zuge des Niederwalls. Es folgte unter anderem

3.08 **Stadtbahnhaltestelle Jahnplatz**

19 Vgl. https://www.mobiel.de (23. Januar 2019). **20** Claudia Matz: *Bleichstraße: Ein Teil der Einbahnstraße für Radfahrer frei! 2010 Bleichstraße komplett fürs Radfahren in beiden Richtungen geöffnet – Am Ziel eines langen Weges …* Weiter zu diesem Thema in den *Bielefelder Radnachrichten* 1/2003; ADAC-Mitgliederzeitschrift *motorwelt*, 3/1996. Seit der unter dem damaligen Bundesverkehrsminister Wissmann (CDU) eingeführten »Fahrrad-Novelle« 1997 bietet die Straßenverkehrsordnung die Möglichkeit, Einbahnstraßen in Gegenrichtung für den Radverkehr freizugeben. **21** Michael Mertins: *Chronik des ADFC Bielefeld – 20 Jahre* (Manuskript), Bielefeld 2003. **22** Vgl. https://www.nw.de/lokal/bielefeld/mitte/22078809_Der-Bielefelder-Fahrradbeauftragte-schmeisst-hin.html (7. März 2018).

ein durchgehend eigener Bahnkörper der Linie 1 vom Jahnplatz über Nebelstor bis Betheleck.[23] Der Leiter der Essener Verkehrsbetriebe, Ulrich Diemer, schlug 1961 in einem Gutachten im Auftrag der Stadtwerke vor, Möglichkeiten zum Bau einer Stadtbahn in Bielefeld untersuchen zu lassen. Nach einem weiteren Gutachten erfolgte 1966 die Beschlussfassung des Rates der Stadt Bielefeld. Es wurden nunmehr Pläne für eine Stadtbahn in Bielefeld erarbeitet und diskutiert. Im September 1971 konnte der erste Abschnitt an der Herforder Straße in Betrieb genommen werden. Ein Baustopp für die weiteren Abschnitte der Stadtbahn schaffte seit 1971 zunächst eine Denkpause. Am 8. September 1977 konnte der Tunnelbau am Hauptbahnhof fortgesetzt werden.[24] Berücksichtigt wurde eine vierte Linie in den Bielefelder Westen durch den Bau von Blindstollen. Eine gute Lösung war die Zusammenführung aller Linien zwischen Rathaus und Hauptbahnhof. Die dazu notwendigen Verlegungen der Linie 1 und 3 (vom Kesselbrink zum Rathaus durch die Nikolaus-Dürkopp-Straße) erfolgten im Juni 1983 und Oktober 1986. Dies führte zu einer erheblich verbesserten Anbindung der Linie 3, besonders zu den Stadtbussen am Jahnplatz; allerdings ging die Bahnverbindung aus dem östlichen Stadtbereich zum Kesselbrink verloren. Die Linie 1 benutzte nun die bereits 1962 fertiggestellte zweigleisige, vom übrigen Verkehr getrennte Verbindungsstrecke vom Landgericht zum Adenauerplatz. Neben dem Tunnelbau erforderte der Ausbau zur Stadtbahn eine Erneuerung großer Teile der Infrastruktur und den Austausch des Fuhrparks. Die bisherigen achtachsigen Düwag-Gelenkwagen (GT 8) waren für den Tunnelbetrieb nicht mehr geeignet und mussten ersetzt werden. Erste Wagen vom Typ M8S wurden 1976 ausgeliefert und zunächst auf der Linie 3 eingesetzt; 1982 folgten M8C-Züge. Hinzu kam die barrierefreie Umgestaltung der Haltestellen mit Hochbahnsteigen in einheitlicher, überdachter Ausführung. Alle Haltestellen erhielten Fahrkartenautomaten. Mit der Aufnahme des Stadtbahnbetriebes wurde der Fahrscheinverkauf in den Fahrzeugen eingestellt. Weitere Maßnahmen dienten der Beschleunigung des Betriebes: besondere Bahnkörper und Ampelvorrangschaltungen sowie Ampelsicherungen der verbliebenen Niedrig-Haltestellen. [ ] Die 1980er-Jahre waren in der Innenstadt und besonders am Jahnplatz vom Bau des Stadtbahntunnelsystems geprägt. Die Kraftfahrzeuge mussten sich um riesige Baulöcher und Anfahrschächte herumquälen. Die noch oberirdisch verkehrenden Straßenbahnen sorgten immer wieder für zeitraubende Staus in den Zeiten des Berufsverkehrs, wie beispielsweise an der Herforder Straße auf der Höhe der Friedrich-Ebert-Straße. Dies änderte sich mit der Eröffnung des Tunnelsystems am 28. April 1991:[25] Das ›Stadtbahnwiesel‹ löste ›Buddelfix‹ ab. Vor dem Rathaus sowie in der gesamten Innenstadt feierten rund 150.000

Menschen den Beginn des Stadtbahnzeitalters. Durch die Zuschüsse von Bund und Land kostete 1991 die Stadtbahn in Bielefeld rund 500 Millionen DM. Die folgenden 36 Stadtbahnwagen inklusive der fünf Zwischenwagen für die Universitätslinie kosteten 145,4 Millionen DM. Zum Vergleich: Der Bau des Ostwestfalendamms von Brackwede bis zur Walther-Rathenau-Straße kostete ebenfalls fast 500 Millionen DM. [ ] In den 1990er-Jahren konnten die Fahrgastzahlen um fast 70 Prozent auf zunächst 39,1 Millionen pro Jahr gesteigert werden, 2018 wurden 60,1 Millionen Fahrgäste gezählt.[26] Mit der Stadtbahn verfügt Bielefeld seit 1991 über ein modernes, schnelles und leistungsfähiges Angebot. Durch die neue Stadtbahnlinie 4, die seit April 2000 bis zur Universität und seit 2016 bis zur Fachhochschule Bielefeld fährt, sind auch die über 35.000 Studierenden und Zehntausende von Bürgerinnen und Bürgern im Bielefelder Westen an das Stadtbahnnetz angeschlossen. Die Stadtbahn ist das Herzstück des Bielefelder Nahverkehrs.[27] [ ] Im August 2000 entstand durch die Ausgliederung des Verkehrsbetriebes aus den Stadtwerken Bielefeld eine eigene Gesellschaft und schließlich die moBiel GmbH. Verlängerungen der Strecken schlossen Wohngebiete an – so 2002, als die Linie 4 um zwei weitere Haltestellen bis zum damaligen Endpunkt Lohmannshof erweitert wurde. Am 6. Dezember 2015 ging auf der Linie 2 die Verlängerung bis Altenhagen in Betrieb.[28] Eines regen Kundenzuspruchs erfreut sich seit 1995 der neu eingerichtete Nachtbus auf mehreren Strecken.

Ein neuer Wagenpark

Das Stadtbahnzeitalter deutete sich im Wagenpark seit 1976 zunächst zaghaft an: Die Verkehrsbetriebe beschafften vier M8S. 1981 folgte dann ein großer Schritt in die Zukunft. Die ersten von 44 Neuwagen des Typs M8C (M bedeutet Meterspur, 8 nennt die Zahl der Achsen, C bedeutet Chopper, was wiederum etwa Gleichstromregelung heißt) wurden auf die Gleise gesetzt. Seit dem 30. Oktober 1987 waren nur noch die M8C im Einsatz. Sieben Jahre später begann die Ausliefe-

23 Peter Stuckhard, Stadtwerke Bielefeld (Hg.): *Damit es hell und warm ist. Geschichte der Stadtwerke Bielefeld*, Bielefeld 2000, S. 242. **24** Ebd., S. 266. **25** Vgl. https://www.lebenswertes-bielefeld.de/fileadmin/content/documents/lebenswertes-bielefeld/2_unser_360grad_angebot/2_3_mobilitaet/moBiel-Chronik-2016_web.pdf (25. Oktober 2019). **26** Vgl. http://www.bielefeld.de/de/sv/verkehr/rv (22. November 2019). **27** Vgl. zur Entstehung der Stadtbahn Stadt Bielefeld: Amt für Verkehr (Hg.): *Baulose Stadtbahn Bielefeld*, Bielefeld 1969–1986; sowie Tiefbauamt der Stadt Bielefeld in Zusammenarbeit mit dem Presse- und Verkehrsamt (Hg.): *Stadtbahn Bielefeld auf richtigem Gleis in die Zukunft*, Bielefeld 1979; Stadtwerke Bielefeld (Hg.): *Die Bielefelder Stadtbahn. Das Marketing-Konzept für einen neuen Markenartikel und seine Realisierung*, Bielefeld 1993; *Von der Straßenbahn zur Stadtbahn. Stadtwerke Bielefeld feiern 100-jähriges Doppeljubiläum*, in: Ostwestfälische Wirtschaft; Jg. 2000; H. 6., S. 18 f.; Neue Westfälische (Hg.): *Bielefeld mobil. Von der Straßenbahn zur Stadtbahn* (DVD), Bielefeld 2013. **28** Peter Stuckhard: *Stadtwerke Bielefeld*, S. 242.

rung des Nachfolgetyps M8D, dessen Stadtbahncharakter unübersehbar ist (D steht für Drehstromantrieb; der aus der Fahrleitung entnommene Gleichstrom von 750 V wurde im Fahrzeug in Drehstrom umgewandelt). 36 M8D-Fahrzeuge waren 1999 im Einsatz. Die fünf neuen Mittelwagen für die Universitätslinie 4 kamen dazu.[29] Auch die Busflotte wurde laufend erneuert und zählt heute zu den saubersten in Deutschland. Bei den Stadtbahnen entschied man sich für Hochbahnsteige, bei den Autobussen für Niederflurtechnik. Die Busse können sich an den Haltestellen zu den Türen hin neigen, wodurch Rollstuhlfahrern und Eltern mit Kinderwagen das Einsteigen erleichtert wird.[30] Das Herz des Betriebsablaufs ist die Verkehrszentrale, deren Kernstück wiederum seit der Inbetriebnahme der Stadtbahn 1991 das Gleisbild ist, auch Panorama- oder Meldetafel genannt. [ ] Seit Juni 2011 wurde der Fahrzeugbestand durch neue Stadtbahnwagen des Typs GTZ8-B erweitert, den Vamos. Diese Wagen verfügen über 246 Sitz- und Stehplätze – damit sind sie deutlich geräumiger als ihre Vorgänger. Der Vamos wurde speziell für die Stadtbahn Bielefeld der moBiel GmbH entwickelt und von einem Konsortium aus HeiterBlick (mechanischer Teil) und Kiepe Electric (elektrische Ausrüstung) gebaut. Es ist das erste realisierte Fahrzeug der Vamos-Modellfamilie von HeiterBlick. Der GTZ8-B (Gelenktriebzug achtachsig, Bauart Bielefeld) ist ein dreiteiliges, meterspuriges Zweirichtungsfahrzeug, das in Einzel- oder Doppeltraktion eingesetzt werden kann. Wegen der gegenüber den bisherigen Fahrzeugen geänderten Maße, insbesondere der Breite, waren bzw. sind größere Umbauten erforderlich. So mussten Gleisradien und Gleisabstände vergrößert und Bahnsteige verlängert werden. Im Dezember 2017 hat moBiel 24 weitere Vamos-Stadtbahnen für rund 90 Millionen Euro beim Herstellerkonsortium HeiterBlick/Kiepe Electric, das auch schon die ersten 16 Vamos-Fahrzeuge baute, bestellt.[31] Die 24 neuen Bahnen sollen zum einen die über 30 Jahre alten Stadtbahnen vom Typ M8C ersetzen; zum anderen wird damit auf die seit vielen Jahren stetig steigenden Fahrgastzahlen reagiert.[32] Die Auslieferung der Bahnen beginnt im Laufe des Jahres 2020 und wird rund zwei Jahre dauern. Mit dem ersten Einsatz im Linienverkehr wird im Frühjahr 2020 gerechnet.[33] Die Vamos-Fahrzeuge sind 35 Meter lang und 2,65 Meter breit. [ ] Seit Anfang Januar 2019 starten elf Buslinien vom neuen

---

29 Ebd., S. 269. **30** Ebd., S. 272. **31** *moBiel investiert etwa 90 Millionen Euro in Ausbau der Vamos-Flotte – 24 neue Stadtbahnen bestellt*, in: *Westfalen-Blatt* vom 5. Januar 2018. **32** Vgl. http://www.mobiel.de/unternehmen/fahrzeugtechnik/stadtbahnen (16. November 2019). **33** Vgl. https://de.wikipedia.org/wiki/GTZ8-B (18. November 2019). **34** Vgl. https://www.mobiel.de/aktuelles/newsarchiv/newsarchiv-2019/ein-monat-neuer-betriebshof/at neuer Betriebshof (21. Februar 2019). **35** *Der zweite moBiel-Betriebshof in Sennestadt soll im Herbst fertig sein*, in: *Westfalen-Blatt* vom 8. August 2018; Janine Gütlinger: *Das alles steckt im neuen moBiel-Betriebshof in Sennestadt*, in: *Neue Westfälische* vom 2. Dezember 2018. **36** Andrea Rolfes: *Warum Bielefelds geheimes Verkehrsgutachten so viele geschockt hat*, in: *Neue Westfälische* vom 16. November 2019. **37** Heimat- und Geschichtsverein Quelle (Hg.): *Das Queller Buch*, Band 2, Bielefeld 2007, S. 246: Die Seilbahnpläne wurden bereits 1955 entwickelt, aber bald danach wieder fallengelassen.

Betriebshof an der Lilienthalstraße in Sennestadt aus zu ihren Fahrten durch Bielefeld.[34] Mit der Übernahme der Fahrten der BVO durch moBiel und die damit zahlreichen zusätzlichen Busse wäre es auf dem Betriebshof in Sieker sonst zu eng geworden.[35] [ ] 2019 sorgte zudem ein Gutachten der Rupert Consulting in Bielefeld für Aufsehen: Zukünftig soll die städtische Mobilität zu je einem Viertel im Automobil, durch Fußgänger, per Fahrrad und im ÖPNV erfolgen.[36] Die NW kommentierte wie folgt: »Utopisch und wahnsinnig teuer sind die Pläne der Bielefelder Politik.« Technische Neuerungen brachten in den letzten Jahren zusätzliche Fortbewegungsmittel. Die E-Bikes finden regen Zuspruch, die Quads und Segways eher weniger. Inwiefern sich die von der Firma TIER in Zusammenarbeit mit moBiel in Umlauf gebrachten E-Scooter durchsetzen, muss noch abgewartet werden. Als Kuriosum ist anzumerken, dass vor längerer Zeit sogar einmal eine Seilbahn geplant war – in Quelle hoch zur Hünenburg. Ihre Realisierung zerschlug sich jedoch.[37] Man kann also sicher davon ausgehen, dass die Mobilitätsfragen auch weiterhin auf der städtischen Agendaliste stehen und kreativ angegangen werden.

Stadtarchitekturen

Jonas Hartz
Bernd Lange
Alina Medvedeva
Kirill Starodubskij

Stadtarchitekturen

→ 74
Westend Tower

→ 75
Eastend Tower

→ 76
Technisches Rathaus der Stadt Bielefeld

→ 81
Bankhaus Lampe KG

→ 84
Ortwin Goldbeck Forum/Kunstforum Hermann Stenner e.V.

→ 85
LOOM Bielefeld

→ 87
Industrie- und Handelskammer Ostwestfalen zu Bielefeld (IHK)

→ 90
Kunsthalle Bielefeld

→ 94
Wellehaus

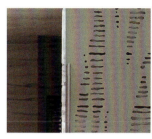
→ 96
Informationspunkt für die Parklandschaft Johannisberg

→ 98
Besucherzentrum Sparrenburg

Westend Tower

Alfred-Bozi-Straße 12
33602 Bielefeld

Der Westend Tower stellt zusammen mit dem Eastend Tower nicht nur zwei architektonische Markierungen am westlichen und östlichen Rand von Bielefelds Zentrum dar, sondern steht um das Jahr 2000 zugleich für den Beginn des städtebaulichen Engagements der Investoren und Bauherren Borchard Bau und Ingenieur Gruppe Dietrich GmbH & Co. OHG und ihrer Zusammenarbeit mit dem Bielefelder Architekturbüro von Frank H. Stopfel. 1999 wurde der Westend Tower von Frank H. Stopfel mit einer Bürofläche von 5.200 m² und einer Tiefgarage mit 100 Stellplätzen konzeptionell als variabel aufteilbares Modul im Raster von 1,25 m geplant. Naturstein, Glas und Metall stehen für die Idee des Kontrastes zwischen schweren und leichten Bauteilen, wodurch sich das stadtbildprägende Gebäude in die Nachbarbebauung der es umgebenden Alfred-Bozi- und Stapenhorststraße einfügt.

Eastend Tower

Detmolder Straße 235
33605 Bielefeld

Ein Jahr nach der Eröffnung des Westend Towers begannen im März 2000 die Investoren und Bauherren Franz-Christoph Borchard und Sascha Dietrich zusammen mit dem Bielefelder Architekten Frank H. Stopfel, über die Neubebauung des seit Anfang der 1990er-Jahre brachliegenden ›Sieker Lochs‹ nachzudenken – eine Baugrube, die an der Kreuzung Detmolder Straße/Otto-Brenner- bzw. Osningstraße durch Fehlkalkulation eines anderen Investors entstanden war. Im August 2000 begannen die Bauarbeiten für das neue, zehngeschossige Eastend-Tower-Bürogebäude mit einer Nutzfläche von ca. 12.000 m² samt Tiefgarage, die bereits ein Jahr darauf abgeschlossen waren. Das 2001 fertiggestellte Gebäude mit Fassaden aus mattem Sandstein und silberstrukturierten Glasflächen besteht aus drei Bauteilen, die unter- und erdgeschossig miteinander verbunden sind. Es markiert seit nunmehr 20 Jahren die östliche Einfahrt zur Bielefelder Innenstadt.

Technisches Rathaus der Stadt Bielefeld

August-Bebel-Straße 92
33602 Bielefeld

1954 wurde für den von 1816 bis 1972 bestehenden Kreis Bielefeld in der August-Bebel-Straße das Kreishaus nach den Plänen des Bielefelder Architekten Hanns Thiele fertiggestellt. Es ersetzte das im Zweiten Weltkrieg zerstörte Landratsamt und gilt als beispielhaft für den Wiederaufbau der Stadt nach 1945. Nach gut fünfzigjähriger Nutzung beschloss die Stadt Bielefeld 2006 die Restaurierung des Altbaus und die Errichtung eines Neubaus, um dort verstreut liegende Ämter gemeinsam unterbringen zu können. Dem preisgekrönten Entwurf der Berliner Architekten Thomas Müller und Ivan Reimann ist es zu verdanken, dass die ursprüngliche Charakteristik des 2014 fertiggestellten Gebäudekomplexes erhalten blieb und wesentliche Elemente der Architektursprache auf das neue Ensemble übertragen werden konnten. Das verbindende Element zwischen Alt- und Neubau ist ein mehrgeschossiges Atrium, das durch die elegante Wendeltreppe des Ursprungsbaus den Zugang zu allen Etagen ermöglicht.

Bankhaus Lampe KG

Alter Markt 3
33602 Bielefeld

Das 1852 als Bank- und Speditionsgeschäft in Minden gegründete Bankhaus Lampe, in dem der Bielefelder Unternehmer Rudolf-August Oetker 1949 Mehrheitsgesellschafter geworden war, hat seit dem 9. Mai 1951 seinen Hauptsitz am Alten Markt, an dem bis 1945 mehrere alte Bürgerhäuser standen, von denen heute die Fassade des Battig-Hauses aus dem Jahr 1680 und seit 1976 der bis dahin auf dem Bauhof eingelagerte Giebel des kriegsbeschädigten Hauses Obernstraße 29 erhalten sind. Hinter diesen stadtbildprägenden Fassaden hat die Ibbenbürener agn Niederberghaus & Partner GmbH als Generalplaner mit der Lampe Immobilien GmbH & Co. KG als Bauherr in enger Abstimmung mit der Denkmalpflege der Stadt und dem Landschaftsverband Westfalen-Lippe (LWL) von 2014 bis 2019 das Bankhaus Lampe, in dem auch das historische Oetker-Zimmer wiedereingerichtet wurde, zusammen mit weiteren Mietflächen für Praxen und Büros zwischen Gehrenberg und Piggenstraße neu errichtet.

Ortwin Goldbeck Forum / Kunstforum Hermann Stenner e.V.

Obernstraße 48
33602 Bielefeld

In der ›gelben Villa‹ mit ihrer klassizistischen Fassade, die 1836 als Wohnhaus der Familie des Bielefelder Leinenkaufmanns Karl August Weber errichtet worden war, aus der später der bedeutende Soziologe Max Weber (1864–1920) hervorging, befand sich von 1930 bis 2015 die Bielefelder Handwerkskammer, die in diesem Jahr in ihren Neubau am Bahnhof umgezogen ist. Das alte Gebäude wurde von der Goldbeck Stiftung erworben, die an der Stelle des 1967/1968 an die Villa angebauten Bürotrakts einen Neubau für das Ortwin Goldbeck Forum errichtete, der Ende 2018 von der Founders Foundation als Mieter bezogen wurde. Für den Neubau wurde 2016 ein anonymer Realisierungswettbewerb ausgelobt, den die Braunschweiger Dohle + Lohse Architekten GmbH gewann. Die Villa wurde unter der Leitung von Susanne Crayen + Partner Architekten BDA Stadtplaner, Bielefeld, saniert und beherbergt seit November 2018 das Kunstforum Hermann Stenner, das seitdem das Kunstquartier am Eingang zur Altstadt ergänzt.

LOOM Bielefeld

Bahnhofstraße 28
33602 Bielefeld

Ostwestfalen-Lippes größtes Indoor-Shopping-Center ist das LOOM, das sich am Standort der 1977 eröffneten ehemaligen City-Passage in Bielefelds Zentrum befindet. 2011 übernahm die Hamburger ECE Projektmanagement GmbH & Co. KG (ECE European Prime Shopping Centre Fund I) mit ihrem Architekten Marc Blum die City-Passage und plante eine vollständige Neubebauung des Geländes. Ziel war es, die Innenstadtlage der City-Passage möglichst effizient weiter zu nutzen. Baubeginn des LOOM war im Oktober 2015. Mit einer Bauzeit von zwei Jahren und einem Investitionsvolumen von 135 Millionen Euro entstand Bielefelds modernstes Einkaufszentrum. Die architektonische Gestaltung der neuen Einkaufsgalerie fügt sich harmonisch in die vorhandene Stadtarchitektur ein. Heller Sandstein und große Glasfronten lassen das am 26. Oktober 2017 eröffnete Gebäude modern und leicht wirken, das auf 26.000 m² Platz für vielfältige Dienstleistungen und Gastronomie sowie 110 Geschäfte und Shops bietet.

Industrie- und Handelskammer Ostwestfalen zu Bielefeld (IHK)

Elsa-Brändström-Straße 1–3
33602 Bielefeld

Die 1849 gegründete IHK ist eine Körperschaft öffentlichen Rechts mit der gesetzlichen Aufgabe, die Interessen ihrer 2018 etwa 111.000 Mitglieder in Ostwestfalen und damit in Bielefeld und den Kreisen Gütersloh, Herford, Höxter, Minden-Lübbecke und Paderborn gegenüber Bund, Land, Gemeinden und anderen öffentlichen Institutionen zu vertreten. Das Verwaltungsgebäude wurde zwischen 1966 und 1969 nach Plänen des Braunschweiger Architekten Prof. Dieter Oesterlen (1911–1994) als Stahlbetonfertigteilbau errichtet und 1996/1997 durch das Bielefelder Architekturbüro brunsarchitekten modernisiert und durch einen Foyerneubau erweitert. Anlässlich ihres 150-jährigen Bestehens wurde 1999 vor der IHK die neun Meter hohe Aluminiumplastik *Male/Female* des US-amerikanischen Bildhauers Jonathan Borofsky (*1942) installiert, mit der er die Frage der menschlichen Wesenshaftigkeit konzeptuell zur Diskussion stellt.

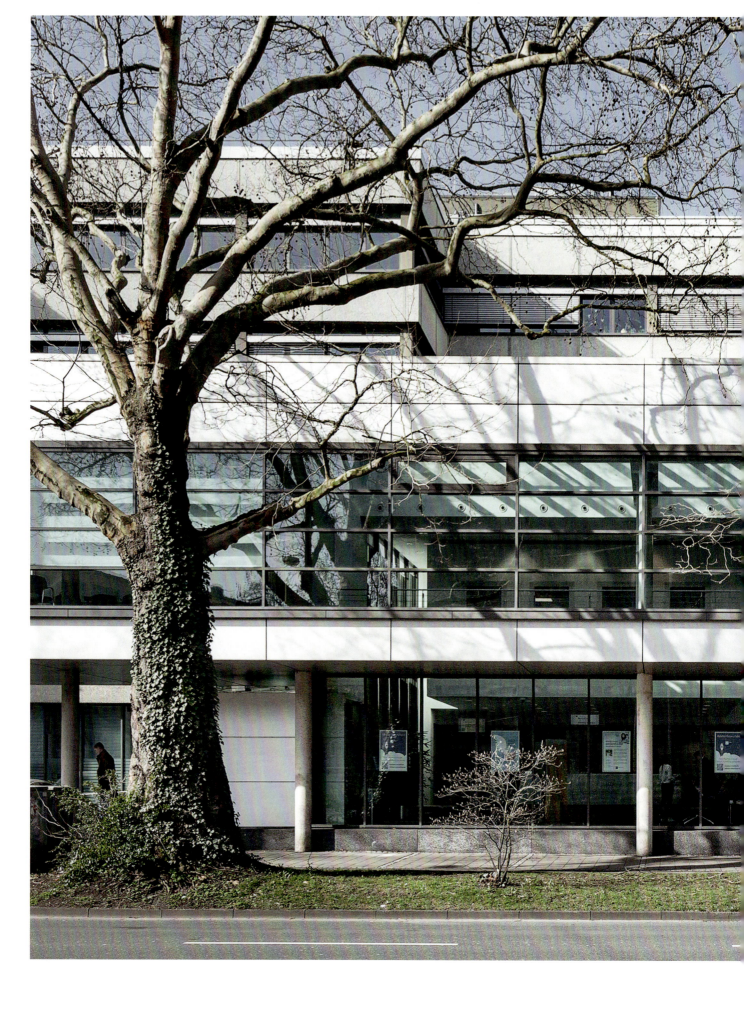

Kunsthalle Bielefeld

Artur-Ladebeck-Straße 5
33602 Bielefeld

Die am südwestlichen Rand der Bielefelder Altstadt gelegene Kunsthalle Bielefeld wurde 1968 nach Plänen des amerikanischen Architekten Philip Cortelyou Johnson (1906–2005) im Internationalen Stil unter der Bauleitung des Hamburger Architekten Cäsar F. Pinnau (1906–1988) errichtet. Die Kunsthalle war Johnsons erster Museumsbau in Europa – es folgte das 1997 fertiggestellte Guggenheim-Museum Bilbao – und ist architektonisch eines der bedeutendsten Gebäude in Ostwestfalen-Lippe. Der kubische, auf quadratischer Grundfläche stehende Bau mit einer Fassade aus rotem Sandstein umfasst drei oberirdische und zwei unterirdische Etagen mit einer Ausstellungsfläche von 1.200 m². Johnsons Entwurf sah auch einen Skulpturengarten vor, der jedoch erst 2008 zum 40. Jubiläum der Kunsthalle nach den Originalplänen von 1968 verwirklicht werden konnte. Dort stehen zahlreiche bedeutende Bildhauerarbeiten, unter anderem von Auguste Rodin, Henry Moore, Richard Serra, Sou Fujimoto und Dennis Adams.

Stadtarchitekturen

Wellehaus

Am Bach 20 / Welle 15
33602 Bielefeld

Das fünfgeschossige Wellehaus mit seiner klar gegliederten Glas-Sandstein-Fassade wurde 2004 von den in Stuttgart und München ansässigen Architekten Auer + Weber errichtet. Im Erdgeschoss befinden sich die Geschäftsräume mehrerer Einzelhändler, in den darüberliegenden drei Etagen weitere Geschäftsräume und Arztpraxen. In der obersten Etage gibt es fünf Penthouse-Wohnungen mit Dachterrassen und exklusivem Sparrenburgblick. Ein Markenzeichen des Hauses ist die wirkungsvolle Einbeziehung der archäologischen Funde, die während der Bauzeit entdeckt wurden und durch eine großflächig verglaste Seitenwand beim Gang zur hauseigenen Tiefgarage betrachtet werden können.

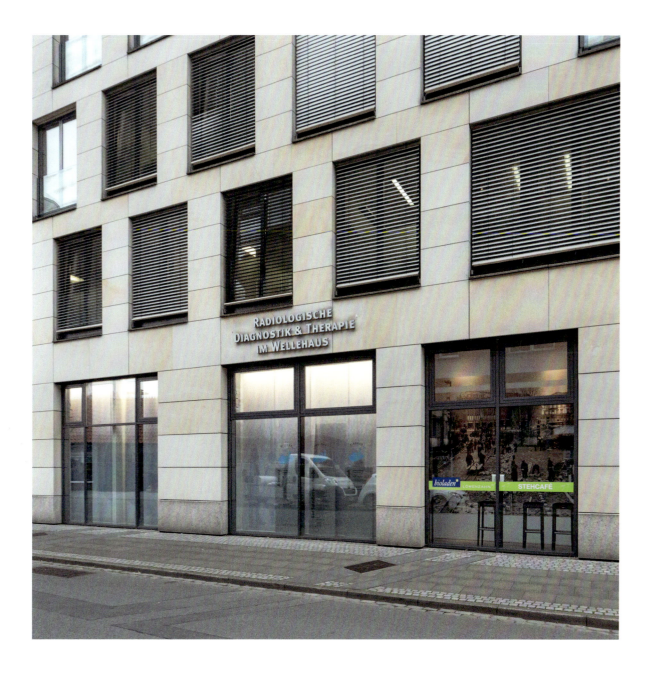

Informationspunkt für die Parklandschaft Johannisberg

Am Johannisberg
33615 Bielefeld

Der im März 2015 eröffnete Zwillingsbau des Besucherzentrums Sparrenburg liegt zwei Kilometer entfernt und bildet das Tor zur Parklandschaft auf dem Johannisberg, die von den Bielefelder Landschaftsarchitekten L-A-E Ehrig und Partner neu gestaltet wurde. In dem eingeschossigen Pavillon aus gefärbtem Stampfbeton, der von dem Berliner Architekten Max Dudler entworfen wurde, können sich Besucherinnen und Besucher über die Ausflugsmöglichkeiten im Park und der näheren Umgebung erkundigen. Neben Ausstellungsflächen verfügt der quadratische Bau über Sitzgelegenheiten, Lagerräume und eine Toilettenanlage. An den vier Gebäudeseiten befinden sich Öffnungen, die sich mit Schiebetüren aus bronzebeschichteten und mit Laser eingefrästen Aluminiumpaneelen schließen lassen.

Besucherzentrum Sparrenburg

Am Sparrenberg 40
33602 Bielefeld

Seit 2014 befindet sich an der südöstlichen Einfriedung des Sparrenburghofes das Besucherzentrum. Der Berliner Architekt Max Dudler hat in Bielefeld zwei seiner architektonischen Leitmotive verwirklichen können – beim Informationszentrum Johannisberg und besonders hier: »Historische Gebäude weiterzuentwickeln heißt für uns, das Vorhandene zu transformieren und etwas Neues zu schaffen, ohne ihre Geschichte zu verfälschen.« Der eingeschossige Bau, dessen etwa 60 cm dicken Wände aus gefärbtem Stampfbeton farblich und strukturell in einem spannungsreichen Dialog mit denen der anderen Gebäude um den Burghof stehen, macht die historische Eingangssituation der Burg neu erlebbar. Der ca. 80 m² große Innenraum wird als Ausstellungs- und Informationszentrum genutzt.

Architekturqualität und Stadtgestalt

Reinhard Drees, Andreas Hollstein

Sicher wird die Architekturqualität eines Gebäudes durch die Güte des baugestalterischen Entwurfs bestimmt, was die Schönheit seiner Proportionen oder das Zusammenspiel seiner Materialien, Farben und Details betrifft. Die Gestalt des einzelnen Bauwerks wirkt aber durch seine Lage zusammen mit seiner Nachbarschaft, seinem Quartier, als Teil einer übergeordneten Gestalt, dem guten Stadtbild, das auch entworfen sein will. Die Thematisierung der Bezüge zwischen Einzelbauwerk und Stadtbild im Architekturentwurf beeinflusst die gestalterische Qualität eines Gebäudes und dessen Wirkung als Teil eines Ensembles in großem Maße. Anhand der Gestaltung von fünf Bauten jüngeren Datums in der Bielefelder Innenstadt werden hier einige thematische Aspekte aufgezeigt und diskutiert, wie qualitätsvolle Stadtgestaltung gelingen kann. [ ] Die Auswahl der Beispielbauten aus der dicht bebauten Innenstadt kommt dem Thema dieses Textes natürlich entgegen. ← 4.01 Zudem spielen hier aktuelle Bauaufgaben der Nachverdichtung durch Um- und Erweiterungsbauten für Neu- und

4.01 **Blick auf die Bielefelder Altstadt von Nordosten, 2019**

Umnutzungen eine tragende Rolle. Die gewählten Bauten verstehen sich als gute Beispiele, bei denen die hier aufgeführten Aspekte einer städtebaulichen Baugestaltung umgesetzt sind. Drei dieser Gebäude wurden als Ergebnisse von Architekturwettbewerben umgesetzt – ein Verfahren, das per se eine gute Bauwerksgestaltung zum Ziel hat. [ ] Neben der städtebaulichen Gestaltung innerhalb des Stadtgefüges sind auch die räumlichen Wirkungen der Bebauung an den Ortseinfahrten von Bedeutung, bieten diese doch als gestalterischer Auftakt einen ersten Eindruck der Stadt. Dabei bezieht sich der Begriff »Ortseinfahrt« sowohl auf Situationen am Stadtrand, andererseits auch auf Eingangssituationen innerhalb des Siedlungsbereichs zum Stadtzentrum.

Städtebauliche Gestaltung

Das Stadtbild ist immer eine Momentaufnahme in einer chronologischen Entwicklung, es ist gewissermaßen ein Geschichtsbuch als 3-D-Bilderbuch. Die Bielefelder Innenstadt, besonders die Altstadt, bildet dies durch einen heterogenen Baustilmix der Bebauung, begleitet durch Strukturveränderungen im Nutzungsspektrum, ab. [ ] Im Umgang mit der gebauten Stadtgeschichte – was bleibt, was ändert sich? – lassen sich Aspekte aufzeigen, die in der architektonischen Entwurfsarbeit qualitätsvoll thematisiert werden können, um damit das gesamte Stadtbild positiv weiterzuentwickeln. Können die Gestaltungsprinzipien von erhaltenswerten Gebäuden oder gar Baudenkmälern, die die Bautypik ihres Quartiers prägen, formale Entwurfsthemen für den Neubau liefern, um damit die charakteristische baugestalterische Wirkung des umgebenden baulichen Ensembles zu verbessern? Kann ein Gebäude bei Erhalt oder Teilerhalt des Bestehenden so umgestaltet oder erweitert werden, dass die Ablesbarkeit der Baugeschichte des Gebäudes möglich bleibt und dabei gestalterische Bezüge zwischen Alt- und Neubau in den Entwurf einfließen? Kann eine detailtreue Gestaltung als Ergebnis einer fachlichen Auseinandersetzung mit Proportionen und Materialität von charakteristischen Vorbildbauten die baugestalterischen Ensemblewirkungen stärken – in besonderer Weise auch dann, wenn aktuelle, ›moderne‹ Entwürfe dies mit neuen Mitteln tun? [ ] Im Sinne ihres städtebaulichen Kontextes ist eine Baugestaltung dann gut, wenn sie die guten Merkmale der Bestandsbebauung im umgebenden Quartier hervorhebt. Ein weiterer Aspekt jenseits der formalen Gestaltung ist das Zusammenwirken der Bauten mit dem benachbarten öffentlichen Freiraum oder die Wirkung des Gebäudes selbst als öffentlicher Raum. So beinhalten drei Beispiele öffentliche Nutzungen, an denen deren integratives städtebauliches Potenzial erläutert wird.

Gloria-Palast, Niedernstraße 12

Die Fassade des ehemaligen Gloria-Palastes wurde im Jahr 2018 neu gestaltet, das Gebäude erhielt zudem eine bauliche Erweiterung im Dachgeschoss zum Blockinnenbereich hin. ← 4.02 Der Bau wurde 1928 im Zuge der sich neu entwickelnden Bauaufgabe als Lichtspielhaus eingeweiht – der Vorgängerbau, das Tonbild-Theater, war dazu abgerissen worden. Bei der Eröffnung wurde der Film *Sunrise* des Bielefelder Filmregisseurs Friedrich Wilhelm Murnau uraufgeführt. Das Gebäude erlitt durch Bomben im Zweiten Weltkrieg schwere Zerstörungen, wurde aber bereits 1948 mit leichten Änderungen der Fassade restauriert wiedereröffnet. Nach dem Niedergang der Kinokultur während der 1970er- und 1980er-Jahre wurde der Innenraum umgenutzt; seitdem befindet sich dort der Einzelhandel. [ ] Der Bau wurde von Wilhelm Kreis geplant, der zur Zeit des Kaiserreichs und der Weimarer Republik ein einflussreicher Architekt und Anfang des 20. Jahrhunderts Professor an der Kunstgewerbeschule Dresden sowie Direktor der Kunstgewerbeschule Düsseldorf war. Nach 1933 näherte er sich den Nationalsozialisten an und übernahm dann unter der Leitung von Albert Speer Entwurfsaufträge für zentrale Bauten des Dritten Reichs. [ ] Der Architekt entwarf das Gebäude im Stil der Neuen Sachlichkeit, als Bau der Moderne inmitten der gründerzeitgeprägten Fassaden an der Niedernstraße. Die Fassadengestaltung brachte formal durch die Verdeutlichung als Lichtspieltheater eine neue Architekturauffassung nach Bielefeld: gekennzeichnet durch die große Öffnung über dem Eingangsportal, durch das stark wirksame Relief der horizontalen Gesimse daneben und darüber sowie die groß dimensionierte, zur Straße auskragende, konkave Attika als oberen Abschluss (hier tritt die Neigung des Architekten zur Monumentalität zutage). [ ] Der ehemalige Gloria-Palast ist als wichtiger Zeitzeuge der Bielefelder Baugeschichte – im Sinne des baugeschichtlichen Bilderbuches – erhalten worden, gerade auch im Hinblick auf den Filmkünstler Murnau. Vielleicht kann in Zukunft noch einmal eine kulturelle Nutzung darin unter-

4.02 **Die neu gestaltete Fassade des ehemaligen Gloria-Palastes, 2018**

gebracht werden. [ ] Die jüngste Neugestaltung der Fassade (Umbau und Erweiterung: crayen+bergedieck architekten stadtplaner BDA, Bielefeld) hat neuere, zwischenzeitliche Verunklarungen des historischen Zustands rückgängig gemacht – die ursprüngliche Gestaltung wurde nach dem Krieg bereits leicht geändert – und das Gebäude bietet jetzt wieder einen gut gestalteten Eindruck. Zu wünschen wäre allerdings die Umsetzung einer größeren Detailtreue bei der Proportionierung der Sprossenteilung des großen Fensters gewesen. Die kleineren, stehenden Formate der Fensterscheiben der Ursprungsgestaltung bilden dabei mit ihrem Raster eher eine Textur als Kontrast gegenüber den Abstandsmaßen der horizontalen Gesimse; dies können die leicht liegenden, größeren Formate nicht leisten. Auch wäre eine Wiederherstellung des historischen, kleinen, abgesetzten Bauteils über dem Eingangsportal als Fenster oder als Balkonaustritt eine interessante Option. → 4.03 [ ] Die aktuelle bauliche Erweiterung des Gebäudes durch Wohnnutzungen in den Dachgeschossen zum Blockinnenbereich hin ist zwar vom öffentlichen Raum nicht sichtbar, bietet aber für die Nutzer eine qualitätsvoll gestaltete Architektur. Die durch Freisitze gut gegliederten Reihenhäuser, die über einen freien Erschließungsgang erreichbar sind, bieten ein ruhiges Wohnen über den Dächern von Bielefeld. Dieser Ansatz kann als Modell für eine weitere Ausnutzung der Blockinnenbereiche für den stark nachgefragten Wohnungsmarkt in der Innenstadt dienen. → 4.04

4.03 Der Gloria-Palast, 1929

Hochbunker Nr. 7, Neustädter Straße 19

Der Luftschutzbunker → S. 255 wurde aktuell unter weitgehendem Erhalt der historischen Fassade zur Neustädter Straße, die formale Bezüge zu mittelalterlichen Wehrbauten aufweist, gespeist durch die Ideologie des Nationalsozialismus, für Wohn- und Geschäftsnutzungen im Erdgeschoss zur Kindermannstraße hin umgebaut (Umbau zum Wohn- und Geschäftshaus: Hauer+Partner Architekten mbB, Architekten BDA, Gütersloh). Ursprünglich wurde er 1942 erbaut und bot während der Bombenangriffe, zwar für 900 ausgelegt, 2.000 Personen Schutz. [ ] Der größte Teil der Stahlbetonkonstruktion wurde abgetragen und durch einen viergeschossigen Neubau ersetzt, der sich mit seiner Fassade aus farblich differenzierten, kleinteiligen Kupferpaneelen von der massiven, monolithischen Betonfassade gestalterisch stark absetzt. Das Erdgeschoss zur Kindermannstraße ist mit einer transparenten Glasfassade versehen, die diese Wirkung noch verstärkt, zugleich aber

4.04 Die vier Stadthäuser von crayen + bergedieck architekten stadtplaner BDA auf dem Dach des ehemaligen Kinos

auch mit der dahinterliegenden Büronutzung zur Belebung des öffentlichen Raumes beiträgt. [ ] Das große Volumen des Baukörpers, vor allem im Vergleich zur gegenüberliegenden Bebauung und zur Breite Straße, wird durch die ein Geschoss niedrigere erhaltene Bunkerfassade zur Straße hin abgestuft, die sich den Traufhöhen dieses Altbestands annähert. Sie wirkt zudem von Norden gesehen als flächige Schicht vor dem Hauptbaukörper. Die monolithische Betonfläche wird durch Vorbauten mit Eingängen und einem Erker sowie durch die neu ausgeschnittenen, mittig gelegenen, zweigeschossigen Fensteröffnungen in abstrakter Weise gegliedert. [ ] Die erhaltene Bunkerfassade bildet sicher formalgestalterisch einen Fremdkörper im Quartier; sie ist andererseits aber ein zu erhaltendes Fanal der Erinnerung an die Schrecken des Weltkriegs – ein Mahnmal und ein Merkzeichen der Stadtbaugeschichte Bielefelds. Mit der neuen Nutzung wird das Gebäude in seiner Bedeutung mit einer jetzt friedlichen Nutzung gewissermaßen umgemünzt. Aus der stadtgeschichtlich-städtebaulichen Sicht tritt hier ein Gestaltungsaspekt zutage, der über das rein formale Stadtgestalterische hinausgeht.

Technisches Rathaus, August-Bebel-Straße 92

Die Sanierung des Altbaus und dessen bauliche Erweiterung als Technisches Rathaus ← S. 76 wurden 2014 fertiggestellt (Umbau und Erweiterung: Thomas Müller Ivan Reimann Gesellschaft von Architekten mbH, Architekten BDA, Berlin), der Gestaltungsentwurf war das Ergebnis eines Architekturwettbewerbs. Der Altbau wurde 1954 als Kreishaus nach einem Entwurf des Architekten Hanns Thiele errichtet. Wesentlicher Aspekt der Gestaltung des Erweiterungsbaus ist die Weiterführung des Gestaltungskanons des Altbaus im Material und der Gliederung der Fassade, der bis in die detaillierte Ausprägung des Dekors der Fensterbrüstungen geht. So wirkt das Ganze als Einheit, wobei sich die baugeschichtliche Entwicklung erst auf den zweiten Blick erschließt. [ ] Der gestalterische Zusammenschluss beider Gebäudeteile ist im Inneren besonders gelungen. Die bis zum Dach reichende und von oben belichtete Halle verbindet Alt- und Neubau durch umlaufende Galerien auf jedem Geschoss. → 4.05 Dabei spielt die repräsentative Treppe des Altbaus die zentrale Rolle: Im Altbaugrundriss lag sie an der befensterten Außenwand des Gebäudes, jetzt liegt sie mitten im Gebäude und ist von der Halle aus vollständig über alle Geschosse sichtbar. Auch hier sind Formen und Materialien detailliert in gestalterischer Fortsetzung des Altbaukanons ausgeführt. [ ] Unklar bleiben die Lage und Ausrichtung des Treppenantritts in der Halle. Sicher ist der authentische Erhalt der denkmalgeschützten Treppe (die dennoch völlig neu aufgebaut wurde) ein vordringlicher Anspruch. Eine Verlegung des Antritts in der Lauflinie vom Eingang der Halle aus wäre von der Nutzung her sinnvoll – aber auch im Sinne der Verbindung von Alt- und Neubau in der Grundrissgestaltung. [ ] Über die geschossweisen Galerien an den Längsseiten der Halle werden Büroräume erschlossen. Leider sind diese Räume nicht durch verglaste Wände mit der Halle verbunden. Diese zwar aufwendigere Gestaltung hätte der Halle mehr Lebendigkeit verschafft und zudem sinnhaft eine große Transparenz zwischen Bauverwaltung und Öffentlichkeit erzeugt. Daher wirkt die Halle beim Weihnachtskonzert des eigenen Bläserorchesters, wenn alle Galerien mit Publikum belegt sind, am lebendigsten. [ ] Durch die Gliederung der Baukörper von Alt- und Neubau entsteht im Norden wie im Süden je ein zur Straße geöffneter Innenhof. Zudem ist hier in der Außenraumgestaltung eine barrierefreie Erschließung des unter dem Straßenniveau liegenden Hallenfußbodens realisiert. [ ] Besonders ist die Halle in ihrer für das Technische Rathaus neuen Nutzung als öffentlicher Raum: So werden bereits frei zugängliche Ausstellungen von städtebaulichen und architektonischen Wettbewerben gezeigt und das Potenzial dieses Raumes ist groß. Hier kann eine gute, anschauliche Öffentlichkeitsarbeit über die Stadtentwicklung umgesetzt werden, selbstverständlich auch zum Thema Stadt- und Baugestaltung. [ ] Das Technische Rathaus ist ein gutes Beispiel dafür, dass Stadtgestalt nicht an der Fassade aufhört und dass gerade öffentliche Gebäude die Verbindung von Außenraum und Innenraum thematisieren können.

4.05 **Treppenhaus des Technischen Rathauses, 2016**

Besucherzentrum Sparrenburg, Am Sparrenberg 40

Im Eingangsbereich des Sparrenburghofes ist 2014 das Besucherzentrum ← S. 98 als Ergebnis eines Architektenwettbewerbs fertiggestellt worden (Architekten Max Dudler, Berlin). Es dient dem Empfang und der Information der Besucher der Burg. Zeitgleich wurde als Zwillingsprojekt der Informationspunkt für die Parklandschaft Johannisberg ← S. 96 mit entsprechender Nutzung errichtet. Die lange Zeit nur aus Relikten von Mauern des alten Burgtores bestehende Eingangssituation zum Burghof, die bisher keinen prägnanten Auftakt bildete, wird durch das Gebäude mit dem Durchgang in der Sichtachse des historischen Tors erheblich aufgewertet; dabei ist die Lage des Baukörpers keine historische. Im Durchgang rechts befindet sich der Eingang zu den Räumen des Besucherzentrums, dessen Baukörper den Burghof nach Osten rechtwinklig räumlich fasst und dem Hof eine stärkere Innenraumwirkung bringt. [ ] Besonders ist die Materialwahl der sichtbar gelassenen Wandkonstruktion: ein (für den Betrachter nachvollziehbar) schichtenweise aufgebrachter Stampfbeton, der durch Schwankungen in der Materialzugabe bei seiner Herstellung ständig in seiner Feinstruktur und Farbigkeit (in gewissen Grenzen) changiert. Diese Unbestimmtheit der Textur der Wandoberfläche kontrastiert mit den scharfkantig ausgeführten Gebäudekanten, die dem Gebäude seine klare Kontur geben. [ ] Der Stampfbeton mit seiner vorindustriell oder ursprünglich anmutenden Herstellung schlägt eine gestalterische Brücke zum altertümlichen Mauerwerk der historischen Burganlagen, wie auch die Wahl der Farbigkeit und Textur der Zuschläge des Betons. [ ] Die enorm feinsinnige Entwurfsarbeit in der Materialwahl, die gediegen wirkende Fassade des horizontal gelagerten Baukörpers und die Sinnhaftigkeit seines Grundrisses bilden mit dem Altbestand ein harmonisches Ensemble. [ ] Auch hier wird mit der Architektur eine Verbesserung der städtebaulichen Qualität des öffentlichen Raumes erreicht. Die Sparrenburg als Ausgangspunkt des stadtnahen Naherholungsgebietes auf dem Kamm des Teutoburger Waldes erfährt durch das Besucherzentrum eine größere Aufenthaltsqualität.

Ortwin Goldbeck Forum/Kunstforum Hermann Stenner und Anbau, Obernstraße 48

Das historische, klassizistische Gebäude der ehemaligen Villa Weber von 1836 und dessen Anbau von 1967/1968 (ersterem im Baustil nachempfunden und beide als Denkmal geschützt) wurden im Inneren neu gestaltet (Umbau: Susanne Crayen + Partner Architekten Stadtplaner BDA, Bielefeld); der Anbau wurde mit einem steilen Dach (der Dachneigung des älteren Gebäudes angepasst) versehen, das ein nutzbares Dachgeschoss ermöglichte. Mit der neuen Nutzung als Ausstellungsraum des Kunstforum Hermann Stenner ← S. 84 wurde es Anfang 2019 eröffnet. [ ] Das neue, angebaute Gebäude (Dohle + Lohse-Architekten, Braunschweig) wurde gegen Ende 2018 fertiggestellt und bezogen. Es übernimmt teilweise Funktionen des Museums wie einen zweiten, barrierefreien Zugang und die Mitnutzung des Vortragssaales; Hauptnutzer ist hier die FoundersFoundation. Der baugestalteri-

4.06 **Modell des 1. Preises: Entwurf der Dohle und Lohse Architekturen GmbH, Braunschweig, 2017**

4.07 **Adenauerplatz – Schrägluftbild von Südwesten**

sche Entwurf des Gebäudes ist das Ergebnis eines Architektenwettbewerbs. [ ] Es ist schade, dass im Vorfeld die Idee einer Tiefgaragenerschließung direkt vom Obertorwall aus nicht umgesetzt werden konnte. Dann stünde der Altbau zur Altstadtseite hin im Grünen (ohne im Boden versenktes Verkehrsbauwerk dazwischen). [ ] Das klassizistische Gebäude begrenzt nach Norden den vor der Altstadt liegenden Grünraum, während die Kunsthalle dessen südlichen Raumabschluss bildet. Durch seine neu entstandene museale Nutzung wird dieser öffentliche Raum, zugleich Skulpturenpark, zusammen mit dem Waldhof am Eingang der Altstadt und der Kunsthalle einmal mehr zu einem Kunstquartier. Der dabei frei zugängliche, auch dem Aufenthalt dienende Skulpturenpark verbindet alle vier Elemente miteinander und bringt die Kunst direkt in das alltägliche urbane Leben. [ ] Auch hier schränkt der Verkehr auf der direkt angrenzenden Hauptverkehrsstraße die Qualität des Raumes durch Lärm- und Geruchsbeeinträchtigungen ein – das mag sich aber in Zukunft bessern. [ ] Der Neubau ← 4.06 ist an der Nordfassade der historischen Bauten durch einen schmaleren Verbindungstrakt zum quer gestellten Hauptbaukörper angebaut. Die Verbindung und ein Teil des übrigen Gebäudes bleiben zweigeschossig unterhalb der Traufhöhe des Altbaus, der nördliche Teil des Baukörpers ist viergeschossig und damit höher als die Firste der Altbauten. [ ] Die Fassadengliederung ist minimalistisch neutral gestaltet und damit gegenüber den Altbauten zurückhaltend. Die Ausführung der Fensterrahmen mit den seitlichen Belüftungselementen sowie deren umgebende Pfosten-Riegel-Rahmen sind dagegen von einer Detaillierung in der Art eines abstrakten Dekors; die Kontrastierung in Schwarz-Weiß unterstützt dies. [ ] Wenn in der Vorabstimmung das zur Verfügung stehende Baufeld nach Norden hätte erweitert werden können, hätte das erforderliche Raumprogramm auch in einem längeren, aber dafür niedrigeren Baukörper realisiert werden können. So wäre allein durch das Höhenverhältnis von Alt- zu Neubau die eigentliche Dominanz der klassizistischen Villa auch städtebaulich-gestalterisch umgesetzt worden.

Adenauerplatz

Die bisher oben vorgestellten Architekturen wurden als Einfügungen in einen vorhandenen, gewachsenen städtebaulichen Kontext dargestellt. Dabei wird die Entwurfsaufgabe des Bauwerks als Dialog mit seiner gebauten Umgebung begriffen. Die Bebauung rund um den Adenauerplatz ← 4.07 dagegen bildet überhaupt erst allmählich einen städtebaulichen Kontext. Die Entwurfsaufgabe ist somit eine andere, erweiterte. Der Dialog muss hier erst erfunden werden. Ein städtebauliches Rahmenkonzept fehlt, die Diskussion darüber vollzieht sich statt-

4.08 Schematischer Lageplan der bestehenden und zukünftig geplanten Gebäude am Adenauerplatz

dessen Schritt für Schritt anhand der einzelnen Bauvorhaben der in letzter Zeit durchaus dynamischen baulichen Entwicklung an dieser Stelle. [ ] Natürlich hat dieses Areal ← S. 46 auch seine Baugeschichte, die sich aber nicht kontinuierlich entwickelt hat und noch ablesbar ist und damit dialogfähig wäre, wie etwa die der Altstadt Bielefelds, deren Grundriss im Wesentlichen bis heute erhalten ist. In dieser Darstellung soll versuchsweise aufgezeigt werden, auf welche Weise die bereits entstandenen und geplanten Bauten diesen Ort stadträumlich verändern und definieren. ← 4.08 [ ] Seine erlebbare, großräumliche Prägung gewinnt der Adenauerplatz durch seine topografische Situation als Passelement des Teutoburger Waldes zwischen Johannisberg und Sparrenberg mit der weithin sichtbaren Sparrenburg. Natürlicherweise verläuft hier schon immer die wichtigste Verkehrsader zur Querung des Gebirges. Der Adenauerplatz ist somit topografisch und verkehrlich das Tor zum Zentrum der Stadt. [ ] Mit dem Bau des Ostwestfalendamms und seiner mehrspurigen Anschlussknoten an die Stadtstraßen, alles an der engsten Stelle des Bielefelder Sattels, nehmen heute die Verkehrsbauwerke der Straßen und der Trassen der Bundesbahn und Stadtbahn den größten Raum ein. Die Bebauung, oder deren potenzielle Flächen, ist an den Rand, an die seitlichen Hänge gedrängt – die Entfernung zwischen den Gebäuden beträgt auf der Höhe des 360°-Hauses 75 Meter. Zudem wird dieser Raum hauptsächlich aus der Sicht des sich bewegenden Verkehrsteilnehmers, sei es aus dem Auto oder der Stadtbahn heraus, wahrgenommen. [ ] Bei dieser Weitläufigkeit ist eine erlebbare, stadträumliche Wirkung nur mit einer adäquaten Höhe der begrenzenden Bauten als Raumkanten zu beiden Seiten der Artur-Ladebeck-Straße zu erreichen. Das Maß der Höhenentwicklung wurde etwa bei der Planung des 360°-Hauses (Lageplan: Nr. 3) unter den Beteiligten bereits kontrovers diskutiert. Die ursprüngliche Planung (crayen+bergedieck architekten stadtplaner BDA, Bielefeld) sah einen um zwei Geschosse höheren Baukörper als letztlich realisiert vor. Eine städtebauliche Untersuchung bezüglich der Frage, ob der Blick auf die Sparrenburg gestört werde, konnte dies zwar ausschließen. Dagegen stand eine weitere Auffassung, man könne den natürlichen Geländesattel nicht durch zu hohe Einbauten gestalterisch zusperren. Am Ende fiel die Entscheidung, die zwei Geschosse zu kappen. Das Gebäude dann in der Folge zu verschlanken, um die vertikale Wirkung nicht zu mindern, konnte nicht umgesetzt werden. [ ] Das südwestlich anschließende Gebäude an der Artur-Ladebeck-Straße erscheint in seiner Höhe relativ zum 360°-Haus angemessen. Doch stellt sich dann die Frage: Wie geht es in der Höhenentwicklung weiter? Die folgenden, wechselnd hohen Baukörper sind keine Antwort. Sinniger wäre es, das 360°-Haus als Kopfbau zu sehen, die Reihe danach in einer durchlaufenden Höhe zu haben und damit eine nachvollziehbare Ordnung in die Bauzeile zu bringen. [ ] In dieser Situation einer Innenstadteinfahrt ist es sicher richtig, eine Ansammlung von Solitären in offener Bauweise vorzufinden, die auch den Ansprüchen individueller Repräsentanz genügen und ein abwechslungsreiches Stadtbild mit Bauten der aktuellen Formensprache abgeben. Dies ist bereits mit dem Gebäude der Anwaltskanzlei am Westrand des Platzes an der Bahntrasse (Lageplan: Nr. 5) geschehen. In einem nächsten Schritt ist ein weiterer Bau südlich davon in Planung (Lageplan: Nr. 6). → 4.09 Dieser Entwurf (ehw architekten Ruschke + Ernst Partnerschaftsgesellschaft mbB, Bielefeld) mit seinen vertretbaren sechs Geschossen auf dem beginnenden, ansteigenden Gelände ist in sich schlüssig gestaltet. Aber auch hier stellt sich aus städtebaulicher Sicht die gleiche Frage wie oben: Wie geht es weiter? Denn die angefangene Gebäudereihe des westlichen Randes des Platzes verlangt eine Vervollständigung. Passt zwischen diese beiden Häuser ein weiteres? Die Lücke ist zu groß, um eine prägnante Ensemblewirkung zu erzielen. Kann ein weiteres Gebäude südlich errichtet werden? [ ] Als wichtigster Visierpunkt und zugleich nördlicher Raumabschluss fällt die Kunsthalle Bielefeld ← S. 90 (Lageplan: Nr. 1) ins Auge. Sie wurde nach einem Entwurf des US-amerikanischen Architekten Philip C. Johnson erbaut und im Jahre 1968 eröffnet. Sie ist zusammen mit der in Blickrichtung davor platzierten Skulptur *Axis* von Richard Serra neben der Sparrenburg das über die Stadtgrenzen hinaus bekannteste und bedeutendste Bauwerk Bielefelds. Der Blick auf das Ensemble wird allerdings durch die davor an der Einmündung der Kreuzstraße stehenden Gebäude (Lageplan:

4.09 **Neubauplanungen für den Adenauerplatz: Animation aus südlicher Perspektive, 2019**

Nr. 2) stark eingeschränkt. Aus stadtgestalterischer Sicht würde eine freie Sicht auf die Kunsthalle die Prägnanz des Bauwerks inmitten der baumbestandenen Freifläche des Nebelswalls, die auch als Skulpturenpark genutzt wird, vor der geschlossenen Raumkante der Altstadt steigern. Auch entsprechen die störenden Gebäude in ihrer Typik, Körnigkeit und Höhe nicht der durchgängig vorherrschenden aktuellen Moderne der Bebauung rund um den Platz. [ ] Das neue PWC-Gebäude an der Südseite der Kreuzstraße (Lageplan: Nr. 7) mit seiner abgerundeten Spitze nimmt im Grundriss die spitzwinklige Einmündung der Straße Am Sparrenberg in die Kreuzstraße auf. Längs der Kreuzstraße und der Gadderbaumer Straße bildet die dadurch jetzt geschlossen wirkende Bebauung eine Kulisse für die sich davor abhebenden Solitärgebäude an der Artur-Ladebeck-Straße. Zugleich wirken die gleich hohen Gebäude beidseitig der Kreuzstraße als Toreinfahrt zwischen dem Altstadtrand und dem Quartier am Fuße des Sparrenbergs. Dies wird durch die verwandte Baugestaltung des Hochhauses aus den 1950er-Jahren und des Neubaus, beide mit Flachdächern und gleicher Gebäudehöhe, verstärkt. [ ] Die Stadteinfahrt über die Herforder Straße ist am Beginn der beidseitigen Bebauung durch Bauten des Gewerbes, der Produktion und des großflächigen Einzelhandels geprägt. Häufig finden sich in solchen Bereichen großmaßstäbliche Gebäude ohne großen Anspruch an die Baugestaltung oder auch Gebäude, die zwar repräsentieren wollen, aber eher pompös als gut gestaltet anzusehen sind. [ ] Als Beispiel einer guten Gestaltung soll hier der Neubau des Hauses der Technik der Firma Schüco (3XN Architects Copenhagen A/S) genannt werden, der sich zurzeit im Bau befindet. → S. 270 Hier wird das Gebäude an den vorderen Rand des Grundstücks gesetzt, das sich so aber auch gut präsentiert, um damit den Straßenraum zu begrenzen. Die Gestaltung der Fassade changiert auf einer ruhigen, gleichartigen Rasterung der Fensterelemente in einem lockeren, dynamischen Spiel mit offenen und geschlossenen Flächen, bei der sich die erkennbaren, horizontalen Geschossdecken mit vertikal angeordneten, verdichteten Linien überlagern.

Resümee

Der vorliegende Text zeigt in der Beschreibung und Diskussion einiger Beispielgebäude, dass die Thematisierung städtebaulicher Aspekte im Architekturentwurf positive Auswirkungen auf die Qualität der Baugestaltung und damit wiederum auf die Stadtgestaltung haben kann. Hier stehen auf der einen Seite Aspekte der Erhaltung im Sinne des stadthistorischen Bilderbuchs, auf der anderen Seite aber auch Aspekte der Weiterentwicklung, des Weiterbauens. Dabei soll auch durchaus ungewöhnliche, experimentelle Architektur zum Zuge kommen, damit sich im Stadtbild auch Eigenheiten entwickeln, die Bielefeld besonders machen – so wie die Kunsthalle Bielefeld als Auftakt zur Altstadt es schon vorführt. Die Intention und Leitziele einer solchen stadtbaugestalterischen Entwicklung sollen für die Altstadt in einer Gestaltungs- und Erhaltungssatzung, die zurzeit in Arbeit ist, näher definiert werden. [ ] Sind in der Innenstadt die stadtgestalterischen Strukturen vorgegeben, kann die Architektur im Entwurf darauf reagieren. In neu zu bebauenden und zu entwickelnden Arealen wie am Adenauerplatz kann das einzelne Bauvorhaben nicht die gestalterische Verantwortung für das Ganze übernehmen – hier sollte eine stadtbaugestalterische Konzeption vor der Architektur erfolgen.

1 Carla Meyer: ›City Branding‹ im Mittelalter? Städtische Medien der Imagepflege bis 1500, in: Clemens Zimmermann (Hg.): Stadt und Medien. Vom Mittelalter bis zur Gegenwart, Köln, Weimar, Wien 2012, S. 19–48. **2** Wolfgang Behringer: Die großen Städtebücher und ihre Voraussetzungen, in: Wolfgang Behringer, Bernd Roeck (Hg.): Das Bild der Stadt in der Neuzeit 1400–1800, München 1999, S. 81–93. **3** Merian erwähnt zwar die Zugehörigkeit zur Hanse, aber Bielefeld war erst spät Mitglied in diesem Städtebund geworden, als dessen Bedeutung schon im Niedergang war. Eine wichtige Rolle hat Bielefeld in der Hanse nie gespielt. Vgl. Daniela Osterholt: Bielefeld und die Hanse. Ein unerforschtes Kapitel vormoderner Wirtschaftsgeschichte, in: Jürgen Büschenfeld, Bärbel Sunderbrink (Hg.): Bielefeld und die Welt. Prägungen und Impulse (17. Sonderveröffentlichung des Historischen Vereins für die Grafschaft Ravensberg e. V.), Bielefeld 2014, S. 215–224. **4** Flugblatt von 1612 über ein Erdbeben in Westfalen von dem Verleger

Bielefeld-Bilder
Die bildliche Repräsentation der Stadt vom 17. bis zum 21. Jahrhundert

Gerhard Renda

Das Bild einer Stadt hat immer zwei Sichtweisen: die Innensicht ihrer Bewohnerinnen und Bewohner und die Sicht von außen. Wie die Stadt gesehen werden will, ihr Image, war und ist eine Konstruktion, die auf unterschiedlichen Faktoren beruht. Die Selbstdarstellung der Stadt, abhängig von den jeweils zeitgenössischen Medien, ist ein Phänomen, das weit in die Vergangenheit zurückreicht.[1] Welche Bilder von Bielefeld dabei entstanden und in Umlauf gebracht wurden, ← 5.01 soll auf den folgenden Seiten exemplarisch gezeigt werden. [ ] Mehr als tausend deutsche Städte hat Matthäus Merian in den 16 Bänden seiner *Topographia Germaniae* (1642–1654) im Bild dargestellt. Sein Unternehmen stellte in der Frühneuzeit das Nonplusultra der Städtebücher im Deutschen Reich dar. Merians Topografie fußte auf den älteren Städtebüchern wie der Schedelschen Weltchronik (1493), der *Cosmographia* von Sebastian Münster (1544 ff.) und den *Civitates Orbis Terrarum* von Georg Braun und Franz Hogenberg (1572 ff.). Zahlreiche Gelehrte aus allen Gebieten Deutschlands arbeiteten ihm zu, trugen

5.01 Titelbild der Broschüre »L(i)ebenswertes Bielefeld« der Bielefeld Marketing GmbH, 2017

Informationen und Ansichten bei, die zum Teil schon in regionalen Landesbeschreibungen niedergelegt waren.² Während die Städtebücher des 16. Jahrhunderts ihren Lesern und Betrachtern noch überwiegend eine ferne Fremde vor Augen führten, die es im Einzelfall mit der topografischen Exaktheit und Wiedererkennbarkeit einer Stadtansicht nicht so genau nehmen musste oder konnte, hatten sich die Verhältnisse im folgenden Jahrhundert gewandelt. Zunehmende Mobilität und der florierende Markt an Druckerzeugnissen schufen Vergleichsmöglichkeiten, die den Anspruch an die Verlässlichkeit von Bild und Text steigen ließen. [ ] Umso bedauerlicher ist, dass es Bielefeld in Merians Mammutwerk nur zu einem knappen textlichen Eintrag brachte. Darin liegt sicher auch ein Indiz für die untergeordnete Bedeutung, die Bielefeld im damaligen Kosmos des Städtewesens im Deutschen Reich zukam. Seit dem Aussterben der Grafen von Ravensberg im 14. Jahrhundert war Bielefeld nicht mehr Residenz, ohne eine Bischofskirche oder eine andere bedeutsame geistliche Niederlassung, als Handelsort ohne überregionale Ausstrahlung³ und mit etwa 2.500 Einwohnern auch für damalige Verhältnisse kein großes Gemeinwesen – Bielefeld hatte keine guten Karten, um mit einer repräsentativen Stadtansicht gewürdigt zu werden. [ ] Die beiden ältesten Darstellungen aus dem 17. Jahrhundert zeigen die Stadt zu Füßen eines gewaltig aufgetürmten Berges, der von einer Burg bekrönt wird. Beide sind reine Fantasiegebilde, die mit der Wirklichkeit nicht übereinstimmen.⁴ Es dauerte mehr als hundert Jahre, bis eine weitere bildliche Darstellung Bielefelds vorlag. Der Mindener Kriegs- und Domänenrat Ernst Albrecht Friedrich Culemann verfasste 1745 eine *Geographische Beschreibung der Grafschaft Ravensberg*. Sie enthält eine Stadtansicht von Bielefeld als aquarellierte Federzeichnung.⁵ → 5.02 Die etwas unbeholfene Darstellung folgt noch ganz den Vorbildern des 17. Jahrhunderts. Es handelt sich um eine Profilansicht von Osten, bei der von einem leicht erhöht angenommenen Standpunkt aus die Silhouette des Ortes ohne Angaben zum Grundriss wiedergegeben wird.⁶ Die Sparrenburg erscheint als ein Konglomerat von Gebäuden,

5.02 **Bielefeld von Osten: kolorierte Federzeichnung, 1745 (?), NRW-Staatsarchiv Münster**

Gerhard Altzenbach in Köln und Kupferstich aus dem *Thesaurus Philo-Politicus* von Eberhard Kieser und Daniel Meisner, 1626. Vgl. Institut für vergleichende Städtegeschichte an der Universität Münster (Hg.): *Westfalia Picta*, Bd. VII.: *Minden-Ravensberg*, bearbeitet von Michael Schmitt, Münster 2002, S. 34.
5 Zuerst veröffentlicht bei Gustav Engel: *Einleitung zu: Geographische Beschreibung der Grafschaft Ravensberg verfertiget von dem Krieges und Domainenrath Ernst Albrecht Friedrich Culemann*, in: JHVR 54 (1947), S. 85–185.

5.03 **Anton Wilhelm Strack: Bielefeld von Südwesten, kolorierte Radierung, 1801, Kunsthalle Bielefeld**

umgürtet von einer bescheidenen Mauer. In der Stadt ragen aus einer Ansammlung von schematischen Häusern die Türme der Kirchen gewaltig auf. Die Neustädter Marienkirche, der Grestsche Hof, St. Jodokus, die Altstädter und die Süsterkirche liegen bildparallel aufgereiht vor dem Betrachter und lassen jetzt tatsächlich erstmals ein identifizierbares Abbild der Stadt Bielefeld entstehen. Dennoch kann von einem Stadtporträt im eigentlichen Sinn keine Rede sein. Dagegen spricht bereits der Bedeutungsmaßstab, der die Kirchen überproportional heraushebt und auch Korrekturen an der Wirklichkeit vornimmt, indem die bescheidenen Dachreiter auf der Franziskaner- und Süsterkirche als ausgewachsene Türme dargestellt werden. Auch mögliche Überschneidungen wichtiger Gebäude in der Realität, die ihre Position im Bild beeinträchtigen konnten, wurden in der Ansichtengrafik der Frühen Neuzeit geglättet.[7] Ein Detail fällt ins Auge: Beide Hauptkirchen der Stadt hatten Anfang des 18. Jahrhunderts durch Unwetter ihre mittelalterlichen Turmabschlüsse verloren, die durch barocke Turmhelme ersetzt wurden. Die Zeichnung bei Culemann gibt jedoch den früheren Zustand wieder, ist also entweder älter als sein Manuskript oder nach einer älteren Vorlage entstanden.

Bielefelds Stadtbild seit 1800

Als um 1800 erstmals ein namhafter Künstler eine Darstellung Bielefelds schuf, hatten sich die Verhältnisse grundlegend gewandelt. Die Stadtansichten Merians, vielfach nachgedruckt und als Vorbild verwendet, prägten bis weit ins 18. Jahrhundert die Vorstellung der jeweiligen Stadt. Die mittelalterlichen Mauern und neuzeitlichen Befestigungsanlagen, denen die grafischen Darstellungen große Aufmerksamkeit widmeten, betonten nicht nur die Wehrhaftigkeit, sondern trugen noch Reste der Symbolkraft mit sich, die das Bild der ummauerten Stadt im Mittelalter besaß. Im Zeitalter der Aufklärung und Romantik rückte nun dagegen die Landschaft in den Vordergrund. Die Künstler suchten sich einen Standpunkt, der die Lage der Stadt in einer möglichst lieblichen oder malerischen Umgebung schilderte.[8] Wenige unverwechselbare architektonische Züge genügten jetzt, um die Identifizierung der oft in der Ferne verschwimmenden Stadt zu gewährleisten. In der

Zeit der Romantik erfuhr die Ruine der Sparrenburg als ›malerisches Gemäuer‹ oft größere Aufmerksamkeit der Künstler als die Stadt selbst. ← 5.03 Der Bückeburger Hofmaler Anton Wilhelm Strack (1758–1829) gab von 1801 bis 1806 eine Reihe von selbst radierten Blättern in drei Lieferungen heraus, die unter dem Titel *Malerische Reise durch Westphalen* gute Aufnahme fanden.[9] Mit zwei Darstellungen war Bielefeld erstmals in einer solchen Publikation vertreten, die auf ein stetig wachsendes bürgerliches Publikum zielte. Strack stellte die Stadt von Westen und Südwesten dar. Beide Blätter sind in drei Zonen aufgeteilt: Von einem dunkler gehaltenen Vordergrund hebt sich die Stadt im mittleren Bereich ab, während die Landschaft im Hintergrund in eine bläulich-dunstige Ferne übergeht. [ ] Um die Mitte des 19. Jahrhunderts hatten neue grafische Techniken wie Stahlstich, Lithografie und Holzstich die Reproduktion von Bildern vereinfacht und billiger gemacht. Auch bei touristisch wenig markanten Orten wie Bielefeld stieg die Zahl der bildlichen Darstellungen. Die Gesamtansicht einer Stadt in ihrer Umgebung ergänzten jetzt Detailansichten wichtiger Bauwerke. Im sogenannten Sammelbild, das auch als Reisesouvenir beliebt war, lagerten sie sich im Kleinformat rings um die zentrale Darstellung.[10] Zwei solche Blätter, im Abstand von rund 25 Jahren entstanden, machen Bielefelds Aufbruch ins Industriezeitalter anschaulich.[11] Der Stahlstich nach Wilhelm Riefstahl (1827–1888), 1853 im Verlag Velhagen & Klasing erschienen, zeigt in der Mitte Bielefeld von Norden. Die sechs Randbilder gelten wiederum den Kirchen und der Burg, ergänzt durch einen Fernblick auf die Stadt und das Verwaltungsgebäude der Schützengesellschaft auf dem Johannisberg. Das letzte Feld schmücken Frauen in Ravensberger Tracht beim Spinnen und Hecheln sowie ein Leineweber. Das Blatt trägt den Titel *Erinnerung an Bielefeld* und lässt eine doppelte Lesart zu, hält es doch nicht nur

6 Zu den verschiedenen Darstellungsarten vgl. Michael Schmitt, Jochen Luckhardt: *Realität und Abbild in Stadtdarstellungen des 16. bis 19. Jahrhunderts. Untersuchungen am Beispiel Lippstadt* (Beiträge zur Volkskultur in Nordwestdeutschland 31), Münster 1982, S. 26 f. **7** Bettina Rinke, Joachim Kleinmanns: *Elias und Heinrich van Lennep. Kupferstecher und Ingenieure des 17. Jahrhunderts* (Kataloge des Lippischen Landesmuseums 4), Detmold 2001, S. 29. **8** Walter Achilles: *Das Bild der Stadt Hildesheim 1492–1850* (Schriftenreihe des Stadtarchivs und der Stadtbibliothek Hildesheim 9), Hildesheim 1981, S. 47. **9** Ausstellungskatalog *Anton Wilhelm Strack. Malerische Reise durch das Weserbergland*, Niedersächsisches Staatsarchiv Bückeburg, Bückeburg 1997, S. 23 ff. **10** Walter Achilles 1981, S. 54 ff. sowie Ulrich Hermanns: *Was verstehen Sie unter Souvenirs?*, in: Ausstellungskatalog *Souvenirs! Souvenirs aus Westfalen–Lippe*, Westfälisches Museumsamt, Münster 1996, S. 19–30, hier S. 24 f.; und Lutz Philipp Günther: *Die bildhafte Repräsentation deutscher Städte von den Chroniken der Frühen Neuzeit zu den Websites der Gegenwart*, Köln, Weimar, Wien 2009, S. 123 ff. **11** Westfalia Picta VII 2002, S. 66 ff.

das Aussehen der Stadt, sondern auch die fast schon obsolete traditionelle Leinenherstellung fest, während sich im Hintergrund mit der 1851 eröffneten Maschinenspinnerei Vorwärts bereits die industrielle Zukunft abzeichnet. Die um 1875 entstandene Lithografie von Friedrich Gottlob Müller dokumentiert demgegenüber einen augenfälligen Wandel. Der Zeichner hat sich auf der Promenade zur Sparrenburg positioniert, die an den äußersten Bildrand gedrängt wird. Von diesem erhöhten Punkt schweift der Blick über die Stadt, die jetzt deutlich differenzierter erfasst ist. Die sechs Felder ober- und unterhalb der gestreckten Gesamtansicht bilden ausschließlich Zeugnisse des modernen Fortschritts ab: neben der Spinnerei Vorwärts und der Ravensberger Spinnerei den Bahnhof, die Asphaltfilz-Fabrik, die Dampfmühle und die Neubauten am Johannisberg.

Fotografische Bilder seit der Industrialisierung

Die Sammelbilder weisen bereits auf die enorme Bildervermehrung hin, die in der zweiten Hälfte des 19. Jahrhunderts stattfindet. Waren bisher nur das Gesamtbild einer Stadt und ihre herausragenden Bauwerke einer Darstellung gewürdigt worden, so dringt der Betrachter nun in die Straßen und Plätze vor. Leporellos und Alben, von örtlichen Verlegern beauftragt, befriedigten in Städten abseits der Touristenzentren vor allem das Vergegenwärtigungsbedürfnis der bürgerlichen Einwohner. Am Ende des 19. Jahrhunderts wurden die grafischen Reproduktionstechniken fast vollständig durch die Fotografie abgelöst. Dieser Umbruch lässt sich an einem Medium hervorragend ablesen, das die Massengrafik der früheren Jahrzehnte mengenmäßig um ein Vielfaches übertrifft: die Ansichtskarte.[12] In den 1870er-Jahren taucht die Bildpostkarte erstmals auf, ihre Zahl schwillt bald lawinen-

12 Martin Willoughby: *Die Geschichte der Postkarte*, Erlangen 1993; sowie Lutz Philipp Günther 2009, S. 185 ff. **13** Vgl. Herbert Kölsch: *444 Grüße aus Bielefeld auf historischen Ansichtskarten*, Bielefeld 2006. **14** Ebd., S. 10. **15** Vgl. Horst Wasgindt, Waltraut Sax-Demuth: *Malerisches Bielefeld. Künstler sehen ihre Stadt*, Bielefeld 1994. **16** Roswitha Neu-Kock: *Stumme Zeugen. Architekturphotographie und Stadtbilddokumentation im 19. Jahrhundert*, in: Bodo von Dewitz, Roland Scotti: *Alles Wahrheit! Alles Lüge! Photographie und Wirklichkeit im 19. Jahrhundert*, Amsterdam, Dresden 1996, S. 165–175.

5.04 **Postkarte »Gruß aus Bielefeld«:** Chromolithographie, 1899, Historisches Museum Bielefeld

artig an. Bis etwa 1900 dominiert die lithografierte Karte, danach setzen sich fotografische Verfahren durch. → 5.04 Die Fotografen drangen in die kleinsten Ortschaften, in die schmalsten Gassen der Innenstädte, aber auch in neu angelegte Stadtviertel vor, sodass sich die Anzahl der Postkartenmotive gewaltig erhöhte. In Bielefeld blieb die Sparrenburg ein bevorzugtes Motiv, gerne in Kombination mit einem Panorama und weiteren kleinen Abbildungen.[13] Sie diente jetzt oft als Standpunkt für einen Blick zum Johannisberg, der durch das neue Schützenhaus und die Villenbebauung erst bildwürdig geworden war. Überhaupt nehmen Ansichten jüngst entstandener Repräsentationsbauten und Denkmäler breiten Raum ein, während die Fabrikanlagen weitgehend ausgeblendet werden. Das städtische Verkehrsamt, das die Belange des Tourismus vertrat, sah 1909 in Bielefeld »alle Vorzüge einer modernen Großstadt und einer sehenswerten, historischen alten Stadt mit den Annehmlichkeiten eines schön gelegenen Luftkurorts« vereinigt.[14] Eine einzige Postkarte wagte es, einen rauchenden Fabrikschornstein in den Mittelpunkt zu stellen und Grüße aus der »Industriestadt Bielefeld« zu senden. [ ] In den Jahren vor dem Ersten Weltkrieg bildete sich der Begriff ›Alt-Bielefeld‹ heraus, der auch auf Ansichtskarten häufig auftaucht. Darunter wurden einige wenige Motive in der Altstadt und unterhalb der Burg subsummiert, die mit krummen Fachwerkhäusern und engen Gassen eine längst entschwundene Vergangenheit wachriefen. Besonders beliebt war der ›Malerwinkel‹, der Blick von der Welle über die Kleine Bachstraße zur Neustädter Marienkirche, der auch von den heimischen Künstlern immer wieder festgehalten wurde.[15] Die Beliebtheit solcher Ansichten erklärt sich aus dem raschen Wandel der Stadt und der Lebensverhältnisse allgemein, der gerade von Teilen des Bürgertums als bedrohlich empfunden wurde. Ein augenscheinliches Symptom war der Abbruch alter Gebäude, der die vertraute Umwelt veränderte. Nicht ohne Grund fand damals fast jede größere Stadt einen Chronisten, der die Veränderungen, manchmal im Auftrag der Magistrate, fotografisch festhielt.[16] In Bielefeld fiel Ernst Lohöfener (1874–1964) diese Rol-

5.05 **An der Kesselstraße/Ecke Burgstraße: Fotografie von Ernst Lohöfener, um 1910, Stadtarchiv Bielefeld**

le zu. Der Fotograf dokumentierte den Neubau des Rathauses und auch Straßenzüge, die erst durch das Wachstum der Stadt entstanden waren. Seine Vorliebe scheint aber den eng bebauten Winkeln der Altstadt und unterhalb der Burg gegolten zu haben. ← 5.05 Etwa 1910 nahm Lohöfener vom Turm der Sparrenburg ein Panorama Bielefelds auf. Damit war es dem Betrachter möglich, mit dem Auge über die Stadt zu schweifen und sie in ihrer Totalität zu erfassen – ein Vorzug, der die Beliebtheit solcher Panoramen erklärt.[17] Zugleich wurde der Blick gleichsam kanonisiert. Bis 1877 hatte die Sparrenburg als Gefängnis gedient und bot sich in ihrem ruinösen Zustand kaum als Ausflugsort an. Danach ging sie in städtischen Besitz über, wurde konserviert und durch Neubauten aufgewertet. Die Errichtung des Kurfürstendenkmals im Jahr 1900, vom Kaiser persönlich eingeweiht, machte die Burg zu einem Lieblingsschauplatz des Bürgertums, das von den Mauern und Bastionen die Aussicht genoss. Dieser Stadtblick ist bis heute aus keiner Bielefeld-Publikation wegzudenken. [ ] In den Jahren zwischen den beiden Weltkriegen gab es kaum noch neue Versuche, die Stadt in einer Übersicht bildlich zu erfassen. Die immer stärkere Differenzierung des öffentlichen Lebens, gepaart mit dem ständigen Wachstum, benötigte das umfangreichere Format des Bildbandes. Das Sonderheft der Zeitschrift *Niedersachsen*, das 1921 anlässlich des 700-jährigen Stadtjubiläums erschien, zeigt als Titelblatt einen Farbholzschnitt des Bielefelder Grafikers Fritz Schreiber (1887–1956). Im Zentrum des scherenschnittartig zusammen mit der Farbe Ocker gedruckten Titels steht die Neustädter Marienkirche. Im Innenteil des Heftes dominiert eindeutig die Fotografie. Abgesehen von einigen wenigen künstlerischen Grafiken begleitet sie einen Gang durch die Stadtgeschichte und akzentuiert mit Einzelgebäuden die Vergangenheit und Gegenwart. Das erheblich umfangreichere *Buch der Stadt* von 1926 verfolgt ein ähnliches Prinzip. Der Einband trägt nur den Buchtitel. Der Akzent liegt hier stärker auf der Gegenwart und der wirtschaftlichen Entwicklung Bielefelds. Neben zahlreichen fotografischen Porträts und Arbeiten zeitgenössischer Künstler setzt sich das Bild der Stadt aus vielen Gebäudeaufnahmen zusammen, wobei moderne Beispiele jetzt überwiegen. »Das Werk soll der Welt Kunde geben von einem stark vorwärtsstrebenden Gemeinwesen«, verkündete Oberbürgermeister Stapenhorst im

Geleitwort. »Die Stadt Bielefeld – wie vielen in der Welt ist dieser Begriff Schall und Rauch, lediglich verknüpft mit dem Gedanken an ›Bielefelder Leinen‹, hergestellt in einer kaum gesehenen deutschen Mittelstadt.«[18] In diesen Worten drückt sich bereits ein Imageproblem aus, das Bielefeld bis heute begleitet. Da herausragende historische Bauwerke oder ein geschlossener mittelalterlicher Stadtkern fehlen, knüpfte man nun gern an das bekannteste Erzeugnis der Stadt als Imageträger an. Die bronzene Statue des 1909 errichteten Leineweberbrunnens avancierte in den folgenden Jahrzehnten folgerichtig neben der Sparrenburg zum Wahrzeichen der Stadt.[19]

Stadtbilder im 20. Jahrhundert

Nach dem Zweiten Weltkrieg hatte das künstlerische Stadtporträt, auch in seiner grafischen Reduktion, ausgedient. Zwar streiften noch Wassilij Barssoff (1901–1965) und Wilhelm Heiner (1902–1965) mit dem Zeichenstift durch Bielefeld, aber ihre skizzenhaften Notate hatten eher Reportagecharakter und beanspruchten keine umfassende Vergegenwärtigung der Stadt. Die Fotografie war jetzt das ausschließliche Darstellungsmittel. Das von Gustav Engel Mitte der 1950er-Jahre herausgegebene Buch *Bielefeld zwischen gestern und morgen* bezog sich ausdrücklich auf das Buch der Stadt von 1926 und verwies auf die Veränderungen, die der Krieg nach sich gezogen hatte. Die vorindustrielle Zeit spielt im Inhalt des Buches nur noch eine Statistenrolle. Sie wird eher belächelt, wenn ein Foto der Burgstraße vor der Zerstörung mit dem Schlagwort ›Spitzweg-Romantik‹ abgestempelt wird. Tatsächlich hat nach den Bomben die Stadtplanung der Nachkriegsjahre die historische Bausubstanz weiter dezimiert. Breite Verkehrsstraßen, gesäumt von mehrgeschossiger Blockbebauung, entsprachen der Vorstellung von einer moder-

17 Lutz Philipp Günther 2009, S. 199 ff. – zu Ernst Lohöfener vgl. Gottfried Jäger: *Bielefelder Fotoleben*, Bielefeld 1989, S. 18 ff. **18** Oberbürgermeister Dr. Rudolf Stapenhorst: *Zum Geleit*, in: Magistrat der Stadt Bielefeld (Hg.): *Das Buch der Stadt*, Bielefeld 1926, o. S. **19** Gerhard Renda: *Der Leineweberbrunnen in Bielefeld – zur Genese eines Wahrzeichens*, in: *Jahresbericht des Historischen Vereins für die Grafschaft Ravensberg* 85 (1998/1999), S. 219–238.

20 Knut Stegmann: »*Mit den sparsamen Mitteln der Gegenwart*«. *Planungskonzepte für den Wiederaufbau der Bielefelder Alt- und Neustadt und ihre Umsetzung*, in: LWL-Denkmalpflege, Landschafts- und Baukultur in Westfalen (Hg.): *Eine neue Stadt entsteht. Planungskonzepte des Wiederaufbaus in der Bundesrepublik Deutschland nach 1945 an ausgewählten Beispielen* (= Arbeitshefte der LWL-Denkmalpflege, Landschafts- und Baukultur in Westfalen 15), Steinfurt 2015, S. 139–150. **21** Die Häusergruppe wurde nach Plänen von Paul Griesser ab 1950 errichtet. Die Künstlichkeit der Situation erhellt der Umstand, dass die beiden linken Gebäude keinen eigenen Eingang besitzen. Vgl. Reinhard Vogelsang: *Bielefeld ehemals, gestern und heute*, Stuttgart, Hamburg 1991, S. 30 f. **22** Kurt Uthoff: *Man hält sich an die Wirklichkeit*, in: *Merian Bielefeld*, Heft 1 (1955), S. 3–8, hier S. 8. **23** Katrin Minner: *Historische Selbstvergewisserung im Fest. Bielefelder Stadtjubiläen im 20. Jahrhundert*, in: Jürgen Büschenfeld, Bärbel Sunderbrink (Hg.): *Bielefeld und die Welt. Prägungen und Impulse* (= 17. Sonderveröffentlichung des Historischen Vereins für die Grafschaft Ravensberg e. V.), Bielefeld 2014, S. 571–596. **24** Luftaufnahmen treten in touristischen Publikationen in Deutschland bereits in den 1930er-Jahren auf. Sie nehmen die Stelle der Vogelschauansichten in der Ansichtengrafik der Frühen Neuzeit ein und eröffnen die technische Möglichkeit, die gewaltig angewachsenen Städte in ihrer Totalität zu erfassen. Auch das 1996 von Andreas Beaugrand herausgegebene *Stadtbuch Bielefeld* verwendete eine Luftaufnahme als Umschlagbild. **25** Karl Otto Lorenz: *Ein Erfolg*

nen Innenstadt, der beispielsweise die erhalten gebliebenen Fachwerkhäuser an der Kreuzstraße zum Opfer fielen. Selbst herausragende Bauwerke wie die Altstädter Kirche oder das ehemalige Rathaus am Alten Markt wurden nicht rekonstruiert, sondern in ihren Strukturen völlig verändert und überformt.[20] Einigen wenigen ›Traditionsinseln‹ wie dem Ensemble am Alten Markt, ein Konglomerat aus wiederhergestellten alten Fassaden, aufgepfropften, an anderer Stelle abgebrochenen Giebeln und historisierenden Neuschöpfungen, blieb es überlassen, einen Rest von Altstadtgefühl zu erwecken.[21] [ ] Der Paradigmenwechsel in der Weise, wie die Stadt gesehen werden wollte, nämlich als moderne Großstadt, als Oberzentrum, war in den beiden nächsten Jahrzehnten bestimmend. Geradezu radikal konturiert das Titelblatt des Merian-Hefts 1955 → 5.06 die Vorstellung von Bielefeld aus der Außenperspektive. Eine Innenansicht der Ravensberger Spinnerei mit endlos scheinenden Reihen der perspektivisch zulaufenden Spinnsegmente, an deren Ende eine einzige menschliche Gestalt Halt bietet, vertritt das Bild der Stadt. Die Wahrnehmung Bielefelds ist die einer Industriestadt ›am leinenen Faden‹, wie das häufig gebrauchte Schlagwort lautete. Der erste Beitrag des Hefts konstatiert: »Das alte Bielefeld … ist tot« und widmet sich dem neuen Gesicht der Stadt in »vorbildlicher Harmonie« von Geschäfts- und Wohnbauten.[22] Die beiden Bildbände *Bielefeld, die Großstadt am Teutoburger Wald* (1962) und *Bielefeld, die große Stadt am Teutoburger Wald* (1972) liegen ganz auf dieser Linie. Für die Entstehung des jüngeren Bands war die bevorstehende Gebietsreform der Anlass, die Fläche und Einwohnerzahl Bielefelds schlagartig anwachsen ließ. Die »große Stadt« ist deshalb vorzugsweise durch moderne Hochschulen, Verkehrsanlagen und Wohnsiedlungen charakterisiert. Das Frontispiz des Buches bietet die klassische Gegenüberstellung von Vergangenheit und Gegenwart, indem es in gleicher Bildaufteilung und Perspektive das Fernmeldehochhaus am Kesselbrink und das Crüwellhaus präsentiert. Mit den Mitteln der Montage versuchten auch die Sonderveröffentlichungen der Zeitungen zur 750-Jahrfeier Bielefelds 1964 den Gegensatz von Alt und Neu einzufangen.[23] Die *Freie Presse* setzte eine aktuelle Luftaufnahme des Stadtkerns auf den Titel, vor der die Figur des Leinewebers wiederum den Traditionsaspekt verkörpert.[24] Das *Westfalen-Blatt* presste in einer fast gewaltsamen Montage den Giebel des Crüwellhauses, den Turm der Sparrenburg und ein modernes zwölfstöckiges Appartementhaus in starker Untersicht zusammen. Der Fokus der Jubiläumsveranstaltungen wie der Bilder war vorwiegend auf die Gegenwart und Zukunft einer expandierenden, wirtschaftlich prosperierenden Stadt gerichtet.

Bielefeld und die Unwirtlichkeit der Stadt

In den 1970er-Jahren machte sich zunehmend ein Unbehagen an der Zerstörung gewachsener städtischer Strukturen, wie sie vor allem die Verkehrsplanung forcierte, bemerkbar. Das Europäische Denkmalschutzjahr 1975 leistete wertvolle Aufklärungsarbeit und sensibilisierte die Öffentlichkeit. Der Kampf um die Erhaltung der Ravensberger Spinnerei kann in diesem Zusammenhang als ein Fanal für Bielefeld angesehen werden.[25] Engagierte Bürger forderten ein Mitspracherecht bei der Stadtentwicklung, hinterfragten öffentliche Großprojekte und setzten sich für den Erhalt von alter Bausubstanz ein. Der Fachbereich Design der Fachhochschule Bielefeld unternahm es, mit der Ausstellung *Deine Stadt Bielefeld* in der Kunsthalle 1977 den Blick zu schärfen für Bauformen und -details, die im Zusammenspiel mit Platzanlagen und Vegetation ein unverwechselbares Stadtbild ausmachen.[26] Im selben Jahr brachte der erste Bauabschnitt des Ostwestfalendamms den Abbruch von mehr als hundert teilweise historisch wertvollen Häusern und fachte die Diskussionen weiter an.[27] Der 1974 gegründete Verein Pro Grün kommen-

der Bielefelder Bürgerinitiativen, in: Dirk Ukena, Hans J. Röver (Hg.): *Die Ravensberger Spinnerei. Von der Fabrik zur Volkshochschule. Zur Umnutzung eines Industriedenkmals in Bielefeld* (= Westfälisches Industriemuseum Schriften 8), Hagen 1989, S. 93–99. **26** Gleichzeitig wurden Beispiele von Raumzerstörung und Kaputtsanierung dokumentiert. Vgl. Ulrich Weisner (Hg.): *Deine Stadt Bielefeld. Eine Fotodokumentation zur Entdeckung der Gestalt unserer Stadt*, Kunsthalle Bielefeld 1977; vgl. allgemein Marion Wohlleben: *Stadtbild – Oberfläche – Schein*, in: Sigrid Brandt, Hans-Rudolf Meier (Hg.): *Stadtbild und Denkmalpflege. Konstruktion und Rezeption von Bildern der Stadt* (Stadtentwicklung und Denkmalpflege 11), Berlin 2008, S. 150–161. **27** Ueli Haefeli: *Gas geben oder das Steuer herumreißen? Verkehrspolitik und Verkehrsplanung in Bielefeld nach dem Zweiten Weltkrieg*, in: *Jahresbericht des Historischen Vereins für die Grafschaft Ravensberg* 85 (1998/1999), S. 239–262.

5.06 **Titelblatt des Merian-Hefts** *Bielefeld*, 1955

5.07 Annegert Fuchshuber: »Bielefeld«, 1974, Archiv der Sparkasse Bielefeld

5.08 Schaufenster der Drogeriekette dm, 2019

tierte diesen Verlust mit einem *Bielefelder Abrißkalender*.[28] [ ] Mitte der 1970er-Jahre kündigte sich in der Selbstdarstellung der Stadt erneut ein Umschwung an. Die Diskussionen der vergangenen zehn Jahre, die mit Alexander Mitscherlichs Streitschrift *Die Unwirtlichkeit unserer Städte. Anstiftung zum Unfrieden* 1965 begonnen hatten, bewirkten ein Umdenken. Die Zeiten, als man sich schwerpunktmäßig als moderner, verkehrsgerechter Industriestandort präsentieren wollte, gingen vorüber. Vorreiter dieser neuen Entwicklung war die Sparkasse Bielefeld. Ausgelöst durch die Gebietsreform, fusionierte sie am 1. Januar 1974 mit den beiden ehemals selbstständigen Sparkassen auf dem jetzigen Stadtgebiet. Zu diesem Anlass hatte sie für ihre Kunden ein Präsent vorbereitet: ein Bielefeld-Puzzle. Die kunterbunte Ansicht war ein Werk der bekannten Kinderbuchillustratorin Annegert Fuchshuber, die für ihre Heimatstadt Augsburg bereits ein gleichartiges Projekt verwirklicht hatte.[29] ← 5.07 Das beiliegende Faltblatt gab als Zweck der Aktion unter anderem an, »auf einige der zahlreichen und manchmal leider viel zu wenig bekannten Schönheiten und Besonderheiten unserer Heimatstadt hinzuweisen«. Die Illustratorin griff auf ein Darstellungsprinzip zurück, wie es bei spätgotischen Stadtansichten verbreitet war. Die Gebäude werden unter Vermeidung von Überschneidungen und Tiefenzügen übereinandergeschichtet, unabhängig von ihrer tatsächlichen Lage in der Stadt. Der fröhlich-naive Grundzug eint höchst unterschiedliche Architekturen, die entsprechend der neuen Ausdehnung der Stadt auch einige markante Beispiele aus den eingemeindeten Orten, wie etwa die Peterskirche in Dornberg, einbeziehen.

Bielefelds Stadtmarketing

Das Presse- und Verkehrsamt, das seit 1978 für die touristische Vermarktung Bielefelds zuständig war, griff in den 1980er-Jahren mit dem Slogan »Die freundliche Stadt am Teutoburger Wald« die gewandelten Vorstellungen auf.[30] Statt harter Fakten zählten wieder weiche Faktoren. Typisch für diese Haltung ist ein Plakat der Agentur Geyer, das die ›historische‹ Häuserzeile am Alten Markt abbildet, aber auch den Leineweber ins Bild schmuggelt und nur mit dem halb abgeschnittenen Fernmeldehochhaus am linken Bildrand ein Zugeständnis an die Nachkriegsarchitektur macht. Die vereinfacht wiedergegebenen Fassaden mit der Sparrenburg darüber sind bunt eingefärbt. Oberhalb steigt ein Regenbogen auf, umgeben von kleinen Gegenständen, die alle den Titel des Plakats unterstreichen: »Bielefeld macht Spaß«. Eine ähnlich spielerische, vermeintlich naive Stadtdarstellung fährt seit 1995 im öffentlichen Nahverkehr auf einer Stadtbahn durch die Straßen. Bunte, auf vereinfachte Umrisse reduzierte Silhouetten charakteristischer Gebäude, zu denen auch eher selten vertretene wie das Stadttheater oder das Zweitürmehaus der Dürkoppwerke gehören, reihen sich willkürlich aneinander und nehmen den Duktus der zusammengekoppelten Waggons auf.[31] [ ] Das Prinzip der Reihung von oft heterogenen Architekturmotiven, um die Stadt bildlich zu fassen, setzt sich bis in die Gegenwart fort. Das *Stadtbuch* von 2014, erschienen zum 800-jährigen Stadtjubiläum, arbeitet dabei auf dem Einband mit Bildausschnitten, die bewusst die Wiedererkennung herausfordern. Eine Abfolge von in der Realität weit auseinanderliegenden Bauwerken wählte 2018 auch die Drogeriekette dm, die in Bielefeld sieben Filialen betreibt. Um die Verbundenheit mit dem Standort zu betonen, wurde bei der Filiale Herforder Straße in der Fußgängerzone die obligatorische Verklebung der Schaufenster mit einer Skyline von herausragenden Bielefelder Gebäuden gestaltet. ← 5.08 Neben den Renaissancegiebeln vom Alten Markt und der Sparrenburg tauchen unter anderem die Neustädter Kirche und die Ravensberger Spinnerei auf. Die Tiefenerstreckung der Gebäude und ihr Detailreichtum illusionieren eine Realität, die sich auflöst, wenn man aus der Nähe erkennt, dass sich die Umrisse aus kleinen

28 Tilmann Rhode-Jüchtern: *Die Bürger und das Ringen um Urbanität. »Pro Grün« und die »Zukunftswerkstatt«*, in: Andreas Beaugrand (Hg.): *Stadtbuch Bielefeld. Tradition und Fortschritt in der ostwestfälischen Metropole*, Bielefeld 1996, S. 334–337. **29** Die Auflage, die kostenlos an Kunden abgegeben wurde, betrug 25.000 Stück und war innerhalb einer Woche vergriffen. Für Informationen bedanke ich mich herzlich bei Christoph Kaleschke, Archiv der Sparkasse Bielefeld. **30** Von 1973 bis 1978 waren das Presseamt und das Amt für Wirtschaftsförderung und Fremdenverkehr gemeinsam zuständig. 1980 trat der neu gegründete Verkehrsverein dem städtischen Amt zur Seite, das 1998 als Bielefeld Marketing GmbH in einer neuen Gesellschaftsform die Aufgaben des Stadtmarketings übernahm. Vgl. Rudolf Holtkamp: *Stadtmarketing für Bielefeld. Die Entwicklung von Bielefeld Marketing, Verkehrsverein und Stadthalle*, in: Andreas Beaugrand (Hg.): *Stadtbuch Bielefeld 1214–2014*, Bielefeld 2014, S. 724–729. **31** Ein Kunstkurs der Gesamtschule Stieghorst hatte in Begleitung einer Lehrerin die Gestaltung entwickelt. Grundlage waren in Form gerissene Buntpapiere, aus denen markante Gebäude an der Stadtbahnstrecke bzw. von Bielefeld insgesamt herausgearbeitet wurden. Freundliche Auskunft von Ute Schneider, Stadtwerke Bielefeld GmbH.

Streifen mit dem dm-Logo zusammensetzen. Das Abbild der Stadt verwandelt sich beim Nähertreten in eine Werbebotschaft.[32] Offenbar wurde kein modernes Gebäude als identitätsstiftend angesehen. Man kann die Auswahl auch als Sehnsucht nach einer anheimelnden Altstadt interpretieren. Diese Interpretation legt das Merian-Heft *Bielefeld/Ostwestfalen-Lippe* aus dem Jahr 2014 ebenfalls nahe. Es wählte als Titelmotiv einen Schrägblick über den Alten Markt aus erhöhter Position, und zwar in Richtung Rathausstraße. Dadurch wird der falsche Eindruck einer geschlossenen historischen Bebauung suggeriert und der tatsächliche Zustand kaschiert. [ ] In der Außenwahrnehmung gilt der 80 Jahre alte Seufzer von Oberbürgermeister Stapenhorst von der »kaum gesehenen Mittelstadt« abgeschwächt bis heute. Der *Brandmeyer Stadtmarken-Monitor* kam bei der Auswertung einer repräsentativen Befragung 2015 zu dem Ergebnis, dass nur knapp ein Viertel der Deutschen mit Bielefeld eine konkrete Vorstellung verbinden. Bielefeld hat kein schlechtes Image, sondern gar kein Image.[33] Das Fehlen einer intakten historischen Altstadt wird im touristischen Wettbewerb durchaus als Manko wahrgenommen.[34] Der von der Bielefeld Marketing GmbH angestoßene Prozess, eine Stadtmarke zu kreieren, bezog mit mehreren Workshops und Online-Erhebungen verschiedene Interessenverbände und die Bevölkerung ein. Als Markenbausteine kristallisierten sich die Felder »lebenswerte Großstadt« (vor allem im Hinblick auf Natur), »starke Wirtschaft« und »Bildung und Wissenschaft« heraus. Im Oktober 2016 hatte die neue Stadtmarke ihren ersten Auftritt, der ganz auf das Bielefeld-Logo zugeschnitten war. Die beiden Anfangsbuchstaben mit dem auf den Rücken gelegten E darüber sollen fortan die Stadt repräsentieren. Ähnlich minimalistisch zeigen sich Merchandise-Artikel des Stadtmarketings wie der »Bielefeld-Becher«. Neben dem Logo tauchen dort als stark vereinfachte

32 Die Auswahl der Gebäude traf die Filialleitung vor Ort, die Umsetzung geschah durch eine Agentur in Karlsruhe, die das gesamte dm-Branding entwirft. Freundliche Auskunft der Filialleitung, 28. November 2017. **33** Thomas Kausch, Martin Knabenreich: *Stadtmarke als Identitätsstifter*, in: *Public Marketing*, H. 1/2 (2017), S. 22–25. **34** Dieses Manko konstatiert bereits Walter Vollmer: *Westfälische Städtebilder*, Gütersloh 1963, S. 57; vgl. auch Klaus Beck: *Das Bild der Stadt*, in: Andreas Beaugrand (Hg.): *Stadtbuch Bielefeld 1214–2014*, Bielfeld 2013, S. 484–487. Als Ausgleich die vielfältige qualitätsvolle Industriearchitektur in den Vordergrund zu stellen, ist aus Sicht des Stadtmarketings offenbar keine Option. **35** Vgl. https://blog-ztb-zukunft.com/2018/01/30/stadtgefluester-wer-macht-in-zukunft-das-bild-der-stadt (2. September 2018).

Strichzeichnungen einige historische Gebäude wie das Crüwellhaus oder die Sparrenburg auf, die wegen veränderter Proportionen kaum erkennbar sind. [ ] In Zeiten des Internets und der sozialen Medien scheint das Stadtmarketing nunmehr einen Nukleus vorzugeben, um den sich die immer wieder gezielt angestachelte mediale Bilderflut der Internetnutzer anlagern kann. Das Bild der Stadt zu konstituieren, wird auf diese Weise an Einheimische und Besucher abgegeben. Die Rolle des Stadtmarketings verschiebt sich dahin, diese diversen Stadtbilder zu kuratieren. Die Marke nimmt sich als »Produkt« zurück und setzt sich als »bedeutungsvolles Erlebnis« in den Köpfen der Nutzer fest.[35] Das Stadtporträt *L(i)ebenswertes Bielefeld*, eine Broschüre der Bielefeld Marketing GmbH vom Mai 2017, zeigt denn auch als Produkt das traditionelle Stadtpanorama, gesehen von der Sparrenburg, während eine luftig gekleidete junge Frau, die barfuß auf der Abschlussmauer balanciert, das Erlebnis in den Vordergrund stellt und den Reiz der Großstadt verkörpert.

Hauptbahnhofsumfeld

Andreas Jon Grote
Kirill Starodubskij
Lea Uckelmann

Hauptbahnhofsumfeld

→ 141
Jugendberufsagentur Bielefeld

→ 133
Ehemalige Hauptfiliale der Deutschen Post mit Postfinanzcenter

→ 136
Stadthalle Bielefeld

→ 143
Handwerkskammer Ostwestfalen-Lippe zu Bielefeld/Berufsbildungszentrum

→ 145
Jobcenter Arbeitplus Bielefeld

→ 128
Boulevard

→ 138
Stayery. Bielefeld

Boulevard

CinemaxX Entertainment GmbH & Co. KG
Ostwestfalenplatz 1
33613 Bielefeld

Parkhaus Neues Bahnhofsviertel – APCOA Parking
Joseph-Massolle-Straße
33613 Bielefeld

Fitness First Bielefeld
Boulevard 1
33613 Bielefeld

Ceyoniq Technology GmbH
Boulevard 9
33613 Bielefeld

Ishara Familienbad
Europaplatz 1
33613 Bielefeld

Hinter dem Hauptbahnhof wurde auf dem Gelände des ehemaligen Güterbahnhofs seit 1997 das neue Bahnhofsviertel errichtet, beginnend mit dem 2012 bereits modernisierten CinemaxX-Kino. Ausschlaggebend für das architektonische Gesamtbild waren die Einflüsse der Bielefelder Architekten Volker Crayen und Markus Bergedieck, die im selben Jahr zur Gründung der PEG Projektentwickungsgesellschaft mbH Neues Bahnhofsviertel Bielefeld führten. 2000 wurde am anderen Boulevardende das ebenfalls 2012 modernisierte Wellness-Bad Ishara eröffnet. Entlang des Boulevards wurden dann durch das Unternehmen Goldbeck als Bauherr zwischen 2000 und 2004 neben dem APCOA-Parkhaus mit 997 Stellplätzen und einem Hotel zahlreiche weitere Gebäude als Unternehmenssitz für die Ceyoniq Technology GmbH oder das Studio Fitness First, für Freizeit, Sport und Gastronomie errichtet. Heute ist der Boulevard mit seiner zeitgemäßen Architektur vor allem nachts ein beliebter Treffpunkt für junge Leute.

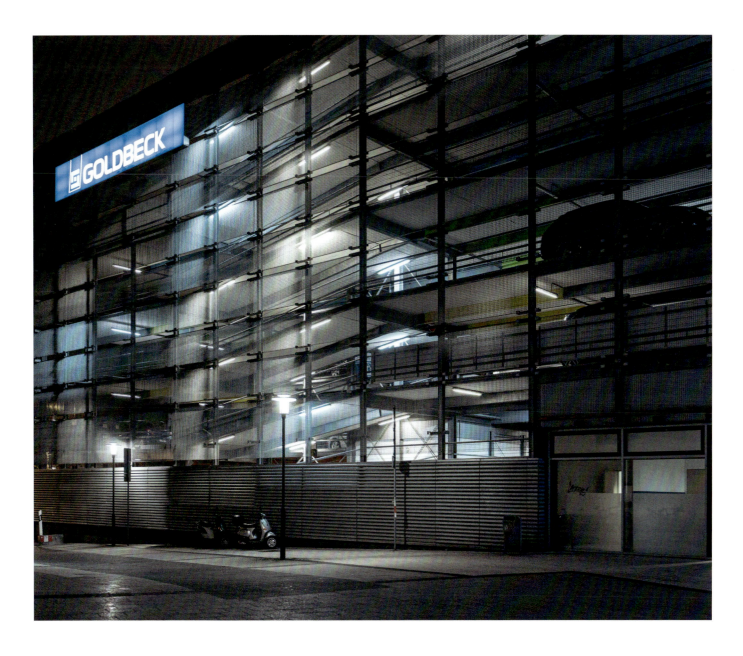

Ehemalige Hauptfiliale der Deutschen Post mit Postfinanzcenter

Nahariyastraße 1
33602 Bielefeld

Das Areal der ehemaligen Hauptfiliale der Post zwischen den Bahngleisen, der Herforder Straße und der Kleinen Bahnhofstraße (seit 1985 Nahariyastraße) hat in den vergangenen Jahrzehnten vielfachen Wandel erlebt. Seit 1865 stand hier die Nähmaschinenfabrik Baer & Rempel, die nach einem Großfeuer von 1879 bis zur Produktionseinstellung 1967 unter dem Namen Phoenix weithin bekannt wurde. Danach wurden die alten Gebäude jahrelang von der Post weitergenutzt, bis sie 1987 abgerissen wurden und von 1989 bis 1992 das heutige, ca. 17.500 m² große Gebäude im postmodernen Baustil errichtet wurde. Bis 1996 war hier die Briefsortierung ansässig, die dann nach Herford verlagert wurde. 2007 wurde das Gebäude an eine private ausländische Investorengruppe verkauft. Im Sommer 2017 ist das Postfinanzcenter mit dem Post- und Paketdienst an die Herforder Straße umgezogen. Der Zustellstützpunkt der Post an der Gebäuderückseite wird weiterbetrieben, die übrigen Gebäudeteile stehen weitgehend leer.

Hauptbahnhofsumfeld

Stadthalle Bielefeld

Willy-Brandt-Platz 1
33602 Bielefeld

Die am 10. August 1990 eröffnete Stadthalle wurde von den Hamburger Architekten Gerkan, Marg und Partner entworfen – ein Gebäude mit dem Charakter eines weißen Dampfers, dessen halbkreisförmiger Bug von einer großen Glasfront dominiert wird, die das Foyer und die Treppengalerien mit Licht erfüllt und durch die sichtbaren Bewegungen der Besucherinnen und Besucher im Inneren die Erscheinung des Gebäudes beeinflusst. Auf einer Gesamtfläche von 4.500 m² auf drei Ebenen bietet die 137,5 Meter lange, 56 Meter breite und 23,5 Meter hohe Stadthalle Platz für vielfältige Veranstaltungen für bis zu 4.860 Gäste. Hinzu kommen neun Konferenzräume, Foyerflächen, Wandelgänge, Künstlergarderoben, ein Pressezentrum und ein Sanitätsraum. Vor dem Gebäude befindet sich seit dem 10. April 1992 die von der Firma Goldbeckbau gestiftete Plastik *Spiegel* der Kölner Künstlerin Isa Genzken. Die 30 mal 20 Meter große Stahlrahmenkonstruktion wird von zwei teleskopartigen Streben unterschiedlicher Länge gestützt. Blickt man durch

den *Spiegel* in Richtung Stadthalle, setzt dieser einen Rahmen um das Gebäude, der dessen einzigartige Architektur betont. Im Herbst 2010 wurde die Stadthalle um eine neue Ausstellungs- und Veranstaltungshalle ergänzt, deren äußeres Erscheinungsbild sich durch die halbrunde Form des Gebäudes sowie ihre polygonal strukturierte Glasfassade auszeichnet. In dem ebenfalls von Gerkan, Marg und Partner entworfenen 22 Meter hohen, 90 Meter langen und 40 Meter breiten Gebäude mit einer Brückenverbindung zur Stadthalle befindet sich eine 3.000 m² große, stützenfreie Ausstellungsfläche.

Stayery. Bielefeld

Herforder Straße 69
33602 Bielefeld

Nach nur 15 Monaten Bauzeit wurde Anfang Dezember 2019 das Hotel Stayery. Bielefeld eröffnet – von außen im Kontext weiterer Neubauten zwischen Bahngleisen und Herforder Straße architektonisch klar konzipiert von den Bielefelder Bau-Meistern Borchard + Dietrich, von innen nach einem neuen Konzept der Gründer und Geschäftsführer Hannibal DuMont Schütte und Dr. Robert Grüschow, die nun nach Berlin ihr zweites Boarding House in Bielefeld betreiben. Wohnen auf Zeit in 126 kleineren oder größeren Zimmern, je länger, um so preiswerter, in trendiger Atmosphäre – Bauherr Franz-Christoph Borchard setzte mit der Queen-Plaza seiner Lieblingsband um Freddy Mercury ein Denkmal – und mit einem deutlichen Bezug zur Bielefelder Wirtschaftsgeschichte, wie es auf der Website heißt: »Bielefeld hat eine lange Tradition als Industriestadt. Früher wurde hier Leinen hergestellt. Und viele Fabriken sind aus Ziegelstein. Wir finden das cool und haben uns von diesen Elementen inspirieren lassen.«

Jugendberufsagentur Bielefeld

Herforder Straße 71
33602 Bielefeld

Im Dezember 2018 wurde ein weiteres Gebäude der Bielefelder Investoren und Projektentwickler Sascha Dietrich und Franz-Christoph Borchard auf dem ehemals brachliegenden Gelände zwischen Hauptbahnhof und Herforder Straße fertiggestellt: der siebenstöckige Neubau für die Jugendberufsagentur, der ebenfalls nach Plänen des Bielefelder Architekturbüros Gabrysch + Weiner Architektur GmbH & Co. KG für ca. zwölf Millionen Euro errichtet wurde. In der deutschlandweit einmaligen Jugendberufsagentur arbeiten auf einer Gesamtfläche von etwa 7.000 m² ca. 250 Mitarbeiterinnen und Mitarbeiter im Ausbildungszentrum des Jobcenters, im Jugendbereich der Personalentwicklungsgesellschaft REGE, im Team für Bildung und Teilhabe sowie der Stadt Bielefeld, das für den Bereich Schüler-BAföG zuständig ist, der U25-Bereich des Jobcenters und die Berufsberatung der Agentur für Arbeit. Sie können jährlich bis zu 7.000 junge Menschen beraten, die Arbeit, Ausbildung oder berufliche Orientierung suchen.

Handwerkskammer Ostwestfalen-Lippe zu Bielefeld/Berufsbildungszentrum

Campus Handwerk 1
33602 Bielefeld

Das Gebiet der Handwerkskammer Ostwestfalen-Lippe zu Bielefeld umfasst die Stadt Bielefeld und die Kreise Herford, Höxter, Gütersloh, Lippe, Minden-Lübbecke und Paderborn. Die Kammer vertritt das gesamte Handwerk im Regierungsbezirk Detmold mit ca. 21.000 Betrieben und etwa 158.000 Mitarbeiterinnen und Mitarbeitern. Zur Bewältigung der damit verbundenen Aufgaben wurde 2007 ein Neubau geplant, für den die Ludwigshafener sander.hofrichter architekten GmbH den 3. Preis des Realisierungswettbewerbs gewann und 2011 den Bauauftrag erhielt. Dem Zeit- und Kostenplan entsprechend wurde das neue Gebäude auf dem ehemaligen Droop & Rein-Gelände im Anschluss an das neue Bahnhofsviertel 2015 eröffnet. Der Neubau gliedert sich entlang des abfallenden Geländes in ein Sockelgeschoss und zwei unterschiedlich hohe Bauteile, in denen sich einerseits Verwaltung, Verpflegungsbereiche, Schulungsräume und eine Gästeebene sowie andererseits die Werkstätten und Ausbildungsbereiche befinden.

Jobcenter Arbeitplus Bielefeld

Herforder Straße 67
33602 Bielefeld

Das erste neue Gebäude auf dem 20.000 m² großen Gelände hinter dem ehemaligen Postfinanzcenter zwischen den Bahngleisen und der Herforder Straße, das von den Investoren Sascha Dietrich und Franz-Christoph Borchard 2010 erworben wurde und Quartier No. 1 genannt wird, war Ende 2013 das des Jobcenters Arbeitplus Bielefeld. Der Bau mit Tiefgarage wurde nach Plänen des Bielefelder Architekturbüros Gabrysch + Weiner Architektur GmbH & Co. KG errichtet und mit einer Natursteinfassade versehen. Der Neubau ist ein Zweckbau und keine Luxusimmobilie, bei dem jedoch auf städtebauliche Qualität im Umfeld des Bielefelder Hauptbahnhofs Wert gelegt wurde.

Revitalisierte Innenstadtareale

Thomas Handke
Kirill Starodubskij

Revitalisierte Innenstadtareale

→ 151
Ankergärten

→ 148
Ehemalige Dürkoppwerke

→ 155
Wohn- und Geschäftshäuser am Ostmarkt

→ 158
Gundlach Holding GmbH & Co. KG/ Gundlach-Carrée

Ehemalige Dürkoppwerke

Turnerstraße, Marktstraße, Nikolaus-Dürkopp-Straße, August-Bebel-Straße
33602 Bielefeld

1867 gründeten der Nähmaschinenmechaniker Nikolaus Dürkopp und der Kaufmann Karl Schmidt westlich der Bielefelder Altstadt die Nähmaschinenfabrik Dürkopp & Schmidt – später unter den Namen Dürkopp & Co. bzw. Dürkoppwerke AG firmierend –, die 1987 durch ihre Besitzerin, die FAG Kugelfischer AG, Schweinfurt, mit der Kochs Adler AG zur Dürkopp Adler AG mit Sitz in Bielefeld-Oldentrup fusioniert wurde. Die alten Standorte im Stadtzentrum, die wegen der stetig wachsenden Produktpalette laufend vergrößert worden waren, wurden aufgegeben und nach Konzepten der Landesentwicklungsgesellschaft Nordrhein-Westfalen für Städtebau, Wohnungswesen und Agrarordnung (LEG) in Zusammenarbeit mit zahlreichen Architekturbüros umgenutzt. Im denkmalgeschützten Areal der ehemaligen Dürkoppwerke sind heute unter anderem das Bielefelder Gesundheitsamt, Lager der Städtischen Bühnen, der Verein BAJ, die Bielefelder Jugendherberge sowie kleinere und größere Gewerbetreibende, Büros und Wohnungen untergebracht.

Ankergärten

Ravensberger Straße, Turnerstraße, Rohrteichstraße
33602 Bielefeld

»In der Innenstadt vor Anker gehen – das kann man seit 2017 auch mitten in Bielefeld.« So lautet die Werbung für die qualitätsvolle stadtgestalterische Umwandlung des ehemaligen Anker-Werke-Geländes in ein urbanes Wohnquartier. Die Stadt hatte das seit dem Konkurs der Anker-Werke 1976 in ihrem Besitz befindliche Areal 2012 an die Firma Bautra Immobilien verkauft, die dafür zuvor einen internen Gestaltungswettbewerb durchgeführt hatte. Nach dem Erwerb des Areals begannen 2014 unter der Leitung von Kresings Architektur GmbH, Münster, die Bauarbeiten, nachdem die städtischen Ämter Stadtarchiv, Landesgeschichtliche Bibliothek, Jugend- und Verkehrsamt sowie die Bielefelder Puppenspiele ausgezogen waren. Nach zweieinhalb Jahren Bauzeit waren die neuen Ankergärten 2017 fertiggestellt. Auf dem ca. 12.000 m² großen Gelände zwischen Turner-, Rohrteich- und Ravensberger Straße, durch die zukünftig die Lutter fließen soll, befinden sich 93 Wohnungen sowie fünf Gewerbe- und Praxiseinheiten.

Wohn- und Geschäftshäuser am Ostmarkt

Oststraße 57–61
33604 Bielefeld

2015 beauftragte die Firma Geno Immobilien, eine Tochter der Volksbank Bielefeld-Gütersloh eG, das Bielefelder Architekturbüro Wannenmacher + Möller, dort, wo bis 2011 das nach Detmold verlegte Chemische Untersuchungsamt seinen Sitz hatte, neue Wohn- und Geschäftshäuser zu planen, in die ursprünglich auch die Volksbankfiliale an der Spindelstraße umziehen sollte. Auf einer Fläche von knapp 2.400 m² wurden bis 2018 24 Wohneinheiten und zwei Geschäftsräume in drei Einzelbaukörpern errichtet, die über eine Tiefgarage miteinander verbunden sind. Die klare Architektur der benachbarten, 1934 geweihten Liebfrauenkirche, der Grünzug an der Fritz-Reuter-Straße und die Nachbarschaftsbebauung wurden in die Planungen miteinbezogen. Das Gebäudeensemble, in dem sich heute auch eine Niederlassung der Lübecker Dr. Klein Privatkunden AG und eine Lechtermann-Bäckereifiliale befinden, wurde 2019 für den DAM-Preis für Architektur in Deutschland nominiert und beim Iconic Award ausgezeichnet.

Gundlach Holding GmbH & Co. KG / Gundlach-Carrée

Ravensberger Straße 10 / Niederwall 53
33602 Bielefeld

Die heutige Gundlach Holding wurde 1847 als Buchbinderei und Handvergolderei gegründet, die zeit ihres Bestehens bis heute vielfältige Produkte der Druckbranche wie seit 1879 Verpackungen, Faltschachteln und Kartonagen herstellt oder seit 1879 Zeitschriften wie die *Deutsche Nähmaschinen-Zeitung*, seit 1886 die Zeitschrift *Radmarkt* oder von 1900 bis 1972 den *Bielefelder General-Anzeiger* verlegt hat. Nach vielfältigen betrieblichen und strukturellen Umbaumaßnahmen wurde 1998 am Bielefelder Stammsitz das Gundlach-Carrée eröffnet. Es beherbergt neben der Fachhochschule des Mittelstands (FHM) ein Medizinisches Versorgungszentrum Kardiologie, das Seniorenheim Curanum, die Gundlach Digital Signage GmbH & Co. KG und die Gundlach Holding GmbH & Co. KG, zu der heute die Unternehmen Gundlach Verpackung (Oerlinghausen), Gundlach Display+Box (Berlin), der Bielefelder Verlag, Klingenberg Berlin, Gundlach Packaging DMCC (Dubai), Logo Etiketten (Mahlberg) und der Deutsche Sportverlag (Köln) gehören.

1 Das Video stellt auch die Band Notdurft vor, deren Mitglieder zum Teil im Sanierungsviertel an der Große-Kurfürsten-Straße wohnten. Es ist ein Dokument der Bielefelder Punk-Szene. https://www.youtube.com/watch?v=Hd2XFyc1-EU. Das Mekka progressiver Musik war die Diskothek Badewanne an der Teichstraße. **2** *Stadtsanierung in Bielefeld*, Bielefeld 1983, S. 4 f. **3** Zum Beispiel das ›Nattkemper-Haus‹ an der Große-Kurfürsten-Straße oder die Eisenbahnbrücke an der Jöllenbecker Straße. **4** Umgekehrt gilt es auch: Für neue Bürger der Stadt stellen gar nicht mal so alte Bildbände fremde Orte dar. Vgl. z.B. *Bielefeld. Porträt einer Stadt*, fotografiert von Günter Rudolf, Herford o.J. (um 1975). **5** Stefan George: *Baudelaire. Die Blumen des Bösen, Umdichtungen*, Berlin 1930, S. 130. Im Original lautet der Vers aus dem Gedicht *Le Cygne* (*Der Schwan*): »Le vieux Paris n'est plus (la forme d'une ville/change plus vite, hélas! Que le cœur d'un mortel)«. Charles Baudelaire: *Les Fleurs du Mal. Die Blumen des Bösen*, Stuttgart 1998, S. 176.

»Die Stadt wird mir fremd vor lauter Veränderungen.«
Ein Plädoyer gegen den Stillstand städtebaulicher Entwicklung
Bernd J. Wagner

Sommer 1981: Ein Opel Kadett fährt auf der Jöllenbecker Straße Richtung Innenstadt. Industriebrachen beiderseits der Straße. Westlich der Jöllenbecker kommt ein unwirtliches Grundstück ins Bild, ein wilder Parkplatz auf notdürftig befestigter Fläche, die sich nach einem ostwestfälischen Landregen in einen matschigen Untergrund verwandeln wird. Der Kadett biegt in die Große-Kurfürsten-Straße, fährt bis zur Teichstraße weiter bis zur Friedrichstraße und wieder zurück zur Jöllenbecker Straße. An der Straße stehen Häuser, die vor dem Ersten Weltkrieg gebaut wurden und in denen einst Familien der Industriearbeiter wohnten, nun aber heruntergekommen, teilweise zugemauert und zum Abbruch freigegeben sind. An einigen Gebäuden sind Transparente zu sehen, die auf Wohnungsnot hinweisen. Ein flaches, kleines Gebäude war noch vor wenigen Jahren ein Mekka progressiver Musik – hier trafen sich langhaarige Teenager und Twens, nicht selten umgeben von süßlichen Canabisschwaden. 1981 gehörte diese Geschichte längst der Vergangenheit an. Passend zu den unscharfen

6.01 **Das Sanierungsviertel an der alten Jöllenbecker Straße, 1982**

schwarz-weißen Bildern des Videos hört man aus dem Off einen Song der Bielefelder Kultband Notdurft, deren viel zu früh verstorbener Sänger Thomas Pielecki im zeittypischen, nihilistischen Slang singt: »Der absolute Stillstand ist erreicht, die Zukunft ist im Arsch, das heute ist mir gleich.« »No future« war in aller Munde.[1] ← 6.01 [ ] Der Videoclip mit Bildern des »Sanierungsgebietes Hauptbahnhof/nördliche Innenstadt«[2] ist kaum 40 Jahre alt. Dennoch können nur geübte Beobachter Relikte einer längst vergangenen Zeit erkennen.[3] → 6.02 Es ist nicht das einzige Viertel, dessen Veränderungen es älteren Bielefeldern schwer machen, die aus ihrer Kindheit und Jugend vertraute Stadt wiederzuerkennen.[4] Stefan Georges (1868–1933) *Umdichtung* von Charles Baudelaires (1821–1867) bekanntem Vers aus *Die Blumen des Bösen*, der sich auf Baumaßnahmen bezieht, die Paris nach der Neugestaltung unter der Präfektur von George-Eugène Haussmann (1809–1821) veränderten, könnte auch manchem Bielefeldern über die Lippen kommen: »Die Stadt wird mir fremd vor lauter Veränderungen / Ein Menschenherz ach! verändert sich nicht so schnell.«[5] [ ] Aber: Der Wandel gehört zur Stadt, nicht der Stillstand. Eine Stadt, die sich nicht verändert, wird, wenn sie Glück hat, ein Freilichtmuseum. Der Stillstand ist häufig ein Indiz für wirtschaftliche Krisen, die mit gesellschaftlichen, sozialen Krisen einhergehen. Nicht wenige Kommunen im Osten Deutschlands, aber auch im Ruhrgebiet oder im Saarland, die aufgrund fehlender Perspektiven einen Schwund der jüngeren Bevölkerung verzeichnen, zu überaltern drohen, erleben diesen Stillstand. In strukturschwachen Regionen gibt es ländliche Gemeinden, die, mittelalterlichen Wüstungen gleich, von der Karte verschwinden und nur noch Orte der Erinnerung sein werden.[6] [ ] Eine lebendige, auf Zukunft orientierte Stadt braucht Veränderung, ohne sich der Wurzeln schämen zu müssen. Voraussetzung für eine generationenübergreifende Identifizierung mit der städtebaulichen Entwicklung ist die Partizipation ihrer Bewohner: Erneuerung, die eine Modernisierung sein kann, darf nicht von oben erfolgen, den Bewohnern aufoktroyiert werden, sondern muss das Resultat eines mehrheitsbilden-

6.02 **Zugemauertes Haus mit szenetypischen Graffiti an der Große-Kurfürsten-Straße, 1982**

6 Der Wegzug junger Menschen und die Gefahr schrumpfender Regionen können einem Bericht der Bundesregierung zufolge auch positiv interpretiert werden: »Wenn Menschen oder Einrichtungen die Region verlassen, kann das jedoch auch eine Chance für einen Neubeginn sein. Es entsteht Platz für neues Gewerbe und Innovationen, Tourismus sowie die Entwicklung der Kultur- und Naturlandschaften. Diese Prozesse bedürfen jedoch kluger Konzepte, Engagement vor Ort, Unterstützung von außen und Zeit für die Umstellung und Anpassung.« Bundesministerium für Ernährung und Landwirtschaft (Hg.): *Zweiter Bericht der Bundesregierung zur Entwicklung der ländlichen Räume 2016*, Berlin 2016, S. 68 f.

den Prozesses mit Politik, Verwaltung und Bürgerschaft sein. »Demokratische Stadtentwicklung« kann aber Gefahr laufen, die »Spaltung der Gesellschaft« zu verstärken, wenn die »Bürgerbeteiligung (...) nur dem lauten Bürger verpflichtet ist«.[7] Hier gilt es, eine in der realen Welt nicht immer leicht herzustellende Interessenbalance zu erzielen. [ ] Seit dem Erscheinen des Buches *Industriearchitektur in Bielefeld. Geschichte und Fotografie*, das 1986 aus einem Projekt des Bielefelder Kunstvereins mit dem Fachbereich Design (seit 1999: Gestaltung) der Fachhochschule und der Geschichtsfakultät der Universität Bielefeld hervorgegangen ist, sind mehr als dreißig Jahre vergangen. Die Innenstadt ist in dieser Zeit zum Teil massiv verändert worden: durch Neubauten von Wohn- und Geschäftsgebäuden, die Umnutzung ehemaliger Industriegebäude und Konversionsflächen sowie Straßenbau und Modernisierung des öffentlichen Personennahverkehrs (ÖPNV). Einige Beispiele sollen hier genannt werden.

Neue Straßen braucht die Stadt

Sieben Jahre nach dem Ende des Zweiten Weltkriegs herrschte im Rat der Stadt Bielefeld Konsens darüber, dass der öffentliche Verkehr, also Straßenbahnen, O-Busse und Omnibusse, »aus sozialen Gründen den Vorrang« habe. Um dieses zu erreichen, seien sogar »einschneidende Maßnahmen, wie die zeitweise oder gänzliche Sperrung wesentlicher Innenstadtteile für den privaten Verkehr, unvermeidbar.«[8] Dieses Bekenntnis war bereits wenige Jahre später obsolet. Die allmählich einsetzende Massenmotorisierung ließ den Ruf nach einer autogerechten Stadt lauter werden; im gesamten Bundesgebiet wuchsen »die Investitionen in den Straßenverkehr (...) bedeutend schneller als die Aufwendungen für den ÖPNV.«[9] Für Bielefeld wurde nach einer Entlastungsstraße für die Bundesstraße 61 gesucht, die nach einer 1956/1957 angelegten Untersuchung des renommierten Verkehrsplaners Max-Erich Feuchtinger (1909–1960) zum Schnellstraßensystem Bielefelds notwendig war. Nach dem Tod Feuchtingers bestätigte Karlheinz Schaechterle (1920–2008) nicht nur diesen Befund, sondern er ging noch einen Schritt weiter: Während Feuchtinger stets auf die Notwendigkeit eines gut funktionierenden ÖPNV hinwies, setzte sein Nachfolger vollends auf die autoorientierte Verkehrsplanung.[10] Die Entlastungsstraße, der Ostwestfalendamm, war eine vierspurige Schnellstraße, die parallel zur Eisenbahnlinie bis in die Innenstadt gebaut werden sollte, ← 6.03 um dann den Verkehr über eine sogenannte T-Lösung vierspurig nach Westen und Osten abzuleiten. Sowohl das Wohnviertel rund um die Meller Straße am Kamphof als auch die Gebäude der Ravensberger Spinnerei sollten diesem Projekt weichen.[11] [ ] Gegen den Abriss der Ravensberger Spinnerei hatte sich in den

6.03 **Der Ostwestfalendamm im Stadtteil Gadderbaum, 2013**

6.04 **Stadtbahnhaltestelle Hauptbahnhof, 2013**

1970er-Jahren eine Bürgerinitiative erfolgreich zur Wehr gesetzt.[12] Gegen den Bau des Ostwestfalendamms, der den jüdischen Friedhof am Haller Weg sowie die Wohn- und Fabrikviertel längs der Eisenbahn von der Stapenhorststraße bis ins Kamphofviertel in Mitleidenschaft ziehen sollte, erhob sich mächtiger Protest, der es zumindest vermochte, dass die zerstörerischen Pläne überdacht wurden.[13] Bezeichnete noch 1984 eine städtische Broschüre den Bau des Ostwestfalendammes mit der T-Lösung als wichtige Straßenbaumaßnahme des Bundes und des Landes, so gab die Stadt nur wenige Jahre später die T-Lösung zugunsten einer C-Lösung auf: Da gegen die erste Variante »die enorme Belastung des innenstadtnahen Wohngebietes Kamphof« sprach, werde nun der Ostwestfalendamm »durch eine zügige Kurvenführung«, die an den Buchstaben C erinnert, zu einem Tunnel geführt, der in die Eckendorfer Straße mündet.[14] Zwischen Arndtstraße und Jöllenbecker Straße, wo zu Zeiten des Notdurft-Videos noch die Fabrikgebäude von Kochs Adler sowie Stadthäuser aus dem frühen 20. Jahrhundert standen, steht der Ostwestfalendamm heute auf einer monumentalen Brücke, die unter sich alles in den Schatten stellt. Die Jöllenbecker Straße wurde tiefer gelegt, weshalb sie heute nicht mehr von der Friedrichstraße erreicht werden kann. Während auf der ehemals unwirtlichen Fläche ein Parkhaus steht, ist das Kamphofviertel ein innerstädtisches Wohn- und Gewerbeviertel geblieben. Die Stadtbahn, die 1986 noch über den Jahnplatz, die Herforder Straße zum Berliner Platz (heute Willy-Brandt-Platz) und von dort zum Bahnhof bzw. über die Feilenstraße zur Jöllenbecker Straße gefahren ist, wird seit 1991 unterirdisch betrieben; aktuell gibt es auf den vier Linien sieben unterirdische Stationen.[15] ← 6.04 Obwohl die Stadtbahn rund 32 Millionen Fahrgäste im Jahr transportiert und vor allem die Linie 4 zu den Hochschulen im Bielefelder Westen dazu beiträgt, dass der

7 Konrad Hummel: *Demokratie in den Städten. Neuvermessung der Bürgerbeteiligung, Stadtentwicklung und Konversion*, Baden-Baden 2014, S. 127. Vgl. auch: Sebastian Krätzig, Frank Othengrafen, Martin Sondermann: *Proteste in der Stadtentwicklung. Entstehung einer neuen Planungskultur*, in: Leibniz Universität Hannover: *Räume im Wandel*, in: https://www.uni-hannover.de/fileadmin/luh/content/alumni/unimagazin/2014_raeume/um11netz_sondermann_14-2.pdf, Hannover 2014 (20. Dezember 2019). **8** Rat der Stadt Bielefeld (Hg.): *Ist nichts geschehen?*, Bielefeld 1945–1952, S. 6. **9** Ueli Haefeli: *Gas geben oder Steuer herumreißen? Verkehrspolitik und Verkehrsplanung in Bielefeld nach dem Zweiten Weltkrieg*, in: *Jahresbericht des Historischen Vereins für die Grafschaft Ravensberg* 85 (1998/1999), S. 239–262, hier S. 250. **10** Ebd., S. 243–252. **11** Vgl. auch *Stadtsanierung*, S. 40 f. **12** Bernd J. Wagner: *16. Januar 1974: Der Stadtrat entscheidet sich gegen den Abriss der Ravensberger Spinnerei*, in: Stadtarchiv und Landesgeschichtliche Bibliothek Bielefeld, https://historischer-rueckklick-bielefeld.com/2009/01/01/01012009/, Bielefeld 2009 (27. November 2019). **13** Hans-Jörg Kühne: *Bielefeld '66–'77. Wildes Leben, Musik, Demos und Reformen*, Bielefeld 2006, S. 77–80. **14** *Ostwestfalen-Damm*, Bielefeld 1984, S. 1, sowie die Karte *Die Trassenführung des Ostwestfalendammes auf einem Blick*; *Bielefeld Ostwestfalendamm 3. Bauabschnitt: Licht am Ende des Tunnels*, Bielefeld 1994, S. 8. **15** Die erste, etwa 700 Meter lange Tunnelstrecke mit der Haltestelle Beckhausstraße wurde bereits 1971 in Betrieb genommen.

Straßenverkehr dort nicht kollabiert, stand bei der Planung in den 1960er-Jahren nicht die »konsequente ÖPNV-Förderung« im Mittelpunkt des Interesses, sondern, wie der Schweizer Historiker Ueli Haefeli betont, eine »Entmischungsstrategie, die vor allem dem Auto zugutekommen sollte.«[16] Auch scheinen bis heute weite Teile der Bevölkerung nicht von den Vorteilen eines alle Stadtteile umfassenden Stadtbahnnetzes überzeugt zu sein. Bei einer 2014 durchgeführten Bürgerbefragung erhielt die geplante Stadtbahnlinie 5 von Sennestadt nach Heepen keine Zustimmung.[17] → 6.05 Die aktuellen Diskussionen über den Klimawandel, drohende Fahrverbote aufgrund zu hoher Stickoxidbelastung und die notwendige Reduzierung des CO_2-Ausstoßes werden mit Sicherheit zu einer Neubewertung des ÖPNV und zu einer Veränderung der Straßennutzung führen. Ein Tempolimit von 30 km/h und eine Umweltspur auf dem Jahnplatz, wie es im August 2018 versuchsweise eingeführt wurde, wären 1986 undenkbar gewesen.[18]

Neues Bahnhofsviertel: Visionen in Zeiten des Machbaren

Bereits zu einem frühen Zeitpunkt der Planung des Sanierungsgebietes »Hauptbahnhof/nördliche Innenstadt« hatte die Stadtverwaltung mit der Nähmaschinenfabrik Kochs Adler und dem Werkzeugmaschinenhersteller Gildemeister über die Verlagerung der Standorte verhandelt. Während Kochs Adler die Produktion nach Oldentrup verlagerte, zog Gildemeister nach Sennestadt.[19] Dass auf dem Grundstück zwischen Herforder und Düppelstraße (heute Herbert-Hinnendahl-Straße) die Stadthalle gebaut werden konnte, war lange Zeit offen. Noch 1980 warnte die CDU-Fraktion vor einem finanziellen Abenteuer, weil der kalkulierte Zuschussbedarf in die Millionen ging. Allen Unkenrufen zum Trotz wurde am 23. Oktober 1987 der Grundstein gelegt und der von dem Architekten Meinhard von Gerkan entworfene »Konzert-, Tagungs- und Veranstaltungsdampfer« am 10. August 1990 eingeweiht. → 6.06 Wie in den gesamten 1980er-Jahren wurde auch diese Einweihung von Protesten begleitet, die die Kosten, vor allem aber die als einseitig empfundene Förderung der ›Großkultur‹ kritisierten.[20] Von dem Protest spricht heute keiner mehr. Die Stadthalle ist im September 2010 um eine imposante Ausstel-

16 Vgl. Haefeli, S. 250. **17** Joachim Uthmann: *Bielefeld lehnt die Linie 5 ab*, in: *Neue Westfälische* vom 27. Mai 2014. **18** *Umweltspur und Tempo 30 auf dem Jahnplatz*, in: *Neue Westfälische* vom 2. August 2018. **19** *Stadtsanierung in Bielefeld*, S. 44 f. 1990 fusionierten die Nähmaschinenfabriken Dürkopp und Kochs Adler zur Dürkopp Adler AG. Seit 2005 gehört die Firma zur chinesischen SGSB-Gruppe. Den Namen Gildemeister gibt es heute nicht mehr. Die Firma gehört zur japanischen DMG Mori AG. **20** Bernd J. Wagner: *Alles klar zum Kentern. Vor 25 Jahren wurde die Stadthalle eröffnet*, in: *Viertel. Zeitung für Stadtkultur und mehr*, Nr. 29, Dezember 2015, S. 7. **21** Burgit Hörttrich: *Eine runde Sache im »Dreiklang«*, in: *Westfalen-Blatt* vom 10. September 2010; Reinhard Vogelsang: *Stadtzeichen. Skulpturen, Denkmäler und Brunnen in Bielefeld. Eine Dokumentation*, Bielefeld 2011, S. 136. **22** Zukunftswerkstatt Bielefeld e.V. (Hg.): *Ostwestfalen Zentrum. Eine Jahrhundert-Chance für Bielefeld/zur Jahrtausendwende*, Bielefeld 1995², S. 4. Mitglieder der Zukunftswerkstatt waren Allo Assmann, Werner Glenewinkel und Peter Obbelode sowie Tilman Rhode-Jüchtern, Regine Schürer und Andreas Wiebe. **23** Ebd. **24** Robert Jungk, Norbert Müllert: *Zukunftswerkstätten. Mit Phantasie gegen Routine und Resignation*, München 1989; Gerhard Schulze: *Die Erlebnisgesellschaft. Kultursoziologie der Gegenwart*, Frankfurt/Main 2000 (Erstausgabe 1992); Zukunftswerkstatt Bielefeld, S. 5–8.

lungs- und Messehalle erweitert worden, die ebenfalls von dem Hamburger Architektenbüro von Gerkan, Marg und Partner entworfen wurde. Auf dem wellenartig gestalteten Gelände steht seit 1992 die 20 x 30 Meter große Skulptur *Spiegel* von Isa Genzken.[21] ← S. 137 Während auf der Gildemeisterseite des Bahnhofs neue Gebäude (Stadthalle, Postgebäude) und Straßen (Nahariyastraße bei gleichzeitiger Aufgabe der Kleinen Bahnhofstraße) trotz heftiger Diskussionen zügig realisiert wurden, beschritt die Stadt auf der Nordwestseite einen neuen Weg. Angesichts der in den frühen 1990er-Jahren geführten Spardebatten hatte eine Zukunftswerkstatt die Frage aufgeworfen, was außer Geld noch gespart werden könne. »Es war der Zukunftswerkstatt nicht plausibel, dass immer wieder über Flächen in der freien Landschaft als Planungsreserve verfügt wurde, ohne vorherige ernsthafte Suche nach anderen Ressourcen wie Gewerbebrachen, Baulücken (oder) absehbare Freisetzungen.«[22] Als außer den rund 4,5 Hektar großen Industriebrachen zwischen Güterbahnhof und Ostwestfalendamm weitere vier Hektar Gewerbefläche hinzukamen, nachdem die Firma Droop & Rein die Aufgabe ihres innerstädtischen Standortes angekündigt hatte, erteilte der Stadtrat am 22. Juni 1995 den Auftrag, zur Verwertung dieser Grundstücke »eine Machbarkeitsstudie auf der Grundlage der Vorschläge der Zukunftswerkstatt und in Zusammenarbeit mit ihr zu erstellen.«[23] Die Pläne für ein Neues Bahnhofsviertel, die als ›Jahrhundert-Chance für Bielefeld‹ im November 1995 der Öffentlichkeit vorgestellt wurden, zeigten Visionen auf, die wohl für die meisten Bielefelder bis dahin undenkbar waren. Basierend auf der von Robert Jungk entwickelten Methode, über Zukunftswerkstätten neue Ideen und Lösungen für gesellschaftliche Probleme zu entwickeln, beleuchteten die Bielefelder Macher die städtebauliche Problematik unter soziologischen Aspekten und betonten in diesem Zusammenhang die durch Arbeitszeitverkürzung gewonnene freie Zeit. Die sich aus einer Erlebnisgesellschaft ergebenden Konsequenzen müssten daher in die Planungen einbezogen werden.[24] Da der Ratsbeschluss vorsah, ein vielseitig verwendbares Fußballstadion

6.05 **Treppen und Laufbänder am Ausgang der Stadtbahnhaltestelle Hauptbahnhof, 2013**

6.06 **Abriss des alten Bielefeld für den Neubau der Stadthalle, 1988**

6.07 So stellte sich die Zukunftswerkstatt das Neue Bahnhofsviertel vor: mit Bahnhofsdach, City-Quartier und City-Alm.

6.08 Der Neumarkt mit Hotels, Stadtarchiv und Stadtbibliothek, 2019

auf diesem Areal zu verwirklichen, sah das Konzept der Zukunftswerkstatt vor, mit einem als Brücke dienenden Bahnhofsdach das neue Viertel anzubinden und dort ein City-Quartier und eine City-Alm zu verwirklichen. Die drei Bausteine, die in einem konzeptionellen Zusammenhang standen, sollten als Paketlösung ohne Abstriche realisiert werden.[25] Das City-Quartier sah Multiplex-Kinos und eine Diskothek, Thermalbad und Sporthallen, IC-Hotel, Filmhaus, Medienturm und Bibliothek, Büro- und Wohngebäude, Einkaufsläden und ein Parkhaus vor. Das neue Bahnhofsviertel sollte mit dem ÖPNV (Eisenbahn, Stadtbahn, Busse), mit Autos, Fahrrädern und zu Fuß erreicht werden. Die Kostenschätzung des Gesamtprojekts belief sich auf rund 360 Millionen DM.[26] ← 6.07 In Bielefeld durfte ein Jahr geträumt werden – ein Jahr, in dem sich die Voraussetzungen des Projekts grundlegend änderten: Die Deutsche Bahn ließ angesichts sinkender Güterzahlen die Planungen für ein Bahnfrachtzentrum ruhen, wodurch Gelände am Güterbahnhof frei geworden wären, der Umzug von Droop & Rein auf ein Gewerbegebiet an der A2 war auf unbestimmte Zeit verschoben, weil die Muttergesellschaft (Vulkan) sich im Konkurs befand, und der DSC Arminia hatte mit dem Umbau des Stadions an der Melanchthonstraße begonnen. Von allen Großprojekten war nur das Multiplex-Kino geblieben, das für die Macher der Zukunftswerkstatt nicht der Start für ein neues Stadtviertel sein konnte. Da das Konzept als Paket gedacht war, aus dem nicht einzelne Rosinen gepickt werden können, lautete die Konsequenz: »Lasst es sein!«[27] Gebaut wurde dennoch. Am Boulevard Bielefeld befinden sich heute ein Multiplex-Kino und eine Diskothek, Ladenzeilen, ein Fitnessstudio, Gastronomie, das Ishara-Familien- und Erlebnisbad, das an die Stelle des am Kesselbrink abgerissenen Hallenbades getreten ist, ein Parkhaus und anderes mehr. Unweit des Boulevards hat die Handwerkskammer 2015 ihr neues Domizil bezogen, wodurch ihr Gebäude an der Obernstraße frei wurde.[28] In der prägnanten Villa, die 1836 vom Kaufmann Karl August Weber erbaut wurde, ist 2019 das Kunstforum Hermann Stenner eröffnet worden.[29] Für die benachbarte Kunsthalle soll Ende 2020 ein grundlegendes Sanierungskonzept vorgestellt werden. Aktuell wird davon ausgegangen, dass das Sanierungsprojekt rund fünf Jahre in Anspruch nehmen wird.[30] Am dahinterliegenden Adenauerplatz sind seit 2005 gleich mehrere ausgesprochen innovative Gebäude errichtet worden, die dem Platz, der nur eine überdimensionierte Kreuzung ist, ein spannendes Antlitz gegeben haben.

Neumarkt und Kesselbrink: Es geht voran

Zwei innerstädtische Plätze galten jahrelang als Sorgenkind städtischer Planung: der Neumarkt und der Kesselbrink. Am Neumarkt wurde in den frühen 1990er-Jahren der Versuch unternommen, mit einem an der Paulusstraße errichteten modernen, fünfgeschossigen Wohn- und Geschäftshaus das Viertel neu zu beleben. Im Amerikahaus, so der offizielle Name des Gebäudes, das mit einer metallenen Stars & Stripes-Fahne in luftiger Höhe kenntlich gemacht wurde, zogen anfangs die Filiale einer amerikanischen Spielzeugkette, ein Supermarkt und ein Papierwarengeschäft ein. Das Haus zeichnete sich aber in den folgenden Jahren durch häufigen Wechsel der Geschäfte und vor allem Leerstände aus und übte eigentlich nie die ihm zugeschriebene Anziehungskraft auf potenzielle Kunden aus. Der dahinterliegende Neumarkt, dessen unwirtliche, steinerne Fläche alles vermissen ließ, was auch nur den Gedanken, sich dort wohlfühlen zu können, aufkommen ließ, entwickelte sich zu jenen dunklen Orten, wo Drogenhandel und milieutypische Prostitution in der benachbarten Tiefgarage des Amerikahauses nicht selten waren. ← 6.08 Zu einem Paradigmenwechsel kam es nach dem Ratsbeschluss vom 13. März 2008, das Amerikahaus als Domizil für Stadtbibliothek, Stadtarchiv und Landesgeschichtliche Bibliothek zu nutzen; das Gebäude sollte der Nutzung entsprechend den Namen Haus der Bildung erhalten.[31] Der Umzug war unter anderem deshalb notwendig geworden, weil der bisherige Standort der Stadtbibliothek an der Wilhelmstraße sanierungsbedürftig war und eine langfristige Schließung drohte.

25 Zukunftswerkstatt Bielefeld, S. 10. **26** Ebd., S. 40 f. **27** Michael Ruffert: *Luftschlösser über Bielefeld*, in: *Bielefelder StadtBlatt* vom 7. November 1996; Erklärung der Zukunftswerkstatt zu Bielevision, in: *Bielefelder StadtBlatt* vom 14. November 1996; Thomas Güntter: *Abschied von einer Vision*, in: *Neue Westfälische* vom 19. November 1996. **28** Andrea Rolfes: *Stern am Handwerkerhimmel*, in: *Neue Westfälische* vom 24. Oktober 2015. **29** *Neues Museum für alle Bielefelder*, in: *Neue Westfälische* vom 21. Februar 2019. **30** Burgit Hörttrich: *Kunsthalle. Konzept steht Ende 2020*, in: *Westfalen-Blatt* vom 30. April 2019. **31** Burgit Hörttrich: *Ja zu Umzug ins Amerikahaus*, in: *Westfalen-Blatt* vom 14. März 2008.

Die Umbauarbeiten am Neumarkt wurden zwar von verhaltenen Protesten und Unterschriften gegen den Zwangsumzug begleitet, das Haus der Bildung schreibt aber seit seiner Einweihung am 1. März 2012 eine Erfolgsgeschichte.[32] Seit 2016/2017 haben ein Wohngebäude und zwei Hotels (Légère und Charly's House) den Neumarkt aufgewertet, der sehr aufwendig als Platz neu gestaltet und im Mai 2019 eingeweiht wurde.[33] Das zwischen dem Neumarkt und dem Kesselbrink gelegene erste Hochhaus Bielefelds, das Telekom-Gebäude, wird durch die Firma Goldbeck einer neuen Nutzung zugeführt.[34] → 6.09 Der benachbarte Kesselbrink hat in der Geschichte Bielefelds gleich mehrmals seine Funktion und Nutzung verändert. Im 19. Jahrhundert als Exerzierplatz der Bielefelder Garnison genutzt, fanden auf ihm um 1900 Sportveranstaltungen statt. Nach dem Ersten Weltkrieg entstand hier ein prächtiger Volkspark, der in der größer gewordenen Industriestadt ein willkommener Ort der Entspannung war. Nach dem Zweiten Weltkrieg befand sich der Platz in einem desolaten Zustand, auf dem Autos und Busse parkten, aber auch Zirkusse ihre Zelte aufschlugen und gleich mehrmals im Jahr Kirmes stattfand. 1965 wurde ein moderner Parkplatz und Busbahnhof geschaffen, wofür die Stadt als Schrittmacherleistung auf Landesebene ausdrücklich gelobt wurde. Spätestens seit den 1980er-Jahren war einer der hässlichsten Plätze Bielefelds für viele nur noch ein Ärgernis, das dringend beseitigt werden musste.[35] Mithilfe von Fördergeldern aus der Europäischen Union konnte der Kesselbrink seit 2011 neu gestaltet werden. Aus dem »tristen Innenstadtplatz« war nach zwei Jahren Umbauzeit »ein Ort mit urbaner Aufenthaltsqualität geworden.«[36] Der Platz, auf dem regelmäßig der Wochenmarkt stattfindet, verfügt über eine begehbare Springbrunnenanlage, viele Sitzgelegenheiten und vor allem über eine der größten Skatinganlagen Europas.[37] Der Kesselbrink hat sich zu einem Treff-

---

32 *Alles auf Hochglanz. Die neue Bibliothek*, in: *Neue Westfälische* vom 1. März 2012. Flugblatt der Partei Die Linke: *Warum wir gegen den Abriss und Zwangsumzug der Stadtbibliothek sind* (2008), in: Stadtarchiv Bielefeld, Bestand *102,1/Oberbürgermeister*, Nr. 1608. Vgl. Geschäftsberichte der Stadtbibliothek, des Stadtarchivs und der Landesgeschichtlichen Bibliothek (2012–2019). **33** Heidi Hagen-Pekdemir: *Eröffnungsparty am Neumarkt*, in: *Neue Westfälische* vom 17. Juni 2016; Burgit Hörttrich: *Charly's House eröffnet*, in: *Westfalen-Blatt* vom 18. Januar 2017; Michael Schläger: *Neue Stadtansichten*, in: *Westfalen-Blatt* vom 13. Mai 2019. **34** Sebastian Kaiser: *Telekom-Hochhaus wird Goldbeck-Tower*, in: *Neue Westfälische* vom 9. Oktober 2018; ders.: *Hochhaus-Renovierung soll Kesselbrink beleben*, in: *Neue Westfälische* vom 10. Oktober 2018. **35** *Wettbewerb Kesselbrink*, in: Stadtarchiv Bielefeld, Bestand *108,18/Bauamt*, Nr. 144; *Planung der Innenstadt*, in: Stadtarchiv Bielefeld, Bestand *210,47/StadtBlatt*, Nr. 309; **36** Michael Schläger: *Das Schmuckstück ist fertig*, in: *Westfalen-Blatt* vom 4. Juni 2013. **37** Ansgar Mönter: *Willkommen im Skaterparadies*, in: *Neue Westfälische* vom 4. Mai 2013. **38** Welthaus Bielefeld/Baobab – Interkulturelle Projektarbeit: *Weltnacht-Programm*, Bielefeld 2019. **39** Mit dieser Zuschreibung warb die Stadt um die Jahrtausendwende. Stadt Bielefeld: *Baugebiete. Eine Auswahl für Bauinteressenten*, in: Stadtarchiv Bielefeld, Bestand *400,10/Zeitgeschichtliche Sammlung*, Nr. 3494. **40** Jacques Le Goff: *Die Liebe zur Stadt. Eine Erkundung vom Mittelalter bis zur Jahrtausendwende*, Frankfurt/Main 1998, S. 147.

6.09 Der Kesselbrink nach dem Umbau, 2013

punkt verschiedener sozialer Gruppen entwickelt und bietet dem Bielefelder Welthaus auch eine innerstädtische Open-Air-Bühne für das Weltnacht-Festival.[38] So viel Leben wie heute war auf dem Kesselbrink Jahrzehnte nicht mehr. [ ] Bielefeld verändert sich und zeigt, dass die »Metropole in Ostwestfalen«[39] eine lebendige Stadt ist. Vermutlich werden viele junge Menschen, die heute in der Stadt leben, in fünfzig Jahren den Baudelaire'schen Seufzer auf den Lippen haben. Wohin sich die Stadt entwickelt, ist ungewiss. Auf die Frage, ob Städte angesichts der Sehnsucht nach der Natur nicht längst jede Anziehungskraft verloren haben, antwortete der französische Historiker Jacques Le Goff (1924–2014): »Das glaube ich nicht. Aber werden sich die Städter des 21. Jahrhunderts einmal dazu durchringen, in einer Stadt mit sauberer Luft zu leben, wie sie es sich ja eigentlich wünschen? Auch wenn das bedeuten würde, dass sie ihre Autos dann vor der Stadt oder in der Garage stehenlassen müssen?«[40] Die Zukunft wird es zeigen! Neue Möglichkeiten zur Gestaltung der Stadt wären aber sicher mit dem Rückbau von Straßen erreicht.

Neue Stadtviertel

Jan Düfelsiek
Bernd Lange
Corinna Mehl
Kirill Starodubskij

→ 183
Interkommunales Gewerbegebiet Hellfeld

→ 172
Lenkwerk

→ 177
Büro- und Geschäftsgebäude Werner-Bock-Straße 38–40

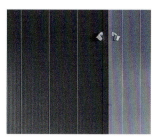

→ 186
BBV Bielefelder Bettfedern-Manufaktur Verse GmbH

→ 187
Gewerbegebiet Niedermeyers Hof

→ 180
Halfar System GmbH

Lenkwerk

Am Stadtholz 24–26
33609 Bielefeld

Das Lenkwerk ist eins von ursprünglich drei Luftwaffenbekleidungsämtern, die das Reichsluftfahrtministerium 1936 in Berlin, 1937 in Sonneberg und 1938 in Bielefeld errichtet hat. Von 1945 bis 1992 wurde das Areal unter den Namen Brixton bzw. Richmond Barracks von der British Army of the Rhine genutzt. Nach Abzug der Armee wurden die Gebäude 1994 unter Denkmalschutz gestellt, die weitere Nutzung blieb zunächst unklar. Nachdem sich Pläne zerschlagen hatten, hier den Campus der Fachhochschule Bielefeld einzurichten, erwarben die Investoren Borchard und Dietrich 2010 das ca. 30 Hektar große Areal und entwickeln es seitdem auf der Basis eines städtebaulichen Entwurfs der Architekten Jonek + Dressler unter der Regie des Architekturbüros Frank H. Stopfel zu einem neuen Stadtviertel, in dem sich neben zahlreichen Neubauten für Büros, Gewerbe und Wohnen unter anderem ein Oldtimer-Museum, ein Motorradhändler, eine Veranstaltungshalle, ein Restaurant und das Lager des Historischen Museums befinden.

Büro- und Geschäftsgebäude Werner-Bock-Straße 38–40

Werner-Bock-Straße 38–40
33602 Bielefeld

Das 2015 durch die Bielefelder Architekten Wannenmacher + Möller errichtete Büro- und Geschäftshaus (ALDI Nord) nimmt in besonderer Weise Bezug auf die baulichen Gegebenheiten in der östlichen Innenstadt, in der sich sowohl erhaltenswerte Ziegelbauten aus der Zeit der Industrialisierung (ehemaliger Schlachthof, Werksgebäude der Fa. Riedel), der 1930er-Jahre (ehem. Luftwaffenbekleidungsamt, heute Lenkwerk), der 1950er- und 1960er-Jahre (Hauptfeuerwache), der späten 1980er-Jahre (Seidensticker Halle), moderne Wohn- und Bürotrakte (Zoll, Wohnen am Ravensberger Park) als auch noch nicht umfassend neu beplante Areale befinden. Das energetisch innovativ ausgestattete und in den oberen Etagen flexibel nutzbare Büro- und Geschäftshaus mit dem Verbrauchermarkt setzt hier einen deutlichen städtebaulichen Akzent und bildet mit der zweigeteilten Fassade aus Sichtbeton und Klinker die unterschiedlichen Funktionen nach außen hin ab.

Halfar System GmbH

Ludwig-Erhard-Allee 23
33719 Bielefeld

1986 begann Armin Halfar in Bielefeld mit der Einzelanfertigung von Rucksäcken und Taschen aus Kunststoff und Leder für die Notfallmedizin und für Sicherheitsgeräte, aus der sich 1996 die seitdem kontinuierlich expandierende Halfar System GmbH entwickelte. Im Jahr 2000 bezog das Unternehmen mit 23 Mitarbeiterinnen und Mitarbeitern das neue, vom Bielefelder Architekturbüro brüchner-hüttemann pasch geplante Firmengebäude an der Ludwig-Erhard-Allee 23, das 2005 erstmals, dann 2013 und schließlich 2019 nochmals erweitert wurde. 2019 wurde zudem auf dem Interkommunalen Gewerbegebiet Hellfeld in Altenhagen ein neues Logistikzentrum eröffnet. Mehr als 130 Mitarbeiterinnen und Mitarbeiter sind für das Unternehmen tätig, das für sein erfolgreiches Produktmanagement, seine Sozialstandards und sein ökologisches wie soziales Engagement bekannt ist und bis heute Millionen Taschen und Rucksäcke produziert hat, die technische Probleme lösen helfen oder für Werbung eingesetzt werden.

Interkommunales Gewerbegebiet Hellfeld

Remusweg, Wolfsbach
33729 Bielefeld

Der Rat der Stadt Bielefeld hat in seiner Sitzung am 12. Februar 2015 die Erschließung des 4,3 Hektar großen Interkommunalen Gewerbegebietes OWL auf dem Hellfeld zwischen Vinner Straße, Kreuzbusch und Hellfeld im Drei-Städte-Eck Bielefeld, Herford, Bad Salzuflen in Altenhagen beschlossen und bietet seit 2016 durch die interkomm GmbH und die WEGE gewerbliche Bauflächen von ca. 1.000 bis zu 30.000 m² zum Kauf an. 2017/2018 errichtete die Oerlikon Balzers Coating Germany GmbH, Weltmarktführer für Dünnfilmbeschichtungen von Werkzeugen und Bauteilen, auf ca. 23.000 m² das größte Beschichtungswerk in Europa. Der Vertriebsdienstleister für Hersteller von Arzneimitteln und Gesundheitsprodukten SK Pharma Logistics hat 2018 eine 20.000 m² große Lagerhalle bezogen. Ebenfalls seit 2018 produziert hier die Abratec GmbH, Spezialist für Schleifmittel, und 2019 hat die Halfar System GmbH ein 7.100 m² großes Logistikzentrum in Betrieb genommen. Die Gewerbegebietsbesiedlung wird fortgesetzt.

BBV Bielefelder Bettfedern-Manufaktur Verse GmbH

Höfeweg 82
33619 Bielefeld

Zwischen den Gemarkungen Niederdornberg-Deppendorf und Großdornberg ist seit 2015 das Gewerbegebiet Höfeweg/Deppendorfer Straße erschlossen worden. Hier hat die 1926 von Fritz Verse gegründete Manufaktur nach einer mehr als acht Jahre andauernden Sondierungs-, Planungs- und Bauzeit 2017 ihre neue, aus 200 Fertigteilelementen der Bielefelder Syston Betonbausysteme GmbH bestehende Produktions- und Lagerhalle bezogen. Verse verarbeitet und veredelt überwiegend ungarische, masurische und sibirische Gänsedaunen und stellt Federbetten, Kissen, Daunendecken sowie verwandte Produkte her. Die Manufaktur wird seit 1991 in der dritten Generation (Friedrich-Wilhelm Verse) und seit dem 1. März 2019 in der vierten Generation (Florian Verse) familiengeführt. In 92 Jahren hat sich aus einem kleinen Handwerksbetrieb für Bettdecken, Tischwäsche und Blusen ein mittelständischer Never-out-of-Stock-Manufakturbetrieb entwickelt, der Handelspartner in ganz Europa, Brasilien, Amerika und Kanada beliefert.

Gewerbegebiet Niedermeyers Hof

Ostringstraße/Bechterdisser Straße
33719 Bielefeld

2014 wurde der Bebauungsplan für die ehemals landwirtschaftlich genutzten Flächen und nunmehr als Gewerbegebiet ausgewiesenen Flächen westlich der Ostringstraße und nördlich der Bechterdisser Straße verabschiedet. Er folgte unter anderem den Kriterien ›gute Autobahnanbindung‹ und ›zusammenhängende Flächen ab zwei bis drei Hektar‹. Zuvor hatten die Bielefelder Bauverwaltung und die WEGE gemeinsam mit Architekten, Landschaftsplanern, Juristen sowie den Unternehmen Goldbeck, Schüco und Stadtwerke Bielefeld jahrelang und schließlich erfolglos an einem Plan für ein zukunftsfähiges Gewerbegebiet gearbeitet, das die Cradle-to-Cradle-Prinzipien (von der Wiege zur Wiege – kein Abfall, regenerative Energien, keine Umwelt- und Klimabelastung etc.) berücksichtigen sollte. Auf der ca. 21,6 ha großen Fläche stehen heute wie zufällig angeordnet zahlreiche Gewerbebauten, unter anderem von Haak & Christ, Hanf Wolf, HUNTER, Kahmann & Ellerbrock, Metallit, W. & L. Jordan, Mattern, Porsche oder SeafoodStore.

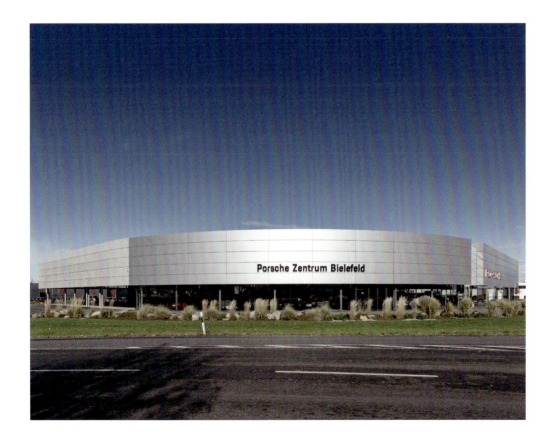

1 Zitat nach dem griechischen Philosophen Heraklit (ca. 520 v. Chr.–ca. 460 v. Chr.). 2 Klaus Beck: *Das Bild der Stadt. Nachdenken über Bielefeld*, in: Andreas Beaugrand (Hg.): *Stadtbuch Bielefeld 1214–2014*, Bielefeld 2013, S. 484–487, hier S. 484. 3 Ulrich Weisner: *Industriearchitektur in stadtgestalterischer Sicht*, in: Florian Böllhoff, Jörg Boström, Bernd Hey (Hg.): *Industriearchitektur in Bielefeld. Geschichte und Fotografie*, Bielefeld 1986, S. 42–51, hier S. 42. 4 Ebd.

Zur Zukunft der Stadtentwicklung
»Die einzige Konstante … ist die Veränderung.«[1]
Ascan von Neumann-Cosel

Was Bielefeld ausmacht und wie unterschiedlich ein Bürger oder ein Gast wahrnimmt und betrachtet, wie die Stadt auf den Einzelnen wirkt, hat der Bielefelder Architekt Klaus Beck so formuliert: »Wie jeder Organismus hat eine Stadt ihre eigene Biografie und als deren Signatur ihren unverwechselbaren ›Fingerabdruck‹, der sich zum Beispiel im Stadtgrundriss zeigt. Und jede Stadt hat ihren eigenen bildhaften Ausdruck, der in Bauten, Plätzen und Freiräumen ihre Entwicklung widerspiegelt.«[2] ← 7.01 [ ] Das prägendste Merkmal der Stadt Bielefeld ist sicherlich die Lage am Teutoburger Wald, der das Stadtgebiet von Westen nach Osten durchzieht und damit eine topografische Zäsur darstellt. Der ehemalige Leiter der Kunsthalle Dr. Ulrich Weisner beschrieb dies 1986 in seinem Artikel *Industriearchitektur in stadtgestalterischer Sicht* treffend: »Am stärksten bestimmend und stimmungsgebend wirkt wohl nach wie vor der Höhenzug des Teutoburger Waldes, der die ausgebreitete Stadt mit seiner sanft auf- und absteigenden Konturlinie hinterfängt.«[3] [ ] Es erscheint als glück-

7.01 **Blick vom Johannisberg über den Adenauerplatz auf Bielefelds Stadtzentrum**

licher Umstand, dass der Höhenzug – abgesehen von kleinen Ausnahmen – bis heute von Bebauung freigehalten wurde und so als Grünzug und Naherholungsort sowie als Fernwanderroute seine natürliche Ursprünglichkeit bewahren konnte und damit auch den Bielefelderinnen und Bielefeldern die Chance eröffnet, auf der Promenade bis zur Sparrenburg zu flanieren – der Stadt so nah und doch entrückt in der Natur. Damit wirkt der Höhenzug wie das grüne Rückgrat der Stadt, das aus dem Häusermeer herauswächst und die Stadt in eine Nord- und eine Südstadt teilt. [ ] Der topografische Einschnitt – der Bielefelder Pass – stellt einen der wichtigsten Verbindungswege zum Süden der Stadt dar, wobei er vom Ostwestfalendamm, der Bahntrasse und der Artur-Ladebeck-Straße dominiert wird. Bis heute ist es gelungen, die Silhouette des Passes zu erhalten und nicht mit hohen Gebäuden zu verschließen. Damit wird die Stadt auch treffend als ›Großstadt im Grünen‹ oder ›Stadt am Teutoburger Wald‹ bezeichnet. Der Stadtkörper erscheint in sich stark gegliedert und durchzogen von Landschaftsräumen und Grünzügen. Darin spiegelt sich deutlich die Bielefelder Stadtgeschichte: die Zusammensetzung Bielefelds aus vielen ehemals eigenständigen Gemeinden zu den heutigen zehn Stadtbezirken mit ihren Nebenzentren und eigenen, zum Teil auch dörflichen Charakteren. [ ] Ulrich Weisner hat in dem oben genannten Artikel die Qualität der Bielefelder Stadtgestalt mit einem Stück Stoff verglichen: »... ausgefranst an den Rändern, durchgerieben in der Mitte, durchlöchert (Abrisse und nicht abgeschlossene Sanierungen) und quer durchschnitten (Ostwestfalendamm) ...«[4] Vielleicht ist diese Beschreibung etwas zu kritisch und wohl auch zu pessimistisch. Zwischenzeitlich wurden die Bauwerke der frühen Industrialisierung, die sich wie ein östlicher Mantel um die Innenstadt legen, nicht nur saniert, sondern auch neuen Nutzungen zugeführt. Beispielhaft seien das Quartier Dürkopp Tor 6, Dürkopp Tor 1 oder die Ankerwerke erwähnt. → 7.02 [ ] In den letzten zwanzig Jahren wurden weitere stadtbildprägende Gebäude errichtet, beispielsweise die im Neuen Bahnhofsviertel, mehrere Neubauten am Adenauerplatz, der Eastend und der

7.02 Rendering der Ankergärten zwischen Ravensberger Straße und Rohrteichstraße

7.03 **Fotomontage der Bielefelder Stadtsilhouette am Jahnplatz von Max Hof, 2013**

Westend Tower, das Areal hinter dem Bahnhof an der Herforder Straße, das Lenkwerkquartier, die Hochschulneubauten auf dem Campus und erst kürzlich das Einkaufszentrum LOOM in der Bahnhofstraße. Die Stadt hat sich in den letzten Jahren zunehmend zur selbstbewussten Regiopole entwickelt. [ ] Dabei bleiben die Gebäude eher bodenständig, das heißt überwiegend unter fünf Geschossen, sodass das frühere Telekom-Hochhaus, die Müllverbrennungsanlage, der Schornstein der Stadtwerke oder das Klinikum Bielefeld als isolierte, markante Einzelbauten neben dem Zweitürmehaus der früheren Dürkoppwerke oder den vielen Kirchtürmen aus der Stadtsilhouette wie Ikonen oder Zähne herausragen. Die Vision des Fotografen Max Hof, der mit seiner Fotomontage ← 7.03 versucht, das Telekom-Gebäude einzufangen und in eine Hochhausskyline zu integrieren, wird wohl weiterhin eine Utopie bleiben. [ ] Die Stadt Bielefeld wird oft in ihrer Außenwahrnehmung unterschätzt und im Vergleich mit anderen Städten dieser Größe als mittelmäßig oder provinziell eingestuft. Wer sich aber die Zeit nimmt und auf Entdeckungsreise geht, wird überrascht sein, welche Qualitäten sich offenbaren. Zu nennen sind da sowohl die historische Altstadt, die durch eine einheitliche Pflasterung sehr gewonnen hat, die Neuanlage des beschaulichen Süsterplatzes, der neu gestaltete Kesselbrink mit seinem Angebot für Skater und BMX-Fahrer, die vielen Plätze in den Stadtbezirken, die durch Maßnahmen des Stadtumbaus eine Aufwertung erfahren haben, die Offenlegung der Lutter und des Bohnenbachs, die Anlage des Grünen Bandes oder die Wiederentdeckung des Johannisbergs, der im Rahmen des Projektes StadtParkLandschaft neu gestaltet worden ist. [ ] Alles in allem hat die Aufenthaltsqualität des öffentlichen Raums in den letzten Jahren eine spürbare Steigerung erfahren. Dies wird besonders durch die zahlreiche und immer noch zunehmende Außengastronomie der Cafés, Bistros oder Restaurants deutlich. Das vielleicht größte Potenzial Bielefelds besteht in seinem Grünflächensystem, das seinem geistigen Vater, dem Gartenbaudirektor Paul Meyerkamp (1907–1947), zu verdanken ist und durch seinen Nachfolger Dr. Hans-Ulrich Schmidt (1947–1976) sowie Alfred Gehrke (ab 1976) weiterentwickelt und konsequent umgesetzt worden ist.[5] So kann fast jeder Bielefelder in etwa fünf Minuten von seinem Wohnstandort aus einen Grünzug erreichen.

Stadträumliche Perspektive

Nachdem die Prognosen für die Stadtbevölkerung jahrelang davon ausgingen, dass es nach einer Phase der Stagnation zu einem merklichen Rückgang kommen sollte, erleben wir seit etwa 2016 eine spürbare Steigerung der Bevölkerungszahlen: Wir werden bunter, älter und mehr. Das macht ein Umdenken aller Akteure erforderlich. Denn selbst durch die frei werdenden Kapazitäten der Konversionsstandorte der Britischen Rheinarmee im Jahr 2019 oder die bereits freigezogenen Standorte der Fachhochschule Bielefeld werden die vorhandenen Flächenpotenziale offensichtlich nicht ausreichen, sodass zusätzliche Stadterweiterungsflächen für Wohnen und Gewerbe erforderlich werden. [ ] Für diese Herausforderung müssen neue Wege gefunden werden, die allen Belangen, wie schonender Umgang mit Grund und Boden, Landschaftsverträglichkeit, Mobilitätswandel oder Weiterentwicklung des Grünzugnetzes etc., gerecht werden. Hierbei besteht die große Chance, den Anspruch an einen qualitätsvollen Städtebau umzusetzen: Schaffung neuer lebendiger Stadtquartiere mit hoher Aufenthaltsqualität, die das bestehende Siedlungsgefüge ergänzen und abrunden, Garantie für bezahlbaren Wohnraum, Angebotsvielfalt der Wohnformen (z.B. auch Wohngruppenmodelle wie etwa Baugruppen) und auch platzsparende mehrgeschossige Gewerbebauten, bei denen unter anderem das Nachhaltigkeitsprinzip Cradle to Cradle (c2c) konsequent umgesetzt wird. [ ] Als solide Grundlage wäre ein gesamtstädtischer, integrierter Plan als allumfassendes, fachübergreifendes Leitbild der Stadtentwicklung wünschenswert. Dieser Stadtentwicklungsplan sollte in öffentlichen Partizipationsroutinen – parteiübergreifend – erörtert, diskutiert und verabschiedet werden, um auf der Suche nach einer bestmöglichen Baukultur eine hohe Akzeptanz in der Stadtgesellschaft zu erhalten. Daraus ließen sich dann die Rahmenbedingungen zur Auslobung von städtebaulichen Ideenwettbewerben ableiten. Dieses Instrument hat sich bewährt und gezeigt, dass es auch ohne großen Zeitverlust und Kostensteigerungen möglich ist, aus einer Vielzahl von städtebaulichen und architektonischen Vorschlägen die qualitativ hochwertigste Idee auszuwählen und umzusetzen. [ ] In der Wettbewerbsauslobung sollten die stadtgestalterischen und architektonischen Kriterien auch mit der Betrachtung der Qualität des Dazwischen gleichwertig mit den wirtschaftlichen Kriterien Beachtung finden. Denn die Zwischenräume sind es, die für eine attraktive Aufenthaltsqualität des öffentlichen Raums entscheidend sorgen. Mit qualitativ gut gestalteten Übergängen von öffentlichen zu halböffentlichen und privaten Räumen – das heißt der Anordnung und der Erschließung der Baukörper – wird die Grundlage und Voraussetzung geschaffen, ob ein Raum entsteht, der dem menschlichen Maßstab entspricht. Die Möblierung des öffentlichen Raums ist dann sicherlich auch wichtig; allerdings lässt sich ein Planungsfehler anschließend durch noch so

5 Klaus Frank, Achim Thenhausen: *Bielefelds Stadtgrün. Ein Netzwerk von Erholungsräumen*, in: Beaugrand: *Stadtbuch*, S. 396–399, hier S. 396.

gute Möblierung nicht mehr wirklich heilen. Da Gebäude über mindestens hundert Jahre stehen und damit das Erleben der Stadt mit deren Stadtgestalt prägen, sind sie es, die die Rahmenbedingungen bilden, welche dem Grundbedürfnis des Menschen nach Identität, Einmaligkeit und Behaglichkeit Nahrung geben und damit dazu beitragen, dass wir uns den Raum aneignen und uns darin wohlfühlen können. [ ] Der Druck dieser Entwicklung wird sich – insbesondere aufgrund des nicht ausreichend vorhandenen Flächenpotenzials – auf die bestehenden bebauten Grundstücke verstärken. ← 7.04 Hier gilt es, wachsam zu bleiben, damit stadtbildprägende, erhaltenswerte Bauten nicht ohne weitere Überprüfung abgerissen werden. Neue Architektur sollte sich in das bestehende Stadtbild selbstverständlich und unaufdringlich einfügen. Dabei wäre es der Stadt zu wünschen, dass sich das Bild der Stadtgestalt mit seinen raumbildenden Fassaden durch den jeweiligen Zeitgeist authentisch und unverfälscht widerspiegelt wie das Lesen in einem Geschichtsbuch. ← 7.05 Gerade in der Altstadt wurden durch die Erarbeitung der Erhaltungs- und Gestaltungssatzung viele Potenzialflächen für eine nachträgliche Verdichtung der Stadt identifiziert. Ein gutes Beispiel für eine gelungene Baulückenschließung stellt der Entwurf des Architekten Andreas Wannenmacher für die Obernstraße dar. ← 7.06 [ ] Einen wichtigen Beitrag zur Erlangung von hoher Gestaltqualität leistet der Gestaltungsbeirat der Stadt Bielefeld, der einer der ersten Beiräte in Nordrhein-Westfalen ist. Nach mehreren Satzungsänderungen und Höhen und Tiefen seiner Akzeptanz wird der Beirat in den letzten Jahren mehr und mehr wertgeschätzt. Er steigert mit seinen Empfehlungen die Gestaltqualität von städtebaulichen und architektonischen Entwürfen und verhindert auch im Einzelfall Gestalteinbrüche. [ ] Jeder Planung sollte dabei eine Planungsphase vorgelagert werden, um die erforderliche Sensibilität für die Qualitäten und Eigenarten des jeweiligen Ortes – dem Genius Loci – zu gewinnen und bei der Planung umzusetzen. So kann es gelingen, die Stärken Bielefelds beim Weiterbauen der Stadt zu stärken: damit Bielefeld lebens- und liebenswert für die folgenden Generationen bleibt.

Nutzungsansprüche an die Stadt des Mittelstands

An die Stadt werden die unterschiedlichsten Nutzungsansprüche gestellt, die dem Wandel der Zeit standhalten und ihnen gerecht werden müssen. Die Figur des Leinewebers steht als Symbol der wirtschaftsgeschichtlichen Entwicklung der Stadt. [ ] Der Grundstein hierfür wurde um 1850 durch die frühindustrielle Entwicklung mit mechanischen Spinnerei- und Webereibetrieben sowie im direkten Anschluss mit der Aufnahme der Fahrrad- und Nähmaschinenproduktion

7.04 Vision für eine nachhaltige Aufstockung am Beispiel des Siggi

7.05 Ein Gestaltungsvorschlag des Bielefelder Architekturbüros Wannenmacher + Möller für das frühere Telekom-Hochhaus, 2018

7.06 Ein zweiter Gestaltungsvorschlag des Bielefelder Architekturbüros Wannenmacher + Möller für die Beseitigung von Baulücken an der Obernstraße – 83 Jahre nach dem Ende des Zweiten Weltkriegs, 2018

gelegt. Mit großem Innovations- und Pioniergeist haben sich die Bielefelder Fabrikanten einen Namen weit über die Bielefelder Stadtgrenzen hinaus erworben. Bis heute wird die wirtschaftliche Entwicklung Bielefelds durch die Ansiedlung der zahlreichen mittelständischen, familien- und inhabergeführten Gewerbe- und Industriebetriebe geprägt. Beispielhaft sind hier die inzwischen weltweit agierenden Firmen Dr. Oetker, Miele, Schüco, Alcina, Seidensticker, Anstoetz, Goldbeck oder Böllhoff zu erwähnen. Es ist kein Zufall, dass die Fachhochschule Bielefeld und die Fachhochschule des Mittelstands einen guten Zulauf haben und seit ihrer Gründung ein kontinuierliches Wachstum verzeichnen. Die besondere mittelständische Wirtschaftskultur zeichnet Bielefeld aus und ist Ansporn und Verpflichtung zugleich, diese Eigenschaften auch in Zukunft zu fördern. Dies ist die wesentliche Aufgabe, die sich die Wirtschaftsentwicklungsgesellschaft (WEGE) gesetzt hat, um optimale Rahmenbedingungen zu gewährleisten. Mit dem Grundsatzbeschluss des Rates der Stadt Bielefeld 2018 zur Wahrnehmung einer aktiven Bodenpolitik sollen die Voraussetzungen für die Bereitstellung von neuen Gewerbeflächen eingeleitet werden. Vielleicht gelingt es, mit Anwendung der neu geschaffenen Baunutzungsverordnung dem urbanen Gebiet eine lebendige Nutzungsmischung für attraktive, neue Stadtquartiere zu schaffen. → 7.07 [ ] **Freizeitstadt – mehr Zeit vor der Tür** → Es ist zu erwarten, dass sich die Arbeitszeiten und die Arbeitsorte stark verändern werden, sodass wir mehr Zeit vor der Haustür verbringen werden, sei es als Spaziergang oder Spazierfahrt mit dem Rad oder einfach auf einer Parkbank auf den Plätzen oder in den Grünzügen. Der öffentliche Raum in der City hat sich bereits seit 2000 stark verändert und lässt mehr und mehr ein Flair entstehen, das bislang nur in eher südländischen Regionen zu finden war. Dieser Trend wird sich sicherlich weiter fortsetzen und den Anforderungsdruck an die Aufenthaltsqualität der öffentlichen Plätze sowie der Park- und Grünanlagen in der Stadt erhöhen. [ ] **Mobilitätswende** → Angestoßen durch den Klimawandel und den Druck zur Reduzierung von Schadstoffemissionen, hat der Rat der Stadt Ende 2018 beschlossen, den Anteil des motorisierten Verkehrs von heute etwa 50 Prozent auf 25 Prozent im Jahr 2030 zu senken. Demnach wird ein gleichberechtigtes Nebeneinander der vier Verkehrsarten

7.07 **Vision für den ehemaligen Güterbahnhof:** *Neue Kristalline Urbane Welt*

7.08 Vision einer gefluteten Stadt mit einem umgebenden Wasserwall

angestrebt: motorisierter Verkehr, ÖPNV, Fahrrad und Fußgänger. Dabei werden auch Visionen einer autofreien Altstadt und eines autofreien Jahnplatzes als Flanieroase geäußert. ← 7.08 Eine weitreichende und zukunftsweisende Idee besteht unter anderem darin, den Lieferverkehr in der Innenstadt durch Lastenfahrräder und kleine E-Transporter abzuwickeln, wobei der ehemalige Güterbahnhof als Umschlagplatz fungieren könnte. Eine weitere Vision könnte auch eine Seilbahn sein, die die Sparrenburg mit dem Johannisberg verbindet. Insgesamt wird die Reduzierung des motorisierten Individualverkehrs – sowohl des fließenden als auch des ruhenden Verkehrs – Auswirkungen auf die Straßenräume haben und damit die große Chance beinhalten, einen Gewinn für die Raumwirkung und die Aufenthaltsqualität der heute noch verlärmten Straßen auszulösen: mehr Raum für Fußgänger und Fahrradfahrer und auch für mehr Stadtgrün. [ ] **Smart City** → Es ist noch gar nicht absehbar, welche Auswirkungen die sich rasant entwickelnde Digitalisierung und die künstliche Intelligenz auf das Bielefelder Stadtbild haben werden. Eine Perspektive wird mit Smart City beschrieben, in der zum Beispiel die Straßenbeleuchtung über Bewegungsmelder geschaltet wird und sich Mülltonnen selbstständig zum Sammelplatz bewegen, sobald sie voll sind und der Abfuhrtermin erreicht ist. Auch wird sich die Arbeitswelt – Stichwort: Industrie 4.0 – stark verändern, weil es künftig nicht mehr zwingend erforderlich sein wird, ganztägig und jeden Arbeitstag im Büro zu sitzen, weil die Verfügbarkeit und der Zugriff auf Informationen ortsunabhängig möglich wird (z.B. Telearbeit und Videokonferenzen). Diese Veränderungen und Nutzungsansprüche an die Stadt sind heute durchaus vorstellbar. [ ] **Einkaufsstadt** → Durch den Internethandel wird sich auch das Einkaufsverhalten in der Zukunft verändern. Dem Bielefelder Einzelhandel ist es bis heute durch kreative Ideen gelungen, mit besonderen Events wie Mitternachtsshoppen oder verkaufsoffenen Sonntagen seine Attraktivität zu erhalten. Vielleicht bietet gerade die Perspektive einer autofreien Altstadt ein hohes Potenzial an Attraktivitätsgewinn. Mit dem konsequenten Einsatz des Instruments des Einzelhandels- und Zentrenkonzepts ist es jedenfalls gelungen, die integrierten Haupt- und Nebenzentren zu stärken. Einzelhandel auf der grünen Wiese konnte damit in Bielefeld vermieden werden. Die Ansiedlung des Einkaufszentrums LOOM in der Fußgängerzone hat bislang – trotz anfänglicher erheblicher Bedenken – zu keinem Verdrängungsprozess der angestammten Einzelhandelsgeschäfte geführt. Im Gegenteil: Die City hat als Ganzes an Attraktivität gewonnen. → 7.09 [ ] **Hochschulstadt** → Es ist absehbar, dass sich der zu beobachtende Strukturwandel in eine Dienstleistungs- und Freizeitgesellschaft fortsetzen wird. Gleichzeitig wird die Stadt als Hochschul- und Wissenschaftsstadt weiterentwickelt und gestärkt. Nachdem mit dem Umzug der Fachhochschule Bielefeld zum Campus Nord und durch Ergänzungsbauten der Universität Bielefeld (Fachgebäude für Experimentalphysik, CITEC, Gebäude X und Hörsaalgebäude Y) → 7.10 der Campus insgesamt bedeutend gestärkt werden konnte – auch mit der Perspektive, Arbeitsplätze im Forschungsbereich zu generieren –, ist jetzt die Entscheidung zur Gründung einer Medizinischen Fakultät getroffen worden, mit der ca. 95 neue Professorenstellen und etwa 2.000 neue Studienplätze geschaffen werden. Zwei Bielefelder Kliniken könnten sich als Universitätskliniken etablieren. [ ] Um Universität und Fachhochschule der Bielefelder Bevölkerung näherzubringen, ist geplant, ein Haus der Wissenschaft im ehemaligen Gebäude der Stadtbibliothek zu eröffnen. Dort sollen alle interessierten Bürgerinnen und Bürger künftig an wissenschaftliche Themen, die in den Hochschulen behandelt werden, herangeführt werden. Es wird an verschiedene Formate wie Ausstellungen, Vorträge und Diskussionsforen gedacht, die die neue Plattform der WissensWerkStadt auch über die Stadtgrenzen hinaus zu einem attraktiven Ziel werden lassen sollen. Damit wird die Stadt in Zukunft intelligenter, studentischer und vielleicht auch forscher. [ ] **Museums- und Kulturstadt** → Bielefeld soll auch weiterhin als Museums- und Kulturstadt wahrgenommen und gestärkt werden. Im Zeitraum von 2019 bis 2021 ist die erforderliche Grundsanierung der Kunsthalle Bielefeld geplant, um anschließend wieder ihre alte Anziehungskraft zu erlangen. Es wäre der Stadt zu wünschen, dass der Plan eines Erweiterungsgebäudes für die Kunsthalle am Adenauerplatz zeitnah realisiert werden kann. Mit der Etablierung des Kunstforums Hermann Stenner im Gebäude der ehemaligen Handwerkskammer ist es dank eines privaten Großinvestors gelungen, für den Bielefelder Maler einen angemessenen Rahmen anzubieten. Nach dem bedauerlichen Rückzug des privaten Sammlers sind die Auswirkungen für die Ausstellungskonzepte noch nicht abschätzbar. Die Hoffnung bleibt, dass dennoch mit der angrenzenden Kunsthalle eine Art Museumsinsel entsteht. Auch für den Ravensberger Park bestehen Ideen der Aufwertung (z.B. Umzug des Naturkundemuseums), um ihn aus seinem Dornröschenschlaf zu erwecken und auch hier eine weitere Museumsinsel zu etablieren. → 7.11 [ ] **Willkommensstadt – bunt, weltoffen und sozial** → Gerade in der nach wie vor aktuellen Flüchtlingsthematik hat sich Bielefeld eindeutig positioniert und als Willkommensstadt erklärt, um ein klares Signal zu setzen, dass Menschen mit Migrationshintergrund eingeladen sind, hier zu bleiben. Hierfür gilt es auch in der

7.09 **Bielefelds WissensWerkStadt in Planung**

7.10 **Entwurf des Hörsaalgebäudes Y der Universität Bielefeld, 2019**

7.11 **Bielefeld ist bunt und weltoffen.**

Zukunft zu werben und die erforderlichen offenen Strukturen zu erhalten und auszubauen. [ ] Die v. Bodelschwinghschen Stiftungen haben sich seit mehr als zwanzig Jahren von der Idee einer isolierten Anstalt gelöst und im Sinne der Inklusion ihre Einrichtungen und Standorte in der Gesamtstadt verteilt. Gleichzeitig hat sich Bethel zunehmend auch für bisher ›bethelfremde‹ Nutzungen geöffnet, wodurch sich Gadderbaum mehr und mehr zu einem gemischten Stadtteil entwickelt. Dieser Veränderungsprozess ist noch lange nicht abgeschlossen. In Eckhardtsheim wird der Wandel mit einer städtebaulichen Rahmenplanung gerade eingeleitet und begleitet. [ ] Nicht unerwähnt bleiben darf in diesem Kontext auch das soziale Engagement des Evangelischen Johanneswerks, das zusammen mit den v. Bodelschwinghschen Stiftungen eine der größten diakonischen Einrichtungen in NRW ist. Einen sicheren und erschwinglichen Wohnstandort garantieren unter anderem auch die BGW und die Baugenossenschaft Freie Scholle, die mit ihren Wohnkonzepten ein lebenslanges Wohnen (z.T. mit Pflegegarantie) ermöglichen. Hierdurch werden lebendige Nachbarschaften mit einem natürlichen Mix von Jung und Alt – gleichgültig, ob gesund, mit Handicap oder pflegebedürftig – unabhängig von Hautfarbe oder Herkunft gesichert. Dies ist ein hohes Gut, auf das die Stadt Bielefeld mit Recht stolz sein darf. Um den in den letzten Jahren vernachlässigten sozialen Wohnungsbau zu stärken, hat der Rat der Stadt Bielefeld beschlossen, in neuen Bebauungsplänen für Wohnstandorte einen Mindestanteil von 25 Prozent Sozialwohnungen zu sichern. Zusätzlich wurde 2018 der Grundsatzbeschluss für eine aktive Bodenpolitik gefasst. Voraussetzung für die Stadtentwicklung ist seitdem, dass nur noch dann Flächen entwickelt werden, wenn die Stadt selbst Eigentümer von mindestens 50 Prozent der Flächen ist. Hierdurch soll in erster Linie der Gestaltungseinfluss der Stadt gestärkt werden: zur Sicherstellung einer sozial verträglichen Preisentwicklung und einer hohen städtebaulichen und architektonischen Qualität.

Resümee

Bielefeld steht vor der großen Herausforderung, die genannten Nutzungsanforderungen an die Stadt durch vorausschauende Planung und hohen Anspruch an die Architektur- und Stadtbauqualität in die richtigen Bahnen zu lenken. Mit konsequenter Anwendung der neu zu entwickelnden Baulandstrategie besteht die Chance, lebendige urbane Stadtquartiere mit einer verträglichen Nutzungs-

7.12 Blick über Gewerbegebiete am Ostring mit ehemaligem Erdbeerfeld. Hierfür hat das Bauamt in Zusammenarbeit mit dem Planungsbüro Enderweit + Partner das Planungsrecht geschaffen.

mischung aus Wohnen, Arbeiten und Freizeitgestaltung zu schaffen. Als Vorbild für diese Mischung könnte das Quartier Dürkopp Tor 6 dienen, das auf Grundlage des städtebaulichen Entwurfs der Architektin Ulla Schreiber als Beitrag zur EXPO 2000 realisiert wurde. Mit einer Aufwertung des Bielefelder Stadtbildes kann Bielefeld seine Attraktivität als Wohn- und Arbeitsstandort aufwerten und so im Konkurrenzkampf der Städte profitieren. [ ] Es wird auch in Zukunft ein entscheidender Faktor für die wirtschaftliche Entwicklung und Stärkung der Stadt als Wirtschaftsstandort sein, für die ansässigen Gewerbebetriebe wie auch für Neuansiedlungen von Unternehmen optimale Standortbedingungen zu schaffen. → 7.12 Hiervon profitiert letztlich auch der finanzielle Handlungsspielraum der Stadt. Für eine zukunftsweisende und nachhaltige Stadtentwicklung ist eine gesamtstädtische Vision mit einem positiven Leitbild erforderlich, das von allen Interessengruppen und unabhängig von ihrer Parteizugehörigkeit mitgetragen wird. Es erscheint erstrebenswert, mit der Stadtgesellschaft einen parteiübergreifenden, offenen Diskurs über die weitere Entwicklung der Stadt mit dem Ziel einer qualitätsvollen Baukultur zu führen, damit Bielefeld auch für künftige Generationen lebenswert ist.

Erziehung und Bildung

Bernd Lange
Christoph Maurer
Kirill Starodubskij

Erziehung und Bildung

→ 206
CITEC (Cognitive Interaction Technology)

→ 202
Städt. Max-Planck-Gymnasium

→ 208
Fachhochschule Bielefeld

→ 217
Studierendenwerk Bielefeld

→ 205
Almsporthalle

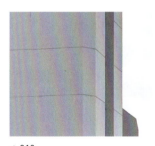
→ 212
Universität Bielefeld

→ 219
Gebäude X der Universität Bielefeld

→ 216
Medizinische Fakultät der Universität Bielefeld

→ 221
Experimentalphysikgebäude der Universität Bielefeld

Städt. Max-Planck-Gymnasium

Stapenhorststraße 96
33615 Bielefeld

Einige Gebäudebereiche des in den 1950er-Jahren errichteten Max-Planck-Gymnasiums waren mit Asbest verseucht und mussten grundlegend saniert werden. Die G8-Schulreform und die Einführung des gebundenen Ganztags erforderten zusätzlichen Raum. Deshalb schrieb der ISB der Stadt Bielefeld 2009 einen nicht offenen Wettbewerb aus, dessen zweiter Preisträger, die Bielefelder brüchner-hüttemann pasch bhp Architekten + Generalplaner GmbH in Zusammenarbeit mit Prof. Köpke (1939–2018), den Auftrag der Bauausführung erhielt. Von 2010 bis 2014 dauerten Planung und das Bauen im Bestand. Der alte Haupteingang wurde vom Park zur Melanchthonstraße verlegt, wo er in das Neue Forum führt, dem Mensa, Cafeteria und der Musikbereich zugeordnet sind. Durch die Verwendung moderner Baumaterialien wie Beton, Metall und Glas sowie von Klinkern und der Farbe Blau werden die neuen Bauteile des Gymnasiums akzentuiert und stehen so in einem angemessenen Verhältnis zu den alten Gebäudeteilen.

Almsporthalle

Stapenhorststraße 102
33615 Bielefeld

Die 1963 an der Melanchthonstraße 31 errichtete Almsporthalle galt als nicht mehr sanierungsfähig. Deshalb wurde 2016 beschlossen, eine neue Dreifachsporthalle samt einer Tribüne mit ca. 300 Sitzplätzen, einer Einfachsporthalle sowie einem Lehrschwimmbad mit Einzel-, Familien- und Sammelumkleiden nach den Plänen der Düsseldorfer POS4 Architekten Generalplaner zu errichten. Bauherr war im Auftrag der Stadt Bielefeld die Pellikaan Bouwbedrijf B.V. aus dem niederländischen Tilburg. Im Februar 2017 begannen unter der Leitung des Bielefelder Projektmanagementunternehmens Constrata in Zusammenarbeit mit dem ISB die Bauarbeiten, im Juni 2018 wurde der futuristisch wirkende Neubau mit viel Glas und Aluminium eröffnet. Das 10,3 Millionen Euro teure Sportzentrum wird von Schülerinnen und Schülern der Bosse-Realschule, des Max-Planck-Gymnasiums, der Gertrud-Bäumer-Realschule und der Bültmannshofschule sowie von Sportvereinen genutzt, das Foyer steht auch für andere Veranstaltungen zur Verfügung.

CITEC (Cognitive Interaction Technology)

Inspiration 1
33619 Bielefeld

Mit dem Exzellenzcluster CITEC (Cognitive Interaction Technology), das im Juli 2013 das neu errichtete Forschungsgebäude gegenüber der Fachhochschule Bielefeld bezog, etablierte sich die Universität Bielefeld an der Weltspitze der Roboterforschung. Das Gebäude mit einer Gesamtfläche von 5.300 m² wurde durch das Aachener Beratungs- und Planungsunternehmen Carpus + Partner konzipiert. Kern des Gebäudes ist ein fächerübergreifendes Zentrallabor, in dem kognitive Interaktionsprozesse mit modernster Instrumentalisierung erforscht werden. Jedes Labor ist von sieben weiteren Laboren und Kommunikationsbereichen umgeben, in denen etwa 250 Forschende aus ca. 20 Forschungsgruppen ihre Ergebnisse zusammenführen und sich austauschen können. Das Gebäude mit der schwarzen, im Sonnenlicht glitzernden Außenverkleidung ist durch seinen geradlinigen Baustil und seine variierenden Geschosshöhen geprägt. Eine offene Atmosphäre wird durch transparente Wandbauteile und verglaste Innenhöfe gewährleistet.

Fachhochschule Bielefeld

Interaktion 1
33619 Bielefeld

Günstige wissenschaftspolitische Konstellationen in Bielefeld und der Hochschulpakt zwischen Bund und Ländern, der von 2007 bis 2015 ca. 19 Milliarden Euro für die Schaffung neuer Studienplätze vorsah, führten 2006 zu der Entscheidung, für die fünf in Bielefeld verteilten Fachhochschulstandorte einen Ersatzneubau auf dem ursprünglich als Erweiterungsgebiet der Universität vorgesehenen Gelände Lange Lage zu errichten. Den 2008 vom Bauherrn BLB NRW ausgeschriebenen anonymen Wettbewerb gewann das Stuttgarter Architektenbüro Auer + Weber + Assoziierte, Ende 2009 begannen die Bauarbeiten. Im Sommer 2015 wurde der Neubau eröffnet, dessen homogenes Erscheinungsbild nach dem Konzept des Wiener Künstlers Josef Schwaiger durch einen freien Wechsel von transparenten und opaken farbigen Fassadenelementen entstand. Die neue Hochschule hat 31.500 m² Hauptnutzfläche mit 2.000 Räumen, darunter 16 Hörsäle und mehr als 220 Seminarräume, die 200 Meter lange Magistrale, eine Bibliothek und eine Cafeteria.

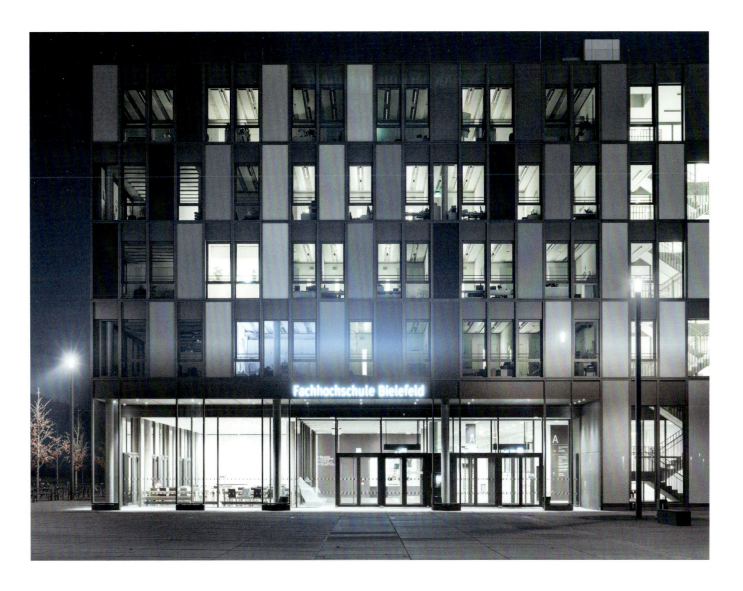

Universität Bielefeld

Universitätsstraße 25
33615 Bielefeld

Die Universität Bielefeld, mit einer Grundfläche von 314.000 m² eines der größten zusammenhängenden Gebäude Europas, wurde 1969 gegründet und bis 1976 nach Plänen der Berliner Architektengemeinschaft (Klaus Köpke, Wolf Siepmann, Helmut Herzog, Katte Töpper) errichtet. Sie ist heute mit etwa 25.000 Studierenden die größte Forschungseinrichtung in OWL. Das machte auch bauliche Expansionen (Gebäude X, Experimentalphysik, CITEC u.a.m.) und eine umfassende Sanierung des in die Jahre gekommenen Universitätshauptgebäudes erforderlich. Nach Inbetriebnahme des Gebäudes X im Sommer 2014 begannen die Bauarbeiten. Bis Herbst 2019 sind die voraussichtlichen Gesamtkosten von zunächst 658 Millionen auf 1,3 Milliarden Euro gestiegen, die vollständige Gebäudesanierung wird statt der geplanten 13 nun 27 Jahre dauern. Für die Umsetzung des Planungsentwurfs der Düsseldorfer Architekten RKW Rhode Kellermann Wawrowsky ist seit Sommer 2019 die Dortmunder Niederlassung der Ed. Züblin AG verantwortlich.

Erziehung und Bildung

Medizinische Fakultät der Universität Bielefeld

Morgenbreede 1
33615 Bielefeld

Seit Anfang 2016 hat die Bielefelder Gesellschaft für Wohnen und Immobiliendienstleistungen mbH (BGW) als Bauherr das vom Land NRW geförderte Innovationszentrum Campus Bielefeld (ICB) nach Plänen des Bielefelder Architekturbüros Spornitz & Partner errichtet. Es war für technologieorientierte Start-ups vorgesehen und bietet auf 8.200 m² Nutzfläche Büros, Labore, Werkstätten und Konferenzräume. 2017 hatte das Land NRW die Gründung einer Medizinischen Fakultät in Bielefeld beschlossen, in der im Endausbau 2.000 Studierende, ca. 100 Professorinnen und Professoren und etwa 500 Mitarbeiterinnen und Mitarbeiter tätig sein werden. Im Juli 2019 wurde das ICB eröffnet – mit der Universität und ihrer Medizinischen Fakultät als Hauptmieter, die sich in ihrem Forschungsbereich Menschen mit Behinderungen und der Entwicklung von Assistenzsystemen widmen wird. 2020 hat die Universität das ICB erworben und wird bis 2025 an der Morgenbreede und der Kompetenz weitere Hörsaal- und Laborgebäude errichten.

Studierendenwerk Bielefeld

Morgenbreede 2–4
33615 Bielefeld

Im Januar 2012 war Baubeginn des von crayen + bergedieck architekten stadtplaner BDA entworfenen Verwaltungsgebäudes des Studierendenwerks Bielefeld, das mit den Tätigkeitsbereichen Hochschulgastronomie, Studienfinanzierung, studentisches Wohnen und Kinderbetreuung bis Anfang 2013 noch in einem Teil des Universitätsgebäudes untergebracht war, das derzeit saniert wird. Der neue, viergeschossige, knapp 6,3 Millionen Euro teure Baukörper, in dem auf einer Gesamtfläche von ca. 4.200 m² etwa 50 Mitarbeiterinnen und Mitarbeiter, buchbare Seminar- und Tagungsräume, ein Bistro und Praxisflächen einer Psychologin Platz finden, definiert nun einen neuen Eingang zum Universitätscampus über die Morgenbreede. Im Zusammenspiel mit dem Neubau des ursprünglichen Innovationszentrums des Campus Bielefeld (ICB), der nunmehr für die neue Medizinische Fakultät genutzt werden wird, betonen die ›runden Ecken‹ der Gebäude einen neuen Zugang zum expandierenden Hochschulcampus Bielefeld.

Gebäude X der Universität Bielefeld

Universitätsstraße 25
33615 Bielefeld

Anlass für die Errichtung des Gebäudes X war ursprünglich die seit Jahren geplante Sanierung des Universitätshauptgebäudes, die ursprünglich im Rotationsprinzip ablaufen sollte. Diese Planungen wurden fallen gelassen. Nach einem Planungswettbewerb beauftragte der Bauherr BLB NRW Bielefeld die Architektengemeinschaft agn Niederberghaus & Partner GmbH aus Ibbenbüren mit der Architektur- und Generalplanung. 2011 begannen die Bauarbeiten, Mitte 2014 wurde das Gebäude mit der zentralen Mensa für Fachhochschule und Universität eröffnet. Im 2. bis 4. Obergeschoss befinden sich die Fakultät für Geschichtswissenschaft, Philosophie und Theologie und die Fakultät für Soziologie mit ihren Fachbibliotheken sowie weitere Universitätseinrichtungen. Das ressourcenschonende, energieeffiziente Gebäude, unter dem sich zwei Parkebenen befinden, wurde aus seriell gefertigten Bauelementen mit einer frischfarbig wirkenden Fassade errichtet und verfügt über acht Hörsäle und 21 Seminarräume.

Experimentalphysikgebäude der Universität Bielefeld

Konsequenz 43
33615 Bielefeld

Angesichts der erforderlichen Modernisierung der Universität Bielefeld und der damit verbundenen Erschütterungen durch Abbruch- und Bauarbeiten im Bestand war in der Universität und im NRW-Wissenschaftsministerium bereits 2012 die Entscheidung gefallen, an der Konsequenz (ehemals Morgenbreede) zwischen dem Gebäude der Verhaltensforschung und der zu verlegenden Finnbahn ein neues Laborgebäude für die Experimentalphysik zu errichten, das bis zu 40 cm dicke Decken und Fußböden gegen Schwingungen und Schall erhalten und ausreichend Platz für Großgeräte und Tageslichtschutz bieten sollte. Das zweistöckige Gebäude hat ca. 1.293 m^2 Nutzfläche, davon 1.096 m^2 für Labore; es ist etwa 35 m tief und 20 m breit. Bauherr war der Bau- und Liegenschaftsbetrieb NRW Bielefeld, der Generalplaner die Carpus + Partner AG, Aachen. Der Baubeginn war im Mai 2013, die Grundsteinlegung am 4. Juli 2013 und zwei Jahre später als vorgesehen wurde der 13 Millionen Euro teure Neubau im Juni 2016 eröffnet.

Gesundheits-, Sozial- und Rettungswesen

Felix Bernhard
Daria Gatska
Kirill Starodubskij
Till Stürmann

Gesundheits-, Sozial- und Rettungswesen

→ 224
Brockensammlung der v. Bodelschwinghschen Stiftungen Bethel

→ 226
Hauptverwaltung der v. Bodelschwinghschen Stiftungen Bethel

→ 227
Dreifachsporthalle der v. Bodelschwinghschen Stiftungen Bethel

→ 228
Franziskus Hospital Bielefeld

→ 230
Feuer- und Rettungswachen

→ 232
Klinikum Bielefeld

Brockensammlung der v. Bodelschwinghschen Stiftungen Bethel

An der Tonkuhle 1
33617 Bielefeld

»Sammelt die übrigen Brocken, auf dass nichts umkomme.« Mit diesem Leitspruch aus dem Johannes-Evangelium haben die 1867 gegründeten v. Bodelschwinghschen Anstalten (heute Stiftungen) 1890 mit der Brockensammlung begonnen, für die 1891 ein eigenes Gebäude am Saronweg errichtet wurde. 2014 wurde das alte Ziegelgebäude abgerissen und mit dem Bau eines neuen Gebäudes An der Tonkuhle 1 begonnen. Der barrierefreie Neubau wurde von der Bielefelder brüchner-hüttemann pasch Architekten + Generalplaner GmbH realisiert. 2016 zog die Brockensammlung in das zweigeschossige, durch große Schaufenster lichtdurchflutete Gebäude um, das etwa 1.000 m² Verkaufsfläche bietet. Die Fassade besteht aus grünen Metallstäben mit silbernen Akzenten, der alte Leitspruch ziert wieder den Eingang. Zeitgemäß liefert eine Photovoltaikanlage auf dem Dach die benötigte Energie, verbesserte Parkmöglichkeiten gewährleisten gute Erreichbarkeit – das neue Bethel ist grün.

Hauptverwaltung der v. Bodelschwinghschen Stiftungen Bethel

Königsweg 1
33617 Bielefeld

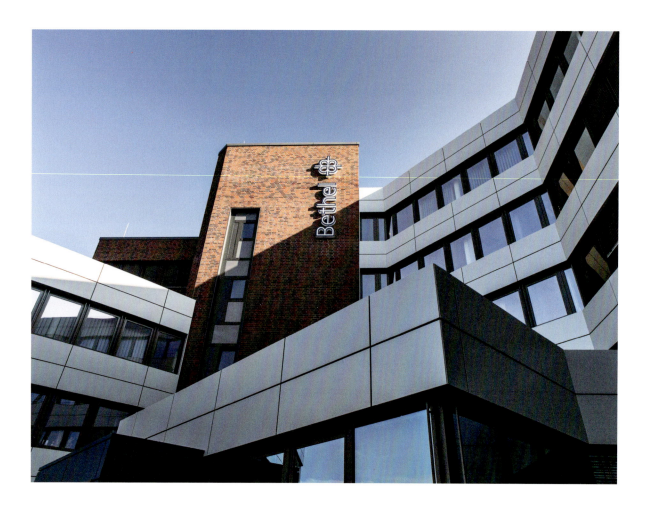

Wegen der Veränderungen im Gesundheitswesen, in der Psychiatrie und in der Sozialhilfe befinden sich die v. Bodelschwinghschen Stiftungen seit Ende der 1990er-Jahre in einem Umstrukturierungsprozess mit dem Ziel einer Entwicklung von der Anstalt zum Stadtteil, für die in Bethel bereits 2001 und in Bielefeld 2006 die Rahmenplanung beschlossen wurde. 2008 wurde das Förderprogramm Stadtumbau West aufgelegt, bei dem ein integriertes städtebauliches Entwicklungskonzept (ISEK) erarbeitet wurde, das auch für Bethel gilt. Konzeptuell, inhaltlich und baulich Überaltertes wird nach einem Gestaltungswettbewerb 2008, den die Arbeitsgemeinschaft De Zwarte Hond/Breimann & Bruun aus Groningen gewann, nach deren Plänen beseitigt, saniert oder nach modernen Konzepten neu gebaut. Von 2013 bis 2015 wurde auch die Hauptverwaltung aus den 1970er-Jahren vom Immobilienbetrieb Bethel saniert und energetisch modernisiert, die Bielefelder Landschaftsarchitekten Peters + Winter gestalteten die Freianlagen.

Dreifachsporthalle der v. Bodelschwinghschen Stiftungen Bethel

Quellenhofweg 69
33617 Bielefeld

Der Umstrukturierungsprozess der v. Bodelschwinghschen Stiftungen Bethel betrifft auch die Bereiche Schulsport, sporttherapeutische Angebote für Menschen mit Behinderungen, den Betriebssport und Sportvereine. In Ergänzung der Dreifachhalle der Friedrich-v.-Bodelschwingh-Schulen und als Ersatz für die zu kleinen und nicht renovierungsfähigen Turnhallen am Zionsberg und an der Mamre-Patmos-Schule wurde im Februar 2016 neben der Schule nach Plänen der Bielefelder Kenterplan Architekten und in Zusammenarbeit mit dem Immobilienmanagement Bethel mit den Bauarbeiten für die neue 60 mal 31,5 Meter große Halle begonnen. Bereits im Oktober 2017 konnte die 3,7 Millionen Euro teure Halle mit einer Nutzfläche von 2.140 m² in Betrieb genommen werden. Durch ihre geringe Höhe von sechs Metern und die grüntönige Fassadengestaltung fügt sie sich harmonisch in das abschüssige Gelände ein. Zur Schule gelangt man durch einen barrierefreien, breiten Glasgang, der Haupteingang liegt am Quellenhofweg.

Franziskus Hospital Bielefeld

Kiskerstraße 26
33615 Bielefeld

Das 1869 auf Initiative des Pfarrers Johann Casper Heinrich Plantholt (1802–1871) am Bürgerweg (heute Stapenhorststraße) gegründete Franziskus Hospital Bielefeld ist auch im 150. Jahr seines Bestehens in katholischer Trägerschaft. Das 1871 errichtete Krankenhaus wurde 1982 durch einen Neubau ersetzt, der in den letzten Jahren kontinuierlich ausgebaut und modernisiert wurde. So wurden seit 2013 unter anderem zahlreiche Stationen saniert, medizinische Geräte erneuert, die Digitalisierung vorangetrieben, ein Bewegungsbad eingerichtet, der Eingangsbereich umgebaut, eine neue zentrale Notfallambulanz im Innenhof errichtet, das Gebäude um eine Etage aufgestockt und ein neuer Fahrstuhl angebaut – perfekter Ausbau auf kleinstem Raum an der Kiskerstraße. Das Hospital behandelt pro Jahr etwa 15.000 Patientinnen und Patienten, ist seit 2003 akademisches Lehrkrankenhaus der Medizinischen Hochschule Hannover und Kooperationspartner der Medizinischen Fakultät der Universität Bielefeld.

Gesundheits-, Sozial- und Rettungswesen

Feuer- und Rettungswachen

Feuer- und Rettungswache Nord
Herforder Straße 457
33609 Bielefeld

Hauptfeuerwache
Am Stadtholz 18
33609 Bielefeld

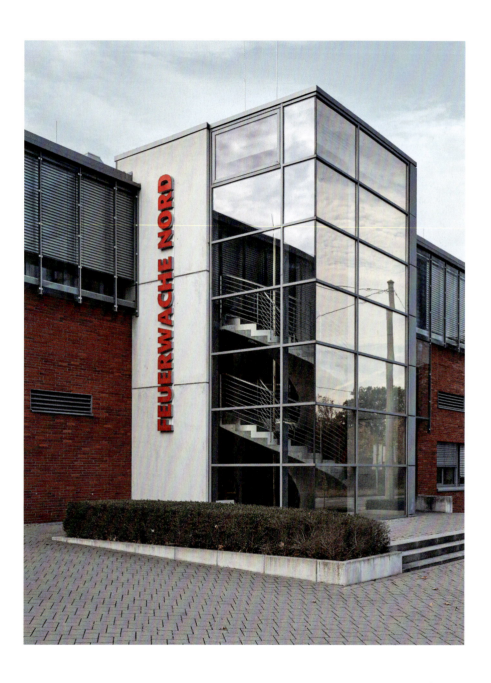

Die Feuerwehr Bielefeld besteht aus freiwilliger Feuerwehr (seit 1860), Berufsfeuerwehr (seit 1899), dem Rettungsdienst und dem Feuerwehr-Musikzug (seit 1956). Die mehr als 300 hauptamtlichen und über 800 freiwilligen Feuerwehrleute versehen ihren Dienst in vier Wachen der Berufsfeuerwehr und 28 Löschabteilungen der freiwilligen Feuerwehren. 1958 bezog die Berufsfeuerwehr ihre damals neue Hauptfeuerwache am Stadtholz 18, die im Jahr 2000 nach Plänen der Bielefelder Architekten Wannenmacher + Möller von der Bielefelder Baugesellschaft Sudbrack mbH um einen zeitgemäßen Neubau erweitert wurde; weitere Neubauten an verschiedenen Standorten sind in Planung. Der Neubau des Multifunktionsgebäudes der Feuerwache Nord mit einer Nutzfläche von 3.000 m², von dem aus die Haupteinsatzgebiete Brake, Milse, Altenhagen und Heepen abgedeckt werden, wurde nach Plänen des Bielefelder Architekten Helmuth Wendler im November 2009 eröffnet.

Klinikum Bielefeld

Teutoburger Straße 50
33604 Bielefeld

Das erste Bielefelder Krankenhaus wurde 1843 in einem alten Schulgebäude unterhalb des Sparrenbergs eingerichtet und zog 1845 in einen Neubau am Niederwall. Wegen Platzmangels entschied man sich 1897 für einen Neubau an der Oelmühlenstraße, der 1899 eröffnet wurde. Seit den 1950er-Jahren nahm die Kritik an den Gebäuden der Städtischen Krankenanstalten erneut zu. 1970 schrieb die Stadt deshalb einen Architektenwettbewerb aus, durch den das Architekturbüro Novotny-Mähner Assoziierte in Offenbach am Main mit einem Neubau beauftragt wurde, der infolge der Ölkrise erst 1978 begann. Nach achtjähriger Bauzeit wurde das neue ›Krankenhochhaus‹ eröffnet und die alten Gebäude wurden bis auf das frühere Haupteingangs-gebäude und die Einsegnungskapelle (Capella Hospitalis) abgerissen. Die Moderne begann 2016: An der Oelmühlenstraße wurde bis 2018 über dem ehemaligen Luftschutzbunker Nr. 3 das von crayen + bergedieck architekten stadtplaner BDA geplante neue Ärztehaus am Campus Gesundheit errichtet.

1 Vgl.: https://www.strassen.nrw.de/de/projekte/a33/lueckenschluss-bielefeld-borgholzhausen.html (26. August 2019). 2 Vgl. https://www.nw.de/lokal/bielefeld/mitte/20721304_Keine-Grossstadt-in-NRW-waechst-so-schnell-wie-Bielefeld.html (24. März 2019). 3 Das trifft auch auf die Gestaltung der Bauten zu, die die Bourgeoisie errichtete. 4 Michael Zirbel, Leiter des Fachbereiches Stadtplanung der Stadt Gütersloh, in einem Plädoyer für die Einrichtung von Gestaltungsbeiräten, in: *Beiräte für Stadtgestaltung in Nordrhein-Westfalen. Beispiele aus der Praxis*, S. 41. Vgl. https://stadtbaukultur-nrw.de/site/assets/files/1243/beiraete stadtgestaltung.pdf (10. Oktober 2019).

Mehrdeutigkeit gestalten
Zur Notwendigkeit einer bedürfnisgerechten Baukultur in Bielefeld

Lucia Thiede

»Aus so krummen Holze, als woraus der Mensch gemacht ist, kann nichts ganz Gerades gezimmert werden« (Immanuel Kant). [ ] Bis vor Kurzem endete die A 33 in Bielefeld mit an Pfosten gelehnten Leitplanken mitten in einer matschigen Wiese. Ein paar Kilometer fehlten noch, um die Lücke zu schließen.[1] Wer diese Asphaltkante passiert, ist längst umringt von anderen einförmigen Ausfahrten, die ebenso abrupt im stockenden Stadtverkehr enden wie zuvor die Autobahn, ehe bunte Werbeflächen, ausgelastete Parkplätze, Geschäftsauslagen und angedeutet kultivierte Grünanlagen den Verkehr anreichern. Über dem wuchtigen »Ossi« dreht sich ein ums andere Mal gravitätisch das Emblem Dr. Oetkers um die eigene Achse. In manchem Fahrzeug feilschen gleich mehrere Navigationsgeräte um den geschicktesten Weg aus der festgefahrenen Hektik. Wohin führt das alles? In das Zentrum der Stadt, zu den Schulen, in die Ausfallstraßen und Gewerbegebiete, deren betonierte Profanität suggeriert, dass in Ostwestfalen der Bedarf an Autos genauso wenig befriedigt ist wie das Verlangen nach Baustoffen

8.01 **Die Stadtwerke und die Anlage der Firma Miele sind bis heute hinter dem Hauptbahnhof und dem neu entstandenen Bahnhofsviertel (links) zu finden.**

und Fast Food. Bielefeld wächst in einem rasanten Takt.² ← 8.01 Die Gebäude, die den Industriehallen des 19. Jahrhunderts vorgezogen werden, haben diese an Funktionalität unverhofft übertroffen. Ihr ökonomisches Paradigma hat eine Struktur ausgebildet, die beweist, dass gesichtslose Gestaltung sehr laut sein kann. Während im Zentrum der Stadt die divergenten Eindrücke suggerieren, dass es möglich ist, Bielefeld schön zu finden, solange man nicht danach fragt, warum, erscheint jede Variation des Eindrucks in den Außenbezirken irritierend. → 8.02 Beinahe rührend muten die Gartenstühle zwischen einem Drive-in und der Ausfahrt einer Waschstraße an. Und die zarte Teichbepflanzung des Porsche Zentrums steht mit den SUVs in subtilem Kontrast. Das fällt besonders auf, da sich schon hinter der nächsten Kurve Erdbeerfelder und Wiesen erstrecken. Die Gestaltung der Stadt ist häufig nicht anhand ästhetischer, sondern funktioneller Kriterien umgesetzt worden. Wirtschaftliche Absichten und die Prämisse des Vorwärtskommens haben in Bielefeld die Baukultur geprägt. Die Gebäude der Spinnereien zeugen davon ebenso wie die gründerzeitlichen Wohnhäuser, in denen heute oft mehrere Familien, junge Bielefelderinnen und Bielefelder, aber auch Unternehmen und Initiativen untergebracht sind. Auch die fragwürdige Brückenanlage des Ossis oder das ausgelassen profane Universitätsgebäude, das zu Bielefeld wie die Studierenden selbst gehört, sind unter anderem entstanden, um Bielefelds Wirtschaft zu stärken. Das Maß an Schönheit unterscheidet sich bei diesen Gebäuden erheblich. »Einer Stadt eine ansprechende städtebauliche Form zu geben, war in den Zeiten des Feudalismus ein teures Hobby der jeweiligen Landesherren, hat aber zu beeindruckenden Ergebnissen geführt, die sich heute in Lehrbüchern als vorbildhafter Städtebau wiederfinden.³ Diese Zeiten sind vorbei.«⁴ Die Auffassung einer funktionalen Gestaltung gewerblicher Architektur hat sich ebenfalls verändert. Das Engagement liquider Bürger war an die Bedingung geknüpft, Einrichtungen privat betreiben zu können, die heute meistens staatlich geführt werden: z.B. Schulen, weitere Bildungsstätten, Museen. Auch der kirchliche Einfluss hat sich

8.02 **Eine Passage zwischen zwei Gebäudekomplexen des Möbelhauses Zurbrüggen in der Herforder Straße**

in den vergangenen Jahrzehnten verringert. Am bedeutsamsten scheint es jedoch, dass die wirtschaftliche Kraft, die der primäre Beschäftigungssektor hervorbrachte, sich heute auf den Dienstleistungssektor verlagert hat.

Ressourcen nutzen und schaffen

Die Industrialisierung konfrontierte im 19. Jahrhundert die häufig in Armut lebenden ansässigen Heimarbeitenden und Bauernfamilien mit der Mechanisierung der Gewerbe. Als Reaktion auf die technischen Innovationen wurde die Spinnerei Vorwärts gegründet. Es dauerte, bis man die hervorragenden Ergebnisse und die weitere Mechanisierung des Textilgewerbes anerkannte. [ ] Doch Betriebe wie die Ravensberger Spinnerei bewiesen ein ums andere Mal, dass sich Offenheit für Neues bewährte. Strudelartig griffen die Erfordernisse und die Angebote ineinander: Rohstoffe, Maschinen, Waren und deren Transport bedingten sich wechselseitig und die erforderliche Infrastruktur war wiederum nur durch die Produktionsschwerpunkte zu verwirklichen. Die Verfügbarkeit von Ressourcen stellte einen entscheidenden Faktor für die Lebensqualität der Menschen dar. Die Märzrevolution 1848 zeugte davon und beeinflusste auch die Werte der Menschen zur Zeit der Industrialisierung. Die Forderungen verbargen eine gewisse Ambivalenz nicht: Einerseits verlangten sie die Volksbewaffnung, andererseits Schutz, Regulation und Orientierung durch eine externe Instanz. Die Revolution wurde gerade von denen vorangetrieben, deren Stimmen bis dato wenig gehört worden waren. Ihre Anhängerinnen und Anhänger identifizierten sich mit Eigenschaften wie Strebsamkeit, Fleiß, Loyalität und vor allem mit einer Einstellung des Zusammenhalts. Die Revolution scheiterte zwar, doch die Ideologie blieb erhalten und bot den Kontext für eine Entwicklung der Industrie, die mehr Gestaltbarkeit versprach. Auf der anderen Seite bot der Wirtschaftsfokus eine Möglichkeit, Unsicherheiten in Tatkraft zu verwandeln und Macht anhand von Einfluss zu demonstrieren. Die Arbeitenden sorgten dafür, dass aus der Industrialisierung kein Phänomen, sondern ein Prinzip wurde. Die Etymologie des Wortes ›Industrie‹ gibt Aufschluss über die fortwährende Entwicklung, die wesentlich an die Haltung der ›Instruierten‹ gebunden ist, etwas zu errichten

8.03 **Blick vom Neuen Bahnhofsviertel auf den Hauptbahnhof**

und sich gleichzeitig darin einzufügen.⁵ Diese Ideologie ging mit der Gestaltung der Stadt als Industriestadt einher. Sämtliche Eindrücke zeugten von der wirtschaftlichen Potenz Bielefelds. Die Repräsentation der Bürgerinnen und Bürger blieb dabei nicht aus, weil diese sich mit der rasanten Veränderung der Stadt identifizierten und die baulichen Elemente als Symbole der Verbundenheit annahmen. Der Wandel der Industrie war enorm, bildete aber bestehende ideologische Strukturen ab: Offenheit für Neues, Ordnung, Fleiß, Loyalität und Solidarität. Dadurch forderte die industrielle Bewegung Werte, die schon vor und während der Revolution vertreten worden waren. Die Eindrücke der neuen Baukultur wurden Teil der Atmosphäre Bielefelds. Und andersherum: Die industrielle Atmosphäre nahm sich der Ideologie der Revolution und der vorindustriellen Gesellschaftsstrukturen an. Nicht zufällig präsentierten sich die Firmengebäude industriemonarchisch und deuteten alte Symbole im Sinne der Wirtschaft. Die Ravensberger Spinnerei ist ein Beispiel für das Aufgreifen traditioneller Bauelemente und auch der Hauptbahnhof ← 8.03 weist sie, sogar sakral anmutend, auf. Durch eine geschickte Synchronisation der Tagesabläufe schuf der Arbeitsalltag überregional einen auch ideologischen Rahmen: Glocken läuteten die Arbeitenden zur Schicht wie zu einem Gottesdienst.⁶ Jeweils eine Uhr ersetzte das üblicherweise an der Fassade angebrachte Wappen.⁷ Die Maschinen gaben nun den Takt vor. Die Höhe der Schlote zeugte von dem wirtschaftlichen Einfluss eines Betriebes; das war zuvor Kirchtürmen vorbehalten. Lichter der gerade entwickelten Glühbirnen sowie die gläsernen Kuppeln wecken sakrale oder aufklärerische Assoziationen, wenngleich sie zur Sicherheit und zeitlosen Effizienz erfunden und etabliert worden waren. Das Bild der industriellen Überlegenheit des Menschen gegenüber den Elementen wurde vielfach betrachtet. Funktionalität wurde zum Ideal und da Normen als Synchronisationswerkzeuge funktional wirken, erwies sich die Gleichförmigkeit der architektonischen Elemente im Baukastensystem⁸ zugleich als kostensparend und stimmte die Arbeitenden auf eine gewisse Konformität ein, die auch

5 ›Industrius‹ kommt aus dem Lateinischen und bedeutet so viel wie regsam, beharrlich und das Wort ›instruere‹, verwandt mit dem deutschen Begriff ›instruieren‹, kann mit einfügen, errichten, ausrüsten oder herrichten übersetzt werden. Seit der Mitte des 18. Jahrhunderts wird der Begriff im Sinne von Gewerbefleiß gebraucht. Vgl. https://de.pons.com/übersetzung/latein-deutsch/instruere sowie: https://www.duden.de/rechtschreibung/Industrie (18. Oktober 2019). **6** Vgl. *Fabrikordnung der mechanischen Baumwollspinnerei und Weberei in Augsburg*, 10. Juli 1840, in: Bernhard Weidner: *Sozialdisziplinierung in der Industrialisierung*, Hamburg 2015, S. 52; sowie Axel Föhl, Manfred Hamm: *Die Industriegeschichte des Textils*, Düsseldorf 1988, S. 100. **7** Vgl. Reinhard Vogelsang: *Bielefelds Weg ins Industriezeitalter*, Bielefeld 1986, S. 18; sowie Föhl, Hamm: *Die Industriegeschichte*, S. 158. **8** Ebd., S. 102.

positiv auf das Zusammenleben wirkte, da sie die Wahrscheinlichkeit für Resonanz erhöhte. Sogar die Öffnung mancher ehemals bürgerlicher Privilegien festigte diese Norm eher, als dass sie diese aufhob. Die suggerierte Angleichung sozialer Milieus durch eine begrenzte Teilhabe am kulturellen Leben förderte industriekompatible Einstellungen, also die Konjunktur, weil sie der Arbeiterklasse eine Orientierung am Bürgerlichen bot. Der großbürgerliche Sinn für zuvor monarchische Formen sowie Stilelemente der Renaissance und der Antike, die in den Kanon der industriellen Symbole adaptiert und umgedeutet wurden, drückte sich in eklektizistischen Gestaltungsentscheidungen aus. Das Großbürgertum hatte einen weiten Spielraum für den Bau privater Gebäude, die am Johannisberg und an der Sparrenburg, einem Ort der Verbundenheit zur Heimat und zur Kultur, errichtet wurden. Im atmosphärischen Einflussbereich der Burg ließen Unternehmer, die mit dem Vermögen aus den neuen Firmen Baugrund erwarben[9], imposante Villen bauen. Gegenüber, auf dem Johannisberg, entstand 1857 eine Weinhalle als Treffpunkt für die Schützengesellschaft.[10] Die Position der Anlagen an den prominentesten Standorten Bielefelds – auf zwei Bergen – verdeutlicht die Ausweitung der industriell beeinflussten Identität auf den Freizeitbereich sowie die Vermischung von Ideologie und Identität. [ ] Die industrielle Umwälzung war wegen der Bedürfnisse, Ziele, Ressourcen und der Ideologie der Bielefelderinnen und Bielefelder des 19. Jahrhunderts ins Rollen gekommen, doch sie geschah ebenso zur Befriedigung all dieser Aspekte.

Verfügbarkeit verfügbar machen

Die Dynamik der Industrialisierung macht deutlich, wie sehr ideologische, gesellschaftliche, politische, wirtschaftliche und städtebauliche Prozesse ineinandergreifen, ohne konstruiert zu sein. Im Stadtbild zeichnen sie sich als Kontext und Rahmen des Zusammenlebens ab, auch weil die Gestaltung der Stadt den Wandel zwischen dem Bestehenden und dem Möglichen sichtbar macht. Gegenwärtig werden Menschen täglich von Baustellen, Straßenumleitungen, Baumfällungen, herumstehenden Paketdienstwagen, Staus, Shisha-Geruch und lauter Musik überrascht. Die Stadt als Kommunikationsträgerin für gesellschaftliche Pro-

9 Im Jahr 1862 begann die Finanzierung einer mechanischen Weberei durch Aktien, die an Industrielle, Kaufleute und sogenannte Bildungsbürger vergeben wurden. Vgl. Reinhard Vogelsang: *Bielefelds Weg ins Industriezeitalter*, Bielefeld 1986, S. 20. **10** Vgl. ebd., S. 87. **11** Vgl. https://www.zeit.de/2002/11/200211_b-gabriel-interv.xml/komplettansicht (9. Juli 2019).

zesse suggeriert Mehrdeutigkeit, Widersprüchlichkeit und dadurch Handlungsspielräume. Besonders deutlich wurde diese Rolle der Baukultur durch den Umgang mit dem kollektiven Kriegstrauma des Zweiten Weltkrieges. Eine Interaktion zwischen sozialen und architektonischen Spielräumen darzulegen, wurde trotz der massiven Veränderungen infolge des Wiederaufbaus zur Herausforderung. Das Streben nach Stabilität und Sicherheit und das erforderliche Bekenntnis zum Nichtabsoluten mussten vereint werden, ohne dass sich eine tautologische Willkür ergab. Da es nicht möglich war, unbefangen Traditionen zu inszenieren, mussten neue, möglichst wenig stereotype Orientierungs- und Abgrenzungspunkte und schließlich ein differenziertes, nationales Verständnis der historischen Vergangenheit gefunden werden, was sich auf das Stadtbild auswirkte. Es zeichnete sich durch Gebäude aus, die von den traditionellen ästhetischen Maßstäben losgelöst errichtet wurden. Das Nicht-schön-Machen ergab sich allerdings ohne reflektierte Auseinandersetzung, da es in den Nachkriegsjahren an Ressourcen mangelte. Nichtsdestotrotz trug sich dieses Verständnis von einem öffentlichen Raum und dessen Gestaltung in die folgenden Jahrzehnte weiter fort. [ ] Anfang der 1970er-Jahre beschloss die SPD den Bildungsaufbruch[11], der Ressourcen für alle verfügbar machen sollte. Gedankliche, wirtschaftliche, gesellschaftliche Mobilität und Zugänglichkeit prägten die Konzepte der Bauvorhaben aus dieser Zeit und ermöglichten Errungenschaften wie den Ausbau der Hochschullandschaft, aber auch starrköpfige Projekte, über die bis heute Köpfe geschüttelt werden. Bielefeld wurde zum Wissenschaftsstandort, der bis

8.04 Die gläserne Fassade des Buchhaltungsbüros Zahlenwelt OWL in der Eckendorfer Straße, in der sich das HILTI-Gebäude spiegelt

heute in die ländliche Umgebung expandiert und bei aller Fragwürdigkeit der Fassadengestaltung Charme ausstrahlt. ← 8.04 Andererseits forderte die auch wörtlich gemeinte Zugänglichkeit in Form des Ostwestfalendamms neben einiger Villen 1.700 Quadratmeter des jüdischen Friedhofes.[12] [ ] Die allgemeine Zugänglichkeit der Ressourcen stand bei der Erschließung von weiterem Arbeits- und Wohnraum im Vordergrund und es ist bis heute erkennbar, dass nicht nur alles Elitäre entschieden abgelehnt wurde, sondern auch ein übergeordnetes, auf die Interessen und die Geschichte abgestimmtes Konzept.

Gegenwärtige Stadtgestaltung

Häuser, Anlagen, Brücken und Plätze, die dem allgemeinen Geschmack eventuell nicht genügen, doch nun zur Lebenswirklichkeit der Menschen dazugehören, werden bis heute diskutiert. Legt man den Finger auf die verbauten Flecken der Stadt, → 8.05 scheint es, als habe man mancherorts mitten in dem Versuch, die konzeptionelle Kontrolle zu behalten, die Fassung verloren: wenn Kreisverkehre hintereinander geschaltet und Parkhauseinfahrten geviertelt werden, wenn akribisch Tauben umgesiedelt, Erotikschaufensteranlagen verbrämt, Streusalzbehälter beklebt und Plakate verboten werden, an Orten, denen es guttäte, wenn jemand umfassender über ihre Funktion und Erscheinung nachdächte. [ ] In der Peripherie der Stadt wurde hingegen sehr umfassend gehandelt, indem noch größere, noch reduziertere, rohere Formen als zur Zeit der Industrialisierung gefunden wurden, um die Wirtschaft Bielefelds zu betonen. Auch private Repräsentationsgebäude weisen diese Formen auf: Sie werden von den gleichen Alarmanlagen und Mauern wie die Firmen in den Gewerbegebieten gesichert und ihre Einfahrten sind mit den gleichen Beton-Glasstein-Körben dekoriert, die auch zwischen den Nummernschildern auf den Firmenparkplätzen die Grenzen markieren. Die Ästhetik der modernen Wohn- und Gewerbearchitektur entspricht demselben Stil: unbestechlich rational, weit genug entfernt von Identifikationsanlässen, um argumentieren zu können, dass ein Gebäude sich in alle Kontexte einfügen kann. Die Gestaltungselemente sprechen keine gemeinsame Sprache, sodass kein Ausdruck festgelegt wird. Alles steht für sich, ohne dass Elemente sich auf ihre Umgebung beziehen würden, was zugegebenermaßen begründbar ist: Auch die Umgebungen dieser Gebäude bieten häufig nichts, woran der Blick haften bleibt. [ ] Diese Kälte des Ausdrucks kann nicht nur aus Effizienzgründen entstanden sein, denn gerade hochwertige Gebäude nutzen den Eindruck abgeklärter Verhältnisse über ökonomische Ziele hinaus. Stattdessen scheint es, als sollten

8.05 Blick vom Johannisberg auf die Kreuzstraße mit dem Naturkundemuseum, dem Landgericht und dem Klinikum (hinten)

immer komplexere Zusammenhänge in immer einfachere Formen gefasst werden. Ein Ansatz, der naheliegt, um Unsicherheiten zu vermeiden und dadurch Stress zu reduzieren. Doch bezieht er sich auf Annahmen, die unter Berücksichtigung heutiger Bedingungen nicht mehr getroffen werden können. Viele Bedingungen des 19. und die Bedürfnisse des 20. Jahrhunderts treffen auf das 21. Jahrhundert nicht mehr zu. Der demografische Wandel schrumpft die Bevölkerung, die Ressourcen

12 Vgl. André Falldorf: *Beth Olam – Jüdischer Boden für immer und ewig*, in: http://alt.juedischerundschau.de/beth-olam-juedischer-boden-fuer-immer-und-ewig-135910422/ (26. August 2019).

müssen geschont statt übernutzt werden und die materiellen Bedürfnisse sind in den sogenannten Industriestaaten zahlenmäßig gedeckt. Statt alte Bedürfnisse sich selbst reproduzieren zu lassen und sie so einfach wie möglich darzustellen, damit Überforderung vermieden wird, sollte auch die Stadtgestaltung die aktuellen Bedürfnisse der Bewohnerinnen und Bewohner befriedigen. Ein Beispiel: Mittags sammeln sich einige Kolleginnen und Kollegen im Drive-in einer Fast-Food-Kette. Sie wählen aus einer erstaunlichen Auswahl von Burgern jeweils ein oder zwei aus, um sie während der Fahrt zurück in den Betrieb zu verzehren. Es ist vermeintlich komfortabel für sie, ihre Mittagspause zu nutzen: Sie müssen nicht nach Hause fahren, weder einkaufen noch kochen oder abwaschen, keine Parkplatzsuche verzögert das Mittagessen, sie steigen nicht einmal aus dem Auto, es könnte regnen oder sie könnten einige Tage später in einer anderen Filiale ihres Arbeitgebers arbeiten und würden in demselben Auto den gleichen Burger wie in der Woche zuvor essen. Trotzdem geht es vielen Menschen in derartigen Umgebungen nicht gut. → 8.06 Die jungen Auszubildenden beschweren sich darüber, eigentlich nur für die Arbeit zu leben, sich kaum zu kennen und ständig unter dem Druck zu stehen, mehr leisten zu sollen. Die Vereinfachung der Abläufe stellt genauso wenig eine Erleichterung da, wie eine große Anzahl an Entscheidungsmöglichkeiten für Komplexität sorgt. [ ] Ein neuer Entwurf wird gebraucht, dessen Funktionalität darin besteht, die aktuellen Bedürfnisse zu befriedigen, statt kompensierend neue zu erzeugen, um die Prinzipien der Wirtschaft aufrechtzuerhalten. Die teilweise relief- und profillosen Neubauten scheinen sich auf die Suche eines solchen Entwurfes einzustellen, indem sie wenige Anknüpfungspunkte für Bestehendes bieten. Allerdings wirken sie dadurch kaum auf das Zusammenleben der Menschen ein. Und genau das stellt ein wichtiges Bedürfnis dar, dessen Befriedigung von Stadtgestaltung abhängig ist, weil diese ein entscheidender Faktor ist, um die Wahrscheinlichkeit für gelingende Kommunikation zu erhöhen. Kommt authentische Kommunikation nur selten zustande, greifen Menschen ideologisch und architektonisch auf Ab- und Ausgrenzungsmechanismen zurück, um Sicherheit zu erzeugen, die sie durch ein mangelndes soziales Netzwerk nicht haben. Ein Kreislauf entsteht, der mit Wohlstandsinszenierungen und auch baulichen Superlativen kompatibel ist, jedoch nicht für Wohlbefinden sorgt, weil er der Umwelt massiv schadet und einen sehr beschränkten Toleranzbereich für menschliches Verhalten kultiviert, in dem die eigenen und die gesellschaftlichen Ambivalenzen nicht ausreichend berücksichtigt werden und politische oder klimatische Herausforderungen zur Bedrohung einer aufwendig erzeugten Stabilität werden. [ ] Die Bedürfnisse und somit die Anforderungen an eine Stadt haben sich verändert. Da die Möglichkeiten der Gestaltung nicht mehr darauf ausgerichtet werden müssen, materielle Ressourcen zu generieren, sondern darauf, angemessen mit diesen umzugehen und andere, soziale Ressourcen aufzubauen, erweisen sich heute neue Kriterien der Stadtgestaltung als hilfreich, die mit den alten Methoden nicht durchgesetzt werden können. Die Darstellung des Stadtentwicklungsprozesses fällt ins Gewicht beziehungsweise gewährleistet einen dynamischen Ausgleich zwischen Erwartungen und natürlicher Ambiguität. Unter Umständen reisen Menschen regelmäßig in urige Landhäuser, gestalten ihre Umgebung aber nach modernen Standards, die vielmehr ausdruckslos als identitätsoffen wirken und dann auch keine Suche nach einem Profil nachzeichnen, nach dem es sich trotzdem zu fragen lohnt.

8.06 **Der anspruchslose Ausdruck mancher Filialen an der Eckendorfer Straße erscheint unüberlegt und nicht einmal funktional.**

Stabilität und Offenheit

Wenn die meisten Flächen bebaut sind, genug erwirtschaftet wird, um theoretisch jedem Menschen einen gewissen Lebensstandard zu ermöglichen, und die Zugänglichkeit zu Bildung und kulturellen Ressourcen auf dem Papier gewährleistet ist, handelt es sich bei der Suche nach einem Profil eventuell sogar um die Suche nach einem Sinn. [ ] In den spiegelnden, relieflosen Fassaden können die Möglichkeiten der Lebensgestaltung allerdings nicht austariert werden. Manche Prinzipien, die bereits für die digitale Industrie festgestellt wurden, sind auf die Stadtgestaltung übertragbar. In Bielefeld müssen einige Ansprüche an die Umgebung in nicht zu neutralisierende, aber bedeutungsarm gestaltete Gebäudeumge-

8.07 Die ausladende Peripherie des massiven neuen Gebäudes von SB Möbel Boss in der Herforder Straße

8.08 Das Gelände des signalroten HILTI Stores in der Eckendorfer Straße

bungen projiziert werden. Wären sie wenigstens hässlich und anregend statt ignorierbar, könnte man zumindest eine Haltung dazu entwickeln. Natürlich trifft das eher auf die Eckendorfer Straße als auf eine von prachtvollen, aber bescheidenen Wohnhäusern gesäumte Einbahnstraße im Bielefelder Westen zu. Doch prägen gerade die Gewerbestandorte Bielefelds den Eindruck der Stadt. ← 8.07 Fährt man durch Bielefeld, fährt man überwiegend durch wirtschaftlich genutzte Flächen. ← 8.08 Diese Gebäude, ihre Komposition und ihre Umgebungen regen häufig nicht zu einer Auseinandersetzung an. Architektur kann Hinweise darauf geben, dass es lohnenswert ist zu fragen, wer sie belebt und was das Leben an diesem Ort auszeichnet. Sie kann aber ebenso suggerieren, dass es ausreicht, eine Haltung des Hinnehmens einzunehmen. In anderen gesellschaftlichen Kontexten würde ein so geringer Anspruch nicht akzeptiert werden. [ ] Man muss diese Gebäude, die oft aus vordergründig funktionalen und eher gedankenlosen Entscheidungen resultieren, nicht soziologisch überstrapazieren, aber es wirkt sich auf die weitere Gestaltung der Stadt aus, wenn diese unmenschliche Rationalität durch eng klassifizierte Normen kompensiert wird, um den Kontrast zwischen der Umgebung und den naturgemäßen Prinzipien der Uneindeutigkeit zu verringern. Das reduziert Stress, doch es behindert die Kommunikation der Menschen einer Stadt und führt dazu, dass die Verantwortung für mutige (Stadtgestaltungs-)Entscheidungen unattraktiv wird. [ ] Diese Verantwortung muss jedoch getragen werden, damit Bielefeld den Bewohnerinnen und Bewohnern Orte bieten kann, an denen sie etwas mitgestalten und sich austauschen können. Eine formalisierte Gebäudestruktur produziert statische Identitätsschablonen, die weder den jeweiligen Lebensentwürfen noch sich wandelnden Gesellschaftsbildern gerecht werden können. Die meisten Menschen sehnen sich nach Perspektivwechseln. Sie gelingen, wenn die Atmosphäre einer Stadt nicht als das i-Tüpfchelchen auf Gebäuden, Plätzen und Grünflächen verstanden wird, sondern als etwas außerhalb der Summe städtebaulicher Einzelentscheidungen Spürbares. Umgebungen schaffen durch Funktionalität nicht nur in wirtschaftlicher, sondern auch in Hinsicht auf die Atmosphäre Strukturen und Menschen müssen sich nicht Erfordernissen einer Bebauung verschreiben, um diese Strukturen wahrzunehmen. Auch wenn sie Wege verkürzen, Parkplätze schaffen und helfen, Zeit zu sparen, können sie hässlich sein – ein hinreichendes Argument, sie abzulehnen und neue Lösungen zu fordern. [ ] Die nie unterbrochenen Wechselwirkungen zwischen der Stadt und den Menschen können das Kapital Bielefelds sein, wenn die Prinzipien des Effektes von Umgebungen auf die Menschen auch umgekehrt gedacht und konzeptionell genutzt werden, um die Dynamik jeweils positiv zu beeinflussen – auch gewerbliche Baukultur kann so gestaltet werden, dass es ein Gewinn ist, wenn sie zur Geltung kommt.

Bunker, Kasernen, Konversion

Bernd Lange
Kirill Starodubskij

→ 252
Luftschutzbunker Nr. 6

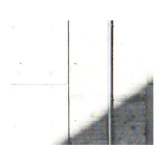

→ 250
**Luftschutzbunker Nr. 8
(Sedanbunker)**

→ 253
**Gesellschaft für Arbeits- und
Berufsförderung (GAB)**

→ 255
Hochbunker Nr. 7

Luftschutzbunker Nr. 8 (Sedanbunker)

Weißenburger Straße 11
33607 Bielefeld

Der 1942 erbaute Sedanbunker ist mit einer Nutzfläche von ca. 1.700 m² und seinen vier Etagen der größte seiner Art in Bielefeld. Der Bunker, benannt nach den Schlachten von Sedan 1870 und 1940, diente im Zweiten Weltkrieg als ziviler Schutzraum und Kommandozentrale für die Luftschutzleitung. Nach dem Ende des Kalten Krieges hatte die Stadt keine Verwendung mehr für das Bauwerk und bot es 2009 zum Kauf an. Das Bielefelder Architekturbüro Poggenhans + Mühl erstellte im Auftrag eines privaten Investors einen Entwurf für die Umgestaltung. In dem 2015 fertiggestellten Bau ist eine private Kunstsammlung untergebracht. Zusätzlich entstand durch Aufstockung eine 320 m² große Wohnung mit Gärten und Terrassen. Mithilfe von Spezialsägen wurden Fensteröffnungen in den Wänden und Durchbrüche in Decken und Dach geschaffen. Auffällig sind die nahezu skulptural wirkenden Betonblöcke, die bei der Erstellung der Toreinfahrten entstanden sind und direkt daneben platziert wurden.

Luftschutzbunker Nr. 6

Lipper Hellweg 295
33605 Bielefeld

Der Luftschutzbunker Nr. 6 mit einer Nutzfläche von 1.473,92 m² wurde seit 1942 am Löllmannshof für die Bewohnerinnen und Bewohner der Häuser der Detmolder Straße 428–481, Löllmannshof, Am Hellweg 267–310, An den Gehren und Am alten Dreisch errichtet und unvollendet im Juli 1944 zur Nutzung zugelassen. Auch dieser Bunker verfügte über Liege- und Sitzplätze, über sanitäre Anlagen und für den Fall von Giftgasangriffen über Luftschleusen. Von 1945 bis 1996 wurde der Bunker als Lager- und Abstellfläche für den Zivilschutz, zwischenzeitlich auch für die Unterbringung von Vertriebenen und Flüchtlingen genutzt. 1998 erwarb der Bielefelder Ingenieur Hans-Robert Werning den Bunker, um das Kriegsrelikt zu beseitigen und zu einem Wohn- und Geschäftshaus umzubauen. Nach seinem plötzlichen Tod ruhte das Vorhaben einige Jahre, bis seine Witwe es 2017 reaktivierte und mit Unterstützung eines Bielefelder Maklers die Umbauarbeiten wieder vorantrieb. Sie waren bis Ende 2019 noch nicht abgeschlossen.

Gesellschaft für Arbeits- und Berufsförderung (GAB)

Meisenstraße 65
33607 Bielefeld

Das Gelände, auf dem die 1980 gegründete Gesellschaft für Arbeits- und Berufsförderung (GAB) seit 1997 ihren Sitz hat, war ursprünglich eines von mehr als 200 seit 1937 im Deutschen Reich nach gleichem Baumuster errichteten Heeresverpflegungsämtern mit Verwaltungs- und Wohngebäuden, Scheune, Waagehaus, zwei Kornspeichern, Tanklager und Bahngleisanschluss. Nach dem Zweiten Weltkrieg gehörte das Gelände zu den Bielefelder Rochdale Barracks der British Army of the Rhine, die es bis 1994 als Depot und Bäckerei nutzten. Die GAB hat die vorhandenen Gebäude in Zusammenarbeit mit der Bielefelder Enderweit + Partner GmbH saniert und nutzt sie für die Verwirklichung sozialer und kultureller Projekte. Heute befinden sich hier die Verwaltung, Werkstätten, eine Gebrauchtartikelbörse, die KuKS-Halle sowie eine Vielzahl von Einrichtungen, Vereinen, Künstlerateliers und Firmen, unter anderem die eurobahn. 2018 hat hier die Bielefelder Sektion des Deutschen Alpenvereins ihr neues Kletterzentrum errichtet.

Hochbunker Nr. 7

Neustädter Straße 17
33607 Bielefeld

Der dreigeschossige Hochbunker Nr. 7 wurde 1943 fertiggestellt und sollte 900 Menschen vor Bombenangriffen schützen. Tatsächlich hielt er dem größten Luftangriff auf Bielefeld am 30. September 1944 stand und rettete an diesem Tag mehr als 2.000 Menschen das Leben. Nach dem Krieg zerschlugen sich aus Kostengründen die Pläne zur Sprengung des Bauwerks. Der Bunker diente der Stadt zu Zivilschutzzwecken und wurde gelegentlich für Kunstausstellungen genutzt. Die Gütersloher Architekten Walter Hauer und Friederike Kriete setzten sich 2010 bei einem Wettbewerb mit ihrem Wohnbaukonzept für die Umgestaltung durch, das vorsah, große Teile der Stahlbetonkonstruktion zu entfernen. Der verbliebene Teil des Bunkers wurde bis 2012 saniert und um einen Anbau ergänzt, der mit seiner Verkleidung aus Kupferpaneelen besondere Akzente setzt. Zwölf Wohnungen mit 40 bis 160 m² Wohnfläche, Garagenplätze und ein Glasanbau für ein Ladenlokal wurden neu geschaffen.

1 Stadt Bielefeld: *Bielefeld – Stadtgeschichte*, https://www.bielefeld.de/de/ti/geschichte/ (18. September 2018); sowie Reinhard Vogelsang: *Geschichte der Stadt Bielefeld*, Band 1: *Von den Anfängen bis zur Mitte des 19. Jahrhunderts*, Bielefeld 1980; Ders.: *Geschichte der Stadt Bielefeld*, Band 2: *Von der Mitte des 19. Jahrhunderts bis zum Ende des Ersten Weltkriegs*, Bielefeld 1988; Ders.: *Geschichte der Stadt Bielefeld*, Band 3: *Von der Novemberrevolution 1918 bis zum Ende des 20. Jahrhunderts*, Bielefeld 2005.

Wandel und Dynamik
Bielefeld aus dem Blick des Prognostikers
Christian Böllhoff

Die Architektur einer Stadt wird immer auch vom Auf und Ab des Wirtschaftsgeschehens beeinflusst. Zum einen prägen Industrie- und Bürogebäude das Stadtbild, zum anderen fördert eine florierende Wirtschaft die private und städtische Bautätigkeit. Nur wenn die Kassen der Stadt gefüllt sind, kann sie Schulen, Kindergärten, Krankenhäuser, Theater und Schwimmbäder bauen, Straßen und Plätze sanieren lassen. Aus diesem Grund soll im vorliegenden Beitrag die Entwicklung von Wirtschaft und sozioökonomischen Faktoren in Bielefeld beleuchtet werden. Wir werden sehen, dass die Wirtschaft stets einen erheblichen Einfluss auf das Erscheinungsbild der Stadt hatte. ← 9.01 Auch heute noch gibt die wirtschaftliche Lage die Rahmenbedingungen für Gestaltung und Bauen in Bielefeld vor. Doch lassen Sie uns zunächst einen kurzen Blick auf die Wirtschaftsgeschichte Bielefelds und ihren Einfluss auf das heutige Stadtbild werfen.[1] [ ]

13. bis 18. Jahrhundert – Händlerstadt am Leinenfaden → Bielefeld wurde Anfang des 13. Jahrhunderts von den Landesherren der Grafschaft Ravensberg

9.01 **Großbaustelle der Schüco International KG, 2018:** Die Neubauplanungen der Agentur 3XN Copenhagen A/S lassen zwischen Karolinenstraße und Herforder Straße ein architektonisch innovatives Industrieareal entstehen.

gegründet. Die günstige Lage der Stadt – an der Kreuzung mehrerer alter Handelswege und an einem wichtigen Pass durch den Teutoburger Wald – sorgte dafür, dass sich Bielefeld schnell zum Wirtschafts- und Finanzzentrum der Grafschaft Ravensberg entwickelte. Um 1240 ließ Graf Ludwig die Sparrenburg errichten, die für die folgenden hundert Jahre der bevorzugte Sitz der Herrscher war und noch heute auf dem Sparrenberg über der Stadt thront. Die Handwerker, die die Burg errichteten, siedelten sich am Fuße des Sparrenbergs vor den Toren der Stadt an. So entstand die Neustadt. Das mittelalterliche Stadtbild Bielefelds war geprägt durch den Alten Markt als wichtiges Handelszentrum, das Rathaus und die Nicolaikirche. Alle drei sind noch heute erhalten. [ ] Seit dem Ende des 16. Jahrhunderts begann eine neue Entwicklung in Bielefeld. Immer mehr Menschen spannen und webten als Nebenerwerb zu Hause, sodass sich die ländliche Hausspinnerei und -weberei allmählich zu einem berufsmäßig betriebenen Gewerbe entwickelte. Im Lauf der Jahre wurde Leinen zum Exportartikel und Bielefeld zur Leinenstadt. Im 17. Jahrhundert bescherte der Leinenhandel der Stadt beträchtlichen Wohlstand. Davon zeugen noch heute die Patrizierhäuser am Alten Markt. [ ] **1830 bis 1914 – Industrielle Revolution und Blütezeit** → Nach 1830 geriet das Bielefelder Leinenhandwerk jedoch aufgrund der Konkurrenz von maschinell hergestelltem Leinen aus Irland, England und Belgien in eine schwere Krise. Aus dieser konnte es sich erst ab 1847 mit der Anbindung an die Cöln-Mindener Eisenbahn befreien. Sie ermöglichte den Transport von Gütern – insbesondere Kohle aus dem Ruhrgebiet –, mit denen nun auch in Bielefeld maschinelle Webstühle in Fabriken betrieben werden konnten. In den 1850er- bis 1870er-Jahren wurden mehrere bedeutende Spinnereien und Webereien gegründet und Bielefeld somit zu einem Zentrum der Textilindustrie in Deutschland. Nach und nach wurden auch immer mehr Metall verarbeitende Fabriken gegründet. Die benötigten Maschinen konnten somit vor Ort hergestellt werden und mussten nicht mehr importiert werden. Zunächst lag der Schwerpunkt der Metall verarbeitenden Industrie auf der

Herstellung von Nähmaschinen, wurde jedoch in den kommenden Jahrzehnten um die Produktion von Fahrrädern, Motorrädern, Autos, Registrierkassen und Büromaschinen erweitert. 1867 wurden die v. Bodelschwinghschen Anstalten Bethel im heutigen Stadtteil Gadderbaum gegründet. [ ] In den Jahren 1818 bis 1849 wuchs die Bevölkerung Bielefelds von etwa 6.000 auf 10.000 Menschen. Grund dafür waren der medizinische Fortschritt und der Zuzug aus Umlandgemeinden. Aufgrund der Krise des ländlichen Leinengewerbes erhofften sich die Menschen in der Stadt bessere Verdienst- und Lebensmöglichkeiten. Es kam zu einer regen Bautätigkeit und einer Verdichtung der Bauweise. Jedoch konnte nicht jeder im ursprünglichen Stadtgebiet ein Domizil finden, sodass sich viele in der Feldmark ansiedelten. Ab Mitte des 19. Jahrhunderts ließen sich auch zahlreiche neu gegründete Industrieunternehmen im Umfeld des in der Feldmark liegenden Bahnhofs nieder. Wohnhäuser für Industriearbeiter wurden errichtet und somit entstand Bielefelds erstes Fabrik- und Arbeiterviertel. Dank der prosperierenden Industrie stieg die Bevölkerungszahl weiterhin stark an – von 22.000 im Jahr 1871 auf 83.000 im Jahr 1914. [ ] Seit den 1890er-Jahren kam zur Metall- und Textilindustrie ein weiterer bedeutender Wirtschaftszweig hinzu – die Nahrungsmittelindustrie. Ein findiger Apotheker namens August Oetker war auf die Idee gekommen, Backpulver in haushaltsüblichen Portionen abzupacken und zu verkaufen. Da das Geschäft florierte, bot er bald auch andere Back- und Haushaltsprodukte an. Heute ist die Oetker-Gruppe einer der größten Nahrungsmittelproduzenten Europas. [ ] **1914 bis 1956 – Kriege und Gebietserweiterungen** → Nach entbehrungsreichen Jahren, die auf den Ersten Weltkrieg folgten, startete die Stadt Bielefeld in den Goldenen Zwanzigern ein großdimensioniertes Bau- und Entwicklungsprogramm, dessen Ergebnisse auch heute noch im Stadtbild präsent sind. Die Siedlungen Königsbrügge und Am Lehmstich wurden fertiggestellt sowie neue Bauvorhaben an der Petristraße oder der Finkenstraße realisiert. Hinzu kam der Neubau von Schulen, Spielplätzen und Sportmöglichkeiten. [ ] Trotz der guten Konjunktur mussten zahlreiche Unternehmen in der zweiten Hälfte der 1920er-Jahre ihre Tore schließen. Diejenigen Metall verarbeitenden Unternehmen, die mit Innovationen aufwarteten und ihre Produktpalette erweitern konnten, überstanden die Inflation Anfang der 1920er- und die Weltwirtschaftskrise Anfang der 1930er-Jahre dagegen relativ gut. Die Firma Oetker expandierte sogar in alle wichtigen europäischen Märkte. [ ] Mit Beginn des Zweiten Weltkriegs wurde die Produktion der Bielefelder Fabriken auf Rüstungsgüter umgestellt. In den folgenden Jahren hinterließ der Krieg deutliche Spuren in der Stadt. 1944 wurden große Teile Bielefelds bei Bombenangriffen zerstört, darunter der Großteil der historischen Gebäude in der Altstadt. Nach Kriegsende waren verbrei-

2 Wirtschaftsentwicklungsgesellschaft Bielefeld mbH, https://www.wege-bielefeld.de/ (18. September 2019). **3** Prognos AG (Hg.): *Prognos Zukunftsatlas*, Berlin 2004–2019; sowie Dies. (Hg.): *Prognos/index Digitalisierungskompass. Index-Gruppe 2019*, Berlin 2019.

terte Straßen und dringend benötigter Wohnraum die bestimmenden Faktoren des Wiederaufbaus. Viele Soldaten und Evakuierte kehrten heim und der Zuzug der Ostvertriebenen begann. Die Bevölkerungszahl wuchs von etwa 127.000 vor dem Krieg auf 155.000 im Jahr 1950. 1956 entstand aufgrund des großen Wohnungsbedarfs in der Senne vor den Toren Bielefelds die spätere Sennestadt. [ ] **1956 bis heute – Strukturwandel und Wirtschaftswachstum** → Auch die Industrie wurde schnell wiederaufgebaut und Bielefeld profitierte vom wirtschaftlichen Aufschwung der Nachkriegsjahre. Lediglich die Textilindustrie verlor immer mehr an Bedeutung. Auch der Fahrrad- und Nähmaschinenbau ging zurück. Der durch die Verlagerung von industrieller Produktion bedingte Strukturwandel machte auch vor Bielefeld nicht halt. In den kommenden Jahrzehnten entwickelte sich Bielefeld – wie andere Großstädte – zu einem Dienstleistungszentrum. Ende der 1980er-Jahre arbeiteten 57 Prozent aller abhängig Beschäftigten in Bielefeld im Dienstleistungssektor, 2003 waren es 69 Prozent, 2015 78 Prozent. Geschäftsaufgaben in der Maschinenindustrie sowie der Textil- und Bekleidungsindustrie in den 1960er- und 1970er-Jahren wurden zum Teil durch Wachstum in der Nahrungsmittelindustrie, der elektronischen Industrie und im Druckereigewerbe wettgemacht. [ ] Positiv auf die wirtschaftliche Entwicklung der Stadt wirkten sich die Universitätsgründung im Jahr 1969 und die Gründung der Fachhochschule 1971 aus. Die Gebäudekomplexe im Westen der Stadt am Fuße des Teutoburger Waldes vereinen nahezu alle Fachbereiche unter einem Dach. Heute lässt sich feststellen, dass Bielefeld mit Blick auf die zukünftige wirtschaftliche Entwicklung gute Chancen hat, sich aber auch einigen Herausforderungen gegenübersieht.[2]

Bielefeld heute – Neue Chancen und Herausforderungen

Im Prognos Zukunftsatlas 2019 belegt Bielefeld Rang 145 von 401 bewerteten Regionen.[3] Die Stadt befindet sich somit in der Gruppe jener deutschen Regionen, die für ausgeglichene Chancen und Risiken steht. Der Zukunftsatlas erscheint seit 2004 alle drei Jahre und bewertet anhand statistischer Daten, wie gut eine Region für die Herausforderungen der kommenden Jahre aufgestellt ist. Dazu werden 29 Indikatoren in vier Bereichen betrachtet: Demografie, Wirtschaft

	2004	2007	2010	2013	2016	2019
Gesamtrang	136	134	180	151	163	145
Demografie	63	25	76	52	104	167
Wirtschaft und Arbeitsmarkt	91	213	92	61	76	61
Wettbewerb und Innovation	60	117	178	174	149	187
Wohlstand und soziale Lage	403	389	317	328	336	334

9.02 Ränge Bielefelds im Zukunftsatlas der Prognos AG; eine Vergleichbarkeit der einzelnen Bereiche ist wegen veränderter Methodik nicht gegeben.

und Arbeitsmarkt, Wettbewerb und Innovation sowie Wohlstand und soziale Lage.[4] [ ] Im Zeitverlauf lässt sich für Bielefeld nach den Daten des Zukunftsatlas ein wechselnder Auf- und Abwärtstrend feststellen, der sich im engen Mittelfeld der 401 bewerteten Regionen bewegt. So belegte die ostwestfälische Metropole 2004 Platz 136 im deutschlandweiten Vergleich und belegt auch 15 Jahre später mit Platz 145 einen ähnlichen Rangplatz. Im Vergleich zum Prognos Zukunftsatlas 2016 konnte Bielefeld wiederum eine Verbesserung um 18 Plätze erzielen. ← 9.02 Seitdem lässt sich bei einigen Faktoren ein negativer Trend beobachten: So nahm die Kaufkraft privater Haushalte in Bielefeld von Rang 100 auf Rang 225 ab und liegt rund fünf Prozentpunkte (Index 95) unter dem Bundestrend. Die Bevölkerungsentwicklung der Stadt Bielefeld ist wanderungsbedingt seit einigen Jahren wachsend, jedoch von einer schwächeren Dynamik und Platzierung im hinteren Mittelfeld gekennzeichnet (Rang 273). Verbesserungen zeigen sich dagegen im Bereich Arbeitsmarkt, beispielsweise mit einer überdurchschnittlichen Beschäftigungsentwicklung in den letzten Jahren. Die Arbeitslosenquoten konnten bis Ende 2018 auf ein Niveau von unter sieben Prozent reduziert werden.[5] Zwischen Dezember 2013 und Dezember 2019 ging die Arbeitslosenquote damit zwar deutlich zurück, → 9.03 aber viele andere deutsche Standorte erreichen noch deutlich niedrigere Arbeitslosenquoten. Die soziale und gesellschaftliche Herausforderung der Stadt zeigt sich in einem anhaltend hohen Anteil

---

4 Verein zur Förderung von Innovationen in der Gesundheitswirtschaft OWL e. V., https://www.zig-owl.de (18. September 2019). **5** Bundesagentur für Arbeit (Hg.): *Arbeitsmarktstatistik 2019*, Nürnberg 2019; sowie Dies. (Hg.): *Sozialversicherungspflichtig Beschäftigte am Arbeitsort nach Wirtschaftsabteilungen der WZ 2008. Kreise und kreisfreie Städte*, Nürnberg 2019.

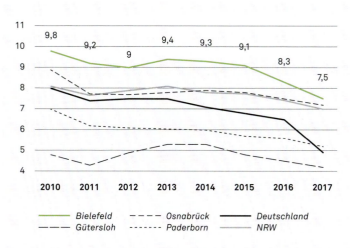

9.03 **Arbeitslosenquote in Ostwestfalen-Lippe, bezogen auf alle zivilen Erwerbspersonen, jeweils zum Stichtag 31. Dezember**

von Menschen, die in Bedarfsgemeinschaften leben. So stieg der Wert auf 11,6 Prozent in 2017 und hat sich somit auf einem überdurchschnittlich hohen Niveau eingependelt (Deutschland: 7,5 Prozent). Das spiegelte sich auch im Bruttoinlandsprodukt (BIP) wider. Das BIP je sozialversicherungspflichtigem Beschäftigten (SVB) lag in Bielefeld 2016 mit 86.700 Euro rund 13 Prozent unter dem Bundesdurchschnitt (Rang 294, Deutschland 2016: 99.990 Euro je SV-Beschäftigten). Einen Rückstand und Nachholbedarf erfährt die Industrie am Standort Bielefeld, die in den zurückliegenden Jahren anhaltend unterdurchschnittliche Investitionsquoten von unter fünf Prozent aufweist (Rang 358, Deutschland: 8,3 Prozent). [ ] **Magnet für junge Menschen** → Jedoch schneidet Bielefeld in vielen Bereichen auch sehr gut ab. So ist die Großstadt besonders attraktiv für die jüngere Generation. 16,7 Prozent der Bevölkerung waren 2017 zwischen 18 und 29 Jahren alt (Deutschland: 14,0 Prozent). Anders als in anderen Regionen haben die Bielefelder Unternehmen zudem keine großen Probleme, ihre Ausbildungsplätze zu besetzen. Lediglich 6,6 Prozent der Ausbildungsstellen blieben im Schnitt 2015/2016 bis 2017/2018 unbesetzt – in ganz Deutschland waren es 9,1 Prozent. Bielefeld ist nach dem Ranking der Zeitung *Die Welt* aus dem Jahr 2017 außerdem die Heimat von fünf der Top-500-Unternehmen in Deutschland (unter anderem Dr. August Oetker KG, Schüco International KG, DMG Mori AG). In diesen zwei Bereichen (Anteil junger Menschen an der Bevölkerung; Anzahl von Top-500-Unternehmen) belegt Bielefeld daher einen der ersten 50 Ränge (weitere gute Ränge: Tertiärbeschäftigung 2018, Rang 58; Dynamik Arbeitslosenquote 2015/2018, Rang 60; Anteil Hochqualifizierte 2018, Rang 68; Arbeitsplatzdichte, Rang 73). [ ] Eine weitere Stärke der Stadt ist ein hoher und weiterhin steigender Anteil von Hochqualifizierten an den Gesamtbeschäftigten. Darüber hinaus besitzen die Bielefelderinnen und Bielefelder einen ausgeprägten Gründungsgeist. Im Schnitt der Jahre 2015 bis 2018 kamen 101 Unternehmensgründungen auf 10.000 Erwerbstätige. Weitere Pluspunkte sind ein positives Bevölkerungswachstum (Anstieg von 323.000 im Jahr 2000 auf 333.000 im Jahr

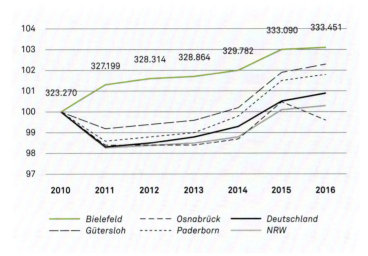

9.04 Bevölkerungsentwicklung, Index 2010 = 100; die Ergebnisse gelten jeweils zum Stichtag 31. Dezember des entsprechenden Jahres.

2017), eine gute Autobahnanbindung und ein stabiles Wirtschaftswachstum. ← 9.04 [ ] **Die wichtigsten Branchen** → Heute ist die Branche Sozialwesen und Heime der größte Arbeitgeber in Bielefeld. 19.700 Menschen und damit 13,0 Prozent aller sozialversicherungspflichtigen Beschäftigten sind in diesem Bereich tätig. Ein großer Teil dieser Menschen erhält sein Gehalt von den v. Bodelschwinghschen Stiftungen Bethel. Die Kliniken, das Pflegeheim und andere Gebäude der 1867 gegründeten Institution nehmen fast den gesamten Raum des Stadtteils Bethel im Stadtbezirk Gadderbaum ein und sind somit ein weiteres Beispiel dafür, wie die Wirtschaft einer Stadt ihr Erscheinungsbild prägt. Der Lokalisationsquotient von 1,9 Prozent im Bereich Sozialwesen und Heime zeigt, wie bedeutend dieser Wirtschaftszweig für Bielefeld ist. Der Quotient setzt den Anteil der Beschäftigten in Bielefeld in diesem Bereich ins Verhältnis zum Anteil der Beschäftigten in Deutschland und zeigt somit, dass in Bielefeld fast doppelt so viele Menschen wie in Deutschland in der Branche Sozialwesen und Heime tätig sind. [ ] Die zweitgrößte Branche der ehemaligen Kaufmanns- und Händlerstadt ist der Einzel- und Großhandel. 19.600 Menschen arbeiteten 2017 in diesem Bereich und damit 12,9 Prozent der sozialversicherungspflichtigen Beschäftigten. Es folgen das Gesundheitswesen mit 12.500 Beschäftigten (8,2 Prozent), Erziehung und Unterricht mit 8.400 Beschäftigten (5,6 Prozent) und Logistik mit 7.200 Beschäftigten (4,7 Prozent). Die mit einem Lokalisationsquotienten von 1,5 starke Konzentration im Bereich Erziehung und Unterricht ist auch den Bielefelder Hochschulen zu verdanken. Sie verzeichneten 2016 5.140 Beschäftigte. An siebter Stelle, mit 6.800 Menschen, folgt als Industriebranche der Maschinenbau. Früher arbeitete in diesem Bereich ein Großteil der Beschäftigten Bielefelds. Die ehemals zentrale Bedeutung des Maschinenbaus lässt sich noch heute im Stadtbild erkennen. Es zeugen davon sowohl alte Fabrikgebäude als auch einige Straßenzüge östlich des Ostwestfalendamms, die mit Villen und Bürgerhäusern aus der Gründerzeit bebaut sind. Heute sind nur noch wenige Firmen des Maschinen- und Anlagenbaus übrig geblieben. Die nächstwichtigsten Wirtschaftszweige sind unternehmensnahe Dienstleistungen wie etwa Rechts- und Steuerberatung, aber auch Architektur- und Ingenieurbüros (insgesamt 6.600 sozialversicherungspflichtige Beschäftigte). Es folgen die Vermittlung und Überlassung von Arbeitskräften (6.400) und die Informations- und Kommunikationstechnik (5.400). Der Lokalisationsquotient der letztgenannten Branche ist mit 1,15 für eine Großstadt jedoch nicht besonders hoch. Ebenfalls von Bedeutung sind das Baugewerbe (4.800 sozialversicherungspflichtige Beschäftigte), der Tourismus (4.300) und die Metallindustrie (3.700), die jedoch mit einem Lokalisationsquotienten von 0,73 eher schwach vertreten ist. [ ] **Industrielles Erbe** → Trotz des überdurchschnittlich hohen Anteils der Beschäftigten im Dienstleistungsbereich darf die Bedeutung der Industrie nicht unterschätzt werden. Der Maschinenbau, die Möbelindustrie, die Elektro- und Automatisierungstechnik, die Metall- und Kunststoffverarbeitung, die Informations- und die Gesundheitstechnologie sowie die Nahrungsmittelindustrie sind allesamt wichtige Wachstumsmotoren der ostwestfälischen Stadt. In den vergangenen zwei Jahrzehnten haben sich viele dieser Industrieunternehmen in Netzwerken und Clustern zusammengetan, um gemeinsam die Herausforderungen des 21. Jahrhunderts zu bewältigen. Im Branchennetzwerk für Maschinenbau und Automatisierungstechnik in Ostwestfalen-Lippe haben sich mehr als 100 Maschinenbauer und Zulieferer sowie zahlreiche Hochschulen und Forschungseinrichtungen vereinigt, um die wirtschaftliche und technologische Vorreiterstellung der Region in diesem Bereich zu stärken.[6] So vereint das Zentrum für Innovation und Gesundheitswirtschaft Partner aus den Bereichen Gesundheitsleistungen, Industrie und Wissenschaft mit dem Ziel, Innovationen zu fördern. Das Netzwerk Energie Impuls OWL macht Bielefelder Unternehmen fit für die Zukunft, indem es ihre Energieeffizienz steigert.[7] Seit 2003 besteht mit dem Bielefelder IT-Kompetenznetzwerk e. V. (BIKONET)[8] außerdem ein Unternehmensnetzwerk aus 33 Firmen, die gemeinsam IT-Lösungen anbieten. Dazu passt es, dass der Anteil der Beschäftigten im Bereich IT in Bielefeld deutlich höher ist als im bundesdeutschen Vergleich. [ ] Eine herausragende Initiative der Region OWL ist das Cluster it's OWL (Intelligente Technische Systeme Ostwestfalen-Lippe), das vom Bundesministerium für Bildung und Forschung im dritten Spitzencluster-Wettbewerb als eines von 15 Spitzenclustern ausgezeichnet wurde.[9] Dem ostwestfälischen Cluster gehören 200

[6] OWL MASCHINENBAU e. V.: www.owl-maschinenbau.de (18. September 2019). [7] Energie Impuls OWL e. V.: http://www.energie-impuls-owl.de/ (18. September 2019). [8] Bielefelder IT-Kompetenznetzwerk e. V.: http://www.bikonet.de/ (18. September 2019). [9] it's OWL Clustermanagement GmbH: http://www.its-owl.de (18. September 2019).

Unternehmen und Forschungseinrichtungen an, die gemeinsam intelligente Produkte und Produktionssysteme entwickeln. In den Jahren 2012 bis 2017 kann it's OWL auf eine beachtliche Erfolgsbilanz zurückblicken; so wurden sechs neue Forschungsinstitute geschaffen, 34 Unternehmen gegründet und 23 neue MINT-Studiengänge ins Leben gerufen. Partner sind unter anderem die Universität Bielefeld, die Fachhochschule Bielefeld, die Universität Paderborn, die Technische Hochschule OWL und drei Fraunhofer-Einrichtungen. Das erklärte Ziel des Clusters ist es, die Region zu einem der attraktivsten Hightechstandorte weltweit zu entwickeln.

Blick in die Zukunft – Bielefeld im Informationszeitalter

Ein Blick auf den Prognos Digitalisierungskompass aus dem Jahr 2019 zeigt, dass sich Bielefeld im Bereich IT, der für Hightechprodukte unerlässlich ist, auf einem guten Weg befindet: Es erreichte einen soliden Rang 134 von 401 und damit drei von fünf möglichen Sternen. Untersucht wurden zwölf Indikatoren in drei Bereichen der Informations- und Kommunikationstechnologie (IKT): Arbeitsmarkt digitaler Berufe, IKT-Branche sowie IKT-Infrastruktur. Besonders gut schneidet die Stadt bei den Unternehmensgründungen im Bereich Informations- und Kommunikationstechnologie ab. Die Breitbandversorgung privater Haushalte liegt in Bielefeld etwas über dem deutschlandweiten Durchschnitt. Lediglich bei der Breitbandversorgung von Firmen besteht Verbesserungspotenzial – so zeigen es die Daten des TÜV Rheinland, die für den Prognos Digitalisierungskompass verwendet wurden. Die Anzahl der IT-Beschäftigten ist hoch (Rang 44 von 401). Gleiches gilt für den Anteil der IT-Auszubildenden an allen Auszubildenden (Rang 67 von 401).[10] [ ] Somit kann Bielefeld, dessen Bürgerinnen und Bürger im Lauf der Jahrhunderte so manchen Umbruch bewältigt haben, auch weiterhin zuversichtlich in die Zukunft blicken. → 9.05 Während die Bedeutung ehemals identitätsstiftender Branchen wie der Textilindustrie und der Metall verarbeitenden Industrie in jüngster Zeit abgenommen hat, treten andere Wirtschaftszweige in den Vordergrund, spielen neu auf und begleiten den Strukturwandel. [ ] Die wirtschaftliche Entwicklung wird weiterhin das Erscheinungsbild Bielefelds beeinflussen – so wie sie es schon

10 Statistische Ämter des Bundes und der Länder (2019).

seit jeher getan hat. Auf den vorherigen Seiten haben wir gesehen, dass wirtschaftliches Wachstum – und damit Beschäftigungsmöglichkeiten – immer wieder Grund für zahlreiche Menschen bot, nach Bielefeld zu ziehen. In der Nähe der Fabriken entstanden neue Wohngebiete. Wenn die Wirtschaft florierte, waren auch die Kassen der Stadt gefüllt und die Stadt konnte öffentliche Gebäude errichten lassen. Auch die Bielefelder Unternehmen ließen sich bei guter Wirtschaftslage bisweilen nicht lumpen. So konnte 1930 dank einer großzügigen Spende der Familie Oetker die Rudolf-Oetker-Halle fertiggestellt werden. Am Rande des Bürgerparks gelegen, dient sie auch heute noch als Konzerthalle. Rund vierzig Jahre später, 1968, finanzierte der Oetker-Konzern zu großen Teilen den Bau der Kunsthalle Bielefeld. Die Firma Seidensticker beteiligte sich Anfang der 1990er-Jahre mit einer großzügigen Spende an der Seidensticker Halle. Die industrielle Vergangenheit, Gegenwart und Zukunft Bielefelds wird weiterhin die Geschichte der Stadt und das Stadtbild prägen. So werden auch weitere Gebäude hinzukommen, die hoffentlich von der erfolgreichen wirtschaftlichen Entwicklung Bielefelds Zeugnis geben sollen.

9.05 **Am Adenauerplatz: Beispiele innovativer Baukultur am Fuße der Sparrenburg, 2019**

Exemplarische Unternehmen und Firmenareale

Constantin Iliopoulos
Jasmin Klink
Bernd Lange
Corinna Mehl
Tina Schmidt
Kirill Starodubskij
Kerry Steen

Exemplarische Unternehmen und Firmenareale

→ 278
Golf House Direktversand GmbH

→ 288
Gebr. Tuxhorn GmbH & Co. KG

→ 279
Carolinen Mineralquellen Wüllner GmbH & Co. KG

→ 292
Ziegenbruch GmbH

→ 289
Dr. August Oetker KG

→ 270
Schüco International KG

→ 274
Dr. Wolff-Gruppe GmbH

→ 283
Ihde Gebäudetechnik GmbH

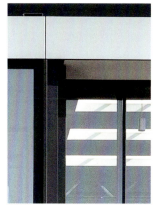
→ 293
Goldbeck GmbH

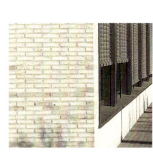
→ 290
Diamant Software GmbH & Co. KG

→ 284
itelligence AG

→ 296
Böllhoff-Gruppe

Schüco International KG

Karolinenstraße 1–15
33609 Bielefeld

Die heutige Schüco International KG wurde 1951 unter dem Namen Schürmann & Co. von Heinz Schürmann (1922–2010) als Metallbaubetrieb für Schaufenster in Porta Westfalica gegründet und zog 1954 nach Bielefeld um. 1964 wurde Schüco durch die Otto Fuchs KG, Meinerzhagen, übernommen, blieb jedoch als Fenster- und Fassadentechnologiehersteller selbstständig und wuchs seitdem kontinuierlich. Heute entwickelt und vertreibt Schüco mit ca. 5.400 Mitarbeiterinnen und Mitarbeitern weltweit Systeme zum Bau von energiesparenden und ästhetischen Gebäudehüllen. Diese starke wirtschaftliche Entwicklung spiegelt auch die qualitätsvolle Architektur des Stammsitzes: Die Unternehmenszentrale mit der markanten Krone, das Competence Center, das Technologiezentrum u.a.m. wurden von Architekten aus der Region wie tr.architekten Lars Rössing, Bert Tilicke aus Bad Oeynhausen oder wannenmacher + möller aus Bielefeld errichtet; die aktuellen Neubauten verantwortet die dänische Agentur 3XN Copenhagen A/S.

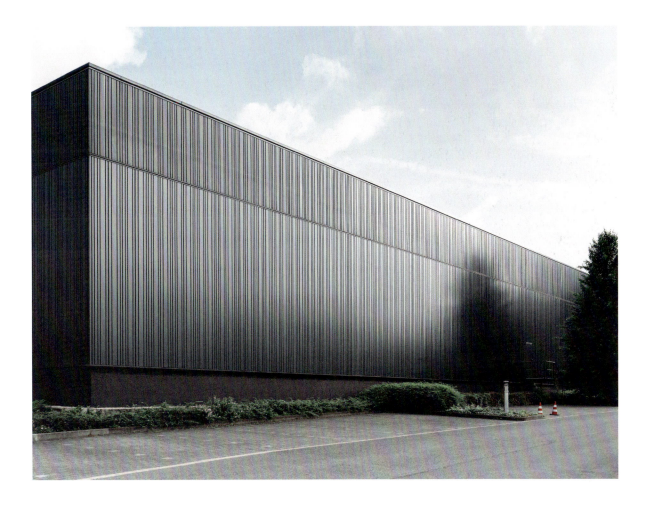

Dr. Wolff-Gruppe GmbH

Johanneswerkstraße 34–36
33611 Bielefeld

1905 gründete der Bielefelder Chemiker und Apotheker August Wolff die Nährmittelwerke Sudbrack, aus denen später die chemisch-pharmazeutische Fabrik Dr. August Wolff GmbH & Co. wurde. Nach dem Tod des Firmengründers übernahm 1942 dessen Sohn Kurt das Unternehmen, das nach dem Zweiten Weltkrieg in die Pharmasparte Dr. August Wolff GmbH & Co. KG und die Kosmetiksparte Dr. Kurt Wolff GmbH & Co. KG unterteilt wurde. Die familiengeführte Dr. Wolff-Gruppe beschäftigt heute mehr als 630 Mitarbeiterinnen und Mitarbeiter und ist in mehr als 50 Ländern aktiv. In den letzten Jahren sorgten die Märkte Singapur, England, Ungarn und Südafrika für erhebliche Umsatzsteigerungen, sodass bis 2017 unter der Leitung des Bielefelder Architekturbüros Spornitz & Partner Logistik, Werksanlagen und Verwaltung erweitert, modernisiert und neu errichtet wurden.

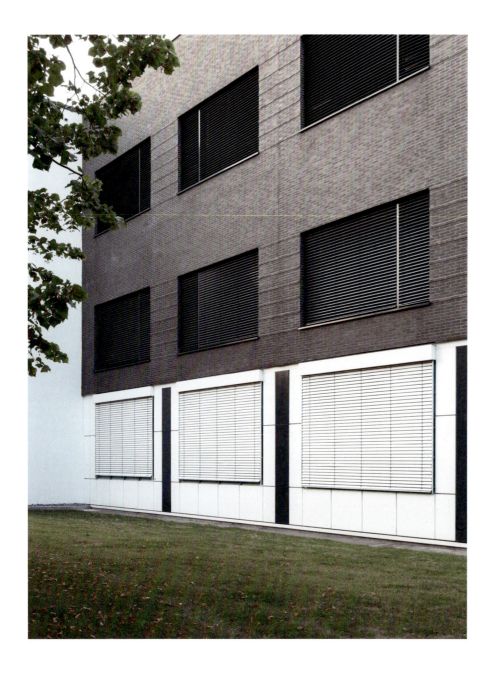

Exemplarische Unternehmen und Firmenareale

Golf House Direktversand GmbH

Potsdamer Straße 155
33719 Bielefeld

Das Bielefelder Architekturbüro brewitt plante von 2012 bis 2013 den Neubau für die Golf House Direktversand GmbH, eine Tochtergesellschaft der JAB Josef Anstoetz KG, der 2015 an der Potsdamer Straße 160 errichtet wurde. Die Hausarchitektur bricht bewusst mit klischeehaften, traditionsbehafteten Vorstellungen vom Golfsport. Es ist ein dementsprechend innovatives Erscheinungsbild entstanden, das Interesse wecken und dem Sport einen modernen, dynamischen Ausdruck verleihen soll. Die ebenso markante wie prägende Dachlandschaft schwebt über einem weitgehend transparenten Sockelbau, der Ein- und Ausblicke und vielfältige Nutzungen ermöglicht. Entstanden ist ein ungewöhnlicher, eigenständiger Bau auf einem Grundstück zwischen Einfamilienhäusern, Gewerbebauten und Grünflächen.

Carolinen Mineralquellen Wüllner GmbH & Co. KG

Detmolder Straße 767
33699 Bielefeld

Die Mineralquellen Wüllner entwickelten sich von einem 1925 gegründeten Bierverlag bis heute zu einem der sechs größten Markenbrunnen Deutschlands. 2003 eröffnete das Unternehmen in Ubbedissen eine der modernsten PET-Abfüllanlagen und verzehnfachte zugleich die Betriebsfläche. 2011 wurde nach knapp einem Jahr Bauzeit die von crayen + bergedieck architekten stadtplaner BDA konzipierte neue Unternehmenszentrale eröffnet, die als horizontal liegende und auf V-Stützen gestellte Röhre über dem Hang des Teutoburger Waldes zu schweben scheint. Mit einer Reihe innovativer Umwelttechnologien setzt das Nullenergiehaus höchste Maßstäbe in Energieeffizienz und Umweltschutz, wofür das Unternehmen im selben Jahr den Umwelt- und Klimaschutzpreis der Stadt Bielefeld erhielt.

Ihde Gebäudetechnik GmbH

Jöllenbecker Straße 314
33613 Bielefeld

Das Ausstellungs- und Bürogebäude wurde ursprünglich vom Gütersloher Büro Heitmann Architekten in Zusammenarbeit mit der Bochumer Architektin Karin Meyer für die heute nicht mehr bestehende Büromöbelfirma Euskirchen GmbH & Co. als transparenter Bau zur Ausstellung von Büro- und Wohnmöbeln geplant und 2001 fertiggestellt. Durch das Gebäude führt ein glasüberdeckter Weg aus Natursteinen. Eine Sichtbetonwand verbindet das untere mit dem oberen Geschoss, wo sich Büros befinden. Heute wird das Gebäude von der im Jahr 2000 von Alexander Ihde gegründeten Ihde Gebäudetechnik GmbH genutzt, deren Ursprung im klassischen Heizungs- und Sanitärbau liegt. Spezialisiert auf zukunftsorientierte, automatisierte und innovative Technik und damit verbundene Dienstleistungen, ist das Unternehmen heute regionaler Marktführer und betreut private Immobilieneigentümer sowie Unternehmen der Wohnungswirtschaft mit insgesamt mehr als 35.000 Wohnungen.

itelligence AG

Königsbreede 1
33605 Bielefeld

Die itelligence AG ist einer der international führenden IT-Komplettdienstleister, die auf SAP-Branchenlösungen für den Mittelstand spezialisiert sind. Sie hat ihren Hauptsitz in Bielefeld. Die Geschäftsbereiche umfassen die Beratung und Entwicklung von SAP-Produkten sowie die Lizenzvergabe von SAP-Software. Die itelligence AG – ursprünglich 1989 unter dem Namen S&P Consult von Herbert Vogel und Wolfgang Schmidt gegründet – beschäftigt heute weltweit über 7.000 Mitarbeiterinnen und Mitarbeiter in über 20 Ländern. Seit 2000 hat die itelligence AG ihren Sitz in der Königsbreede 1. 2009 wurde der Firmenhauptsitz durch einen Neubau des Bielefelder Architekten Alexander Ahlert erweitert, wobei die Konvortec-Glasfassade und das leuchtende 3-D-Logo auffallende Besonderheiten sind, die dem Firmenareal seinen außergewöhnlichen Charakter verleihen. Mit dem Neubau entstanden auf etwa 3.000 m² Büroflächen für 220 neue Angestellte und ein 425 m² großes Konferenzzentrum.

Gebr. Tuxhorn GmbH & Co. KG

Senner Straße 171
33659 Bielefeld

1919 gründeten Otto und Paul Tuxhorn in Ummeln die Gebr. Tuxhorn OHG zur Produktion von Kupferarmaturen, die 1921 in ein neues Fabrikgebäude in Brackwede verlegt wurde. Nach 1945 wurden auch Heizungs-, Schiffs- und Ölarmaturen produziert, sodass 1966 eine erste Betriebserweiterung nötig wurde. Mit der Etablierung der Marke tubra gelang 1972 die weitere Expansion. 1979 wurden die Gießerei, die Montagehalle und 1985 eine neue Produktionshalle errichtet. 2009 bezog das Unternehmen mit heute ca. 100 Mitarbeiterinnen und Mitarbeitern seinen neuen Standort in Senne. Hier befinden sich ein produktions- und energieeffizientes Fertigungsgebäude für Armaturen und Pumpen für Solar-, Heizungs- und Frischwassersysteme, ein Hochregallager und seit 2014 das durch das Bielefelder Architekturbüro Wannenmacher + Möller und die Herforder Landschaftsarchitekten Kortemeier Brokmann konzipierte Verwaltungsgebäude, das Optik und Nutzen samt dem Löschwasserteich in besonderer Weise vereint.

Dr. August Oetker KG

Lutterstraße 14
33617 Bielefeld

Die Dr. August Oetker KG ist aus der 1891 von Dr. August Oetker (1862–1918) in der Aschoff'schen Apotheke gegründeten Backpulverherstellung hervorgegangen und heute einer der größten international tätigen deutschen Familienkonzerne. Zur Oetker-Gruppe mit ca. 31.000 Mitarbeiterinnen und Mitarbeitern gehören etwa 400 Firmen, unter anderem aus der Nahrungs- und Getränkebranche. Während Rudolf-August Oetker (1916–2007) für die Diversifikation der Unternehmensgruppe stand, setzte sein Sohn August Oetker (*1944) auf Internationalisierung. Heute leitet eine dreiköpfige Gruppe das Unternehmen, das 2018 rund 7,1 Milliarden Euro umsetzte. Das Dr. Oetker-Areal spiegelt vom Adenauerplatz bis nach Brackwede auch stilgeschichtlich die unternehmerische Expansionskraft von den ersten Ziegelbauten um 1900 (heute z. B. *Dr. Oetker Welt*) über die Bauten seit den 1930er-Jahren bis zum 2017 eröffneten neuen Forschungszentrum.

Diamant Software GmbH & Co. KG

Stadtring 2
33647 Bielefeld

Das Unternehmen zur Entwicklung und dem Vertrieb von Finanzbuchhaltungssoftware kleiner mittelständischer Unternehmen wurde 1980 unter dem Namen Semmerling & Armbrecht gegründet und firmiert heute unter dem Namen Diamant Software GmbH & Co. KG. Durch Software wie Fibu Plus oder Diamant 1–3 und komplexe Konzernbuchhaltung stieg die Kundenzahl in Deutschland und Europa auf über 4.000, die heute von etwa 160 Mitarbeiterinnen und Mitarbeitern betreut werden. 2015 bezog das Unternehmen seine neue, vom Bielefelder Architekturbüro brüchner-hüttemann pasch geplante Firmenzentrale in Brackwede – ein modernes Gebäude mit hellen Büros, Fitness- und Mehrzweckräumen und einer Vollküche, das im Frühjahr 2019 durch das neue Kompetenzzentrum KI erweitert wurde.

Ziegenbruch GmbH

Karolinenstraße 42
33609 Bielefeld

Die Firma Ziegenbruch Automaten mit Hauptsitz in Bielefeld gehört seit über 60 Jahren zu den führenden Unternehmen in der Unterhaltungsautomatenwirtschaft in Ostwestfalen-Lippe. Sie wurde 1951 von Hans-Dieter Ziegenbruch gegründet und stellt seitdem münzbetätigte Unterhaltungsgeräte in der Gastronomie auf. Anfang der 1980er-Jahre wurde die erste Jackpot-Spielstätte eröffnet, weitere folgten in Bielefeld, Bünde, Oerlinghausen, Paderborn, Rheda-Wiedenbrück, Schloß Holte, Spenge, Steinhagen, Verl und Werther. 1991 trat der Sohn Olaf Ziegenbruch in das Unternehmen ein, der es seit 2001 leitet. 2009 wurde die neue Firmenzentrale an der Eckendorfer Straße, Ecke Karolinenstraße 42 errichtet und 2010 bezogen. Die stadtgestalterisch auffällige Stahlbaukonstruktion mit großzügiger Fensterfassade wurde von Stopfel Architekten BDA, Bielefeld, konzipiert.

Goldbeck GmbH

Ummelner Straße 4–6
33649 Bielefeld

Die Goldbeck GmbH wurde 1969 von Ortwin Goldbeck (*1939) unter dem Namen Goldbeck Stahlbau KG in Bielefeld-Ummeln gegründet. Heute ist die unverändert inhabergeführte Goldbeck-Gruppe mit über 7.000 Mitarbeiterinnen und Mitarbeitern und 70 Standorten in Deutschland und Europa, neun Werken und zwei Systemzentren das größte deutsche Bauunternehmen. Aus einem kleinen Stahlbaubetrieb hat sich ein modernes, diversifiziertes Unternehmen entwickelt, das eine Vielzahl von Gebäuden wie Hallen, Bürogebäude, Parkhäuser, Schulen, Sporthallen, Hotels, Kindertagesstätten und Seniorenimmobilien nachhaltig plant, baut, betreut und weitere Dienstleistungen anbietet. Diese Firmenentwicklung spiegelt sich im kontinuierlich wachsenden Firmenareal mit qualitätsvoller moderner Architektur wie der Demonstrations- und Versuchshalle, dem Verwaltungsgebäude, der Kantinenerweiterung und dem Parkhaus, konzipiert unter anderem von den Bielefelder Architekturbüros Wannenmacher + Möller und brüchner-hüttemann pasch.

Böllhoff-Gruppe

Archimedesstraße 1–4
33649 Bielefeld

1877 gründete Wilhelm Böllhoff (1848–1924) in Herdecke eine Eisenwarengroßhandlung für Schmieden, Schlossereien und den Bergbau, die während der französischen Ruhrbesatzung 1923/1924 unter der Leitung von Josef Böllhoff (1894–1984) in Bielefeld zunächst eine Zweigstelle eröffnete. Am neuen Firmensitz entwickelte sich das Unternehmen durch zahlreiche neue Niederlassungen in Deutschland dynamisch. 1962 wurde Dr. Wolfgang W. Böllhoff (*1934) geschäftsführender Gesellschafter, der die Filialen in Europa und Amerika aufbaute. 1995 traten Wilhelm A. Böllhoff (*1965) und 1998 Michael W. Böllhoff (*1971) in das Unternehmen ein, unter deren Leitung in Osteuropa und Asien expandiert wurde. Heute ist die Böllhoff-Gruppe, bei der ca. 3.300 Mitarbeiterinnen und Mitarbeiter tätig sind und deren Stammsitz inzwischen fast ein Stadtteil ist, ein international führender Hersteller und Großhändler von Verbindungs- und Montagesystemen, bestehend aus 45 Gesellschaften mit 39 Standorten in 24 Ländern.

1 Werner Lippert: *Die Beschreibung der Bilder ersetzt die Beschreibung von Architektur*, in: Steven Jacobs, Jean-François Chevrier, Emiliano Gandolfi: *Spectacular City. Photographing the Future*, Rotterdam 2007, deutschsprachige Beilage, unpaginiert. **2** Herzog & de Meuron, ebd. **3** Emiliano Gandolfi: *Das Bild und sein Double*, ebd. **4** Christoph Schaden: *Der Systematische Blick*, in: *Photonews* Nr. 6/2019, Hamburg 2019, S. 6. **5** Ebd.

Fotografie und Architektur
Roman Bezjak

Seit ihrer Erfindung vor beinahe 200 Jahren steht die Fotografie in einem symbiotischen Verhältnis zur Architektur. Die erste Fotografie aus dem Jahr 1826, eine *Heliographie* von Joseph Nicéphore Niépce (1765–1833), zeigt einen Blick über die Dächer von Paris, aufgenommen aus dem Atelierfenster des Erfinders. Mit dem Pariser *Boulevard du Temple* diente ebenfalls eine Stadtlandschaft als Motiv für die erste Daguerreotypie (1836). ← 10.01 Die Fotografie avancierte in der Folge ganz selbstverständlich zum Leitmedium der Architekturdarstellung und prägte über fast zwei Jahrhunderte unsere Wahrnehmung und Vorstellung von Architektur und Stadt. Die immobile Architektur ist geradezu angewiesen auf die bildliche Darstellung, denn nur so kann sie über ihren Standort hinaus von einem breiteren Publikum wahrgenommen werden. [ ] **Bild und Image** → Die »Bildsucht der Architektur und das Vermögen der Bildfindung der Fotografie«¹ bedingen sich in einem produktiven Verhältnis gegenseitig. Mit der Feststellung der Stararchitekten Herzog & de Meuron, »die Realität

10.01 **Louis Jacques Mandé Daguerre:** *Boulevard du Temple*, **1836**

von Architektur ist nicht gebaute Architektur«,[2] wird deutlich, dass die Fotografie eine entscheidende Rolle spielt, die sich bereits im architektonischen Entwurf niederschlagen kann. Nicht selten setzten avancierte Architekten auf den sogenannten Bilbao-Effekt, auf eine fotogene Entwurfsstrategie, die der baskischen Stadt Bilbao wie zuvor Sydney und jüngst Hamburg weltweite Aufmerksamkeit und Anerkennung verschaffte. Dort sind ikonische und spektakuläre Gebäude errichtet worden, deren Abbilder nicht nur Bilder, sondern auch Images sind. »Unsere Zeit zieht das Bild dem Gegenstand, die Vorstellung der Realität vor. Das Bild hat den Charakter der Realität übernommen.«[3] Der Kunstkritiker Emiliano Gandolfi hinterfragte damit die Aufgabe und Wirkung von Fotografie. Durch ihre notwendige Bindung an den Gegenstand und ihre technische Fähigkeit, das Sujet exakt abzubilden, beansprucht die Fotografie einerseits Authentizität, die sie als wirklichkeitsbeschreibendes und objektives Medium erscheinen lässt. Andererseits kann von der implizierten Objektivität keine Rede sein, da Fotografien immer die Sichtweise ihres Urhebers wiedergeben, nicht objektiv oder wahr sein können und zudem, wie Gandolfi konstatiert, gar selbst zur Wirklichkeit werden, indem sie als Image im doppelten Wortsinn wirken. Die Symbiose Fotografie–Architektur ist ebenso erfolgreich wie komplex. [ ] **Grand Tour** → Genannte symbiotische Verbindungen lassen sich in zahllosen Beispielen aufzeigen, wie etwa bei der gewerblichen Produktion von Fotomappen seit Beginn der 1840er-Jahre, die thematisch auf antike Stätten der historischen Bildungsreise Grand Tour ausgerichtet waren und im 19. Jahrhundert an Schulen und Universitäten als Anschauungsmaterialien eingesetzt wurden. Oder an den Folianten von Édouard Baldus (1813–1889), der 1861 beauftragt wurde, industrielle Architekturen an der Trasse der neu entstandenen Eisenbahnroute von Lyon nach Toulon zu fotografieren. → 10.02 In einer »dokumentarischen Bildgrammatik«[4] entstanden Bilder von »Bahnhöfen und Brückenkonstruktionen, die wiederum in Bezug zu der Landschaft und den antiken Monumenten des mediterranen Kulturraums gebracht wurden.«[5] Ein weiterer

10.02 **Édouard Baldus:** *Fotografie des Viadukts von Roquefavour*, 1861

10.03 Eugène Atget: *Maison d'Andre Chenier en 1793, 97 rue de Clery*, 1907

10.04 Albert Renger-Patzsch: *Fagus-Werk in Alfeld/Leine*, 1952

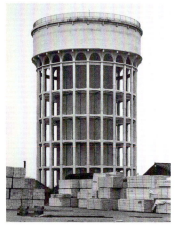

10.05 Bernd und Hilla Becher: *Wasserturm in Goole, GB*, 1997

10.06 Stephan Shore: *Beverly Boulevard and La Brea Avenue, Los Angeles, California*, 1975

bedeutender Protagonist der fotografischen Darstellung von Architektur und Stadtlandschaft ist Eugène Atget (1857–1927), »der Balzac der Kamera.[6]« Er dokumentierte um die Jahrhundertwende das alte Paris, das sich im Zuge der Haussmann'schen Stadtplanung radikal verändern sollte. ← 10.03 Atget gilt als Wegbereiter der Moderne, die in der Fotografie mit der Neuen Sachlichkeit einsetzte und in der Architektur mit dem Neuen Bauen ihre Entsprechung fand (1910–1930). [ ] **Neue Sachlichkeit** → Durch den Einsatz von modernen Werkstoffen und Materialien (Eisen, Glas, Beton), durch Rationalisierung und Typisierung mit nüchternen und sparsamen Innenausstattungen sowie durch den Einbezug von sozialer Verantwortung brach das Neue Bauen mit dem Historismus des 19. Jahrhunderts und setzte zukunftsweisende Maßstäbe, die später – seit den 1960er-Jahren – in der Stadtplanung sozialistischer Staaten eine erneute Konjunktur erleben sollten. Die Neue Sachlichkeit war ebenfalls bestrebt, Traditionen zu brechen und den Piktorialismus zu überwinden, um die Fotografie von der Malerei abzusetzen. Zum Ideal wurde, das Sujet in seiner Einfachheit und Schönheit darzustellen. Geradezu programmatisch ist das Buch *Die Welt ist schön* (1928) von Albert Renger-Patzsch (1897–1966), einem Hauptprotagonisten der Bewegung. ← 10.04 Die ästhetischen und konzeptionellen Setzungen der Neuen Sachlichkeit waren neben einer einfachen und nüchternen Bildsprache gleichmäßige Beleuchtung und Distanz zum Gegenstand – all jene Merkmale, die seit den 1960er-Jahren in den Arbeiten von Bernd (1931–2007) und Hilla Becher (1934–2015) wieder aufleben sollten und weltweit als Merkmale deutscher Fotografie Anerkennung fanden. ← 10.05 [ ] **New Topographics** → Eine neue und »zivilisationskritische Fotografie«[7] formierte sich seit etwa 1970 in den USA. Fotografen wie Stephan Shore (*1947), Robert Adams (*1937) oder Lewis Baltz (1947–2014) sind Teil der neuen Stilrichtung und waren zusammen mit anderen in der legendären Ausstellung *New Topographics: Photographs of a Manaltered Landscape* vertreten. ← 10.06, → 10.07, → 10.08 Vom Idealbild einer unberührten Landschaft oder intakten Stadtlandschaft abweichend,

6 Jean-Claude Gautrand: *Eugène Atget. Paris*, Köln 2000, S. 20. **7** Vgl. https://de.wikipedia.org/wiki/New_Topographic_Movement (10. Juni 2019). **8** Ebd.

fokussierten sie sich auf eine Umwelt, »die von Gewerbe, Transport und Naturausbeutung geprägt (auch: verschandelt)« war.⁸ Sie fanden ihre Motive häufig an Vororten, in Gewerbeparks oder Kleinstädten. Die New Topographics wurden in Europa und insbesondere in Deutschland intensiv rezipiert und geben der zeitgenössischen Fotografie heute noch wichtige Impulse.

Abbild und Fiktion

Die frühen Lichtbildner der Fotomappen handelten noch als Auftragsfotografen. Das änderte sich zunehmend, denn mehr und mehr setzte sich die Haltung des selbstbestimmten Künstlers durch, der die Welt durch seine Fotografien reflektierte und analysierte. Der Einsatz des Mediums blieb bei den hier genannten Fotografen in einem abbildenden, dem Gegenstand verpflichteten Modus, obgleich sie sich nicht als Dokumentarfotografen verstanden, da sie die Welt nicht dokumentierten, sondern interpretierten. Die gestalterischen Optionen wurden mit der Digitalisierung der Fotografie zunehmend vielfältiger und näherten sich der Malerei an, da die Abhängigkeit vom Gegenstand aufgekündigt werden konnte. Das ›straighte‹ fotografische Verfahren wurde durch digitale Retusche und Zufügungen erweitert, die bildnerische Treue zum Sujet damit verlassen. Das Bild *Paris, Montparnasse* (1993) von Andreas Gursky (*1955) ist dafür nur ein Beispiel. → 10.09 Um das Typische und Repräsentative eines Motivs zu erfassen, entfernte sich Gursky von der Realität. Er überlistete die Zentralperspektive, indem er von verschiedenen Standpunkten aufgenommene Bilder am Computer zu einer Gesamtansicht montierte. Diese bildnerische Strategie verfolgte seit 2005 in weitaus offensiverer Weise Beate Gütschow (*1970), die Gebäude und Bauteile aus verschiedenen Aufnahmen, die sie selbst weltweit fotografiert hatte, zu neuen, fiktiven und ebenso beunruhigenden wie verstörenden Stadtlandschaften komponierte. → 10.10, → 10.11

10.07 **Robert Adams:** *The New West*, 1975

10.08 **Lewis Baltz:** *South corner, parking area, 23831 El Toro Road, El Toro*, 1974

10.09 **Andreas Gursky:** *Paris, Montparnasse*, 1993

10.10 Beate Gütschow: *S#18*, 2006

10.11 Beate Gütschow: *S#14*, 2005

10.12 Kirill Starodubskij: *Architekturen am Adenauerplatz*, 2018

10.13 Bernd Lange: *Technisches Rathaus der Stadt Bielefeld*, 2018

10.14 Corinna Mehl: *Dr. Wolff-Gruppe GmbH*, 2018

Das Projekt

Mit diesem Wissen im Gepäck sind die Studierenden der Studienrichtung Fotografie und Bildmedien in das Projekt gestartet und nutzten die urbanen Landschaften Bielefelds als Palette ihrer Ausdrucksmöglichkeiten. Dabei sollten sie die verschiedenen Spielarten des Genres Architekturfotografie und die Grenzen und Möglichkeiten des Mediums Fotografie untersuchen. Es gab notwendigerweise von den Herausgebern Vorgaben durch eine Motivliste – die Wahl der Orte beruhte auf einer Entscheidung des einberufenen Fachbeirats –, doch sollte das Projekt nicht wie ein Auftrag abgearbeitet werden, vielmehr die Vielfalt der Konzepte, die diese Aufgabe bietet, im Mittelpunkt stehen.

Die Fotografiestudierenden

Kirill Starodubskij (*1991) übernahm die Gebäudeensembles am Adenauerplatz und zahlreiche andere Objekte und fotografierte im dokumentarischen Stil, angelehnt an die New Topographics. Er probierte verschiedene Lichtstimmungen und unterschiedliche Standpunkte aus, um den idealen Blick auf die Ensembles herauszuarbeiten. ← 10.12 Bernd Lange (*1964) überprüfte die Grenzen der Darstellbarkeit von Stadtlandschaft in seinen schwarz-weißen, bis zu 180 Grad abbildenden Panoramen, die er aus zahlreichen Einzelaufnahmen am Rechner zusammensetzte und damit den natürlichen, menschlichen Blick erweiterte. Dabei wurden Geraden zu Bögen verformt. Die Bilder erhalten dadurch eine eigene Aus-

10.15 **Kerry Steen, Tina Schmidt:** *Gebr. Tuxhorn GmbH & Co. KG*, 2018

druckskraft. ← 10.13 Von der Ästhetik der Nützlichkeit ließ sich Corinna Mehl (*1988) leiten. Sie fotografierte die Gewerbegebäude der Firmen Dr. Kurt Wolff bzw. Alcina und Halfar. Es gelang ihr, das Besondere im Gewöhnlichen zu entdecken, indem sie sich ganz und gar auf das Unspektakuläre der Architekturen einließ, so wie einst Lewis Baltz in amerikanischen Gewerbeparks. ← 10.14 Eine ähnliche Strategie verfolgten Kerry Steen (*1986), Tina Schmidt (*1994) → 10.15 und Constantin Iliopoulos (*1990), die bei Tuxhorn, Dr. Oetker und Schüco ebenfalls Funktionsarchitekturen in den Blick nahmen. Christoph Maurer (*1996) umrundete das neue Gebäude der Fachhochschule Bielefeld und die Universität Bielefeld sowie das CITEC-Gebäude. Die entstandenen Aufnahmen der jeweiligen Gebäude montierte er am Computer nur notdürftig zusammen und erstellte Gebäudeabwicklungen, die zu langen, multifokalen und geradezu grotesk wirkenden Panoramen führten. Sie visualisieren einen Zusammenhang, den der Betrachter im Realen nicht sehen kann. → 10.16 Von der Ästhetik der gerenderten Architekturvisualisierungen, die zu Präsentationszwecken von Büros erstellt werden, ließ sich Thomas Handke (*1978) inspirieren. Er vollzog jedoch den umgekehrten Weg, fotografierte den gerade umgestalteten Innenhof der Ankergärten und bearbeitete die Aufnahmen so, dass sie wieder wie eine Computervisualisierung aussehen. Oder er ließ seiner Fantasie freien Lauf und verwandelte die Außenansicht der Ankergärten in den für die Zukunft geplanten Stand. Er beseitigte Straßen und legte die Lutter digital frei. In einer dritten Arbeit über die sanierten Dürkopp-Gebäude verwendete Handke die Tilt-Shift-Funktion: einige Bildpartien wurden unscharf, dafür andere scharf. Er verweist damit auf die Modellhaftigkeit des fotografischen Bildes. → 10.17 Daria Gatska (*1987) orientierte sich in ihrer Arbeit über Bethel an den Perspektiven des Neuen Sehens, einer fotografischen

10.16 **Christoph Maurer:** *Fachhochschule Bielefeld*, 2018

10.17 **Thomas Handke:** *Dürkopp-Areal Marktstraße*, 2018

10.18 **Daria Gatska:** *Hauptverwaltung der v. Bodelschwinghschen Stiftungen Bethel*, 2018

10.19 Jan Düfelsiek: *Lenkwerk*, 2018

10.20 Jasmin Klink: *Montage des itelligence-Verwaltungsgebäudes*, 2018

10.21 Lea Uckelmann: *Stadthalle Bielefeld*, 2018

10.22 Felix Bernhard: *Hauptfeuerwache*, 2018

10.23 Till Stürmann: *Klinikum Bielefeld*, 2019

Bewegung zu Beginn des 19. Jahrhunderts, die extreme Unter- oder Obersichten bevorzugte. ← 10.18 Jan Düfelsiek (*1993) fotografierte zwei oder drei ähnliche Hochformate derselben Architekturen des Lenkwerks und montierte sie zu Diptychen oder Triptychen. Die leichte Differenz zwischen den Bildern erzeugt eine Spannung, die ein einzelnes Bild nicht zu leisten vermag. ← 10.19 Auch Jasmin Klink (*1990) bediente sich zweier oder dreier Bilder, um ein Ganzes zu beschreiben. Sie fragmentierte die Gebäude der Firma itelligence AG und die Ensembles des Westend und Eastend Towers in einzelne Aufnahmen, um sie schließlich in einem Tableau wieder zusammenzusetzen, wobei die Bilder in unterschiedlichen Höhen montiert wurden und damit springen. ← 10.20 Lea Uckelmann (*1994) beobachtete die Bauwerke am Willy-Brandt-Platz und am Neumarkt über den Sommer 2018 hinweg. Es gelangen ihr Bilder von der Stadthalle, die nicht nur von dem Gebäude berichten, sondern auch von einer extremen Dürre in Zeiten des Klimawandels. ← 10.21 Felix Bernhard (*1993) erkundete die Feuerwehren der Stadt. Der Fokus der Serien liegt auf der Differenz von alter und neuer Bausubstanz. ← 10.22 Till Stürmann (*1994) fotografierte das Klinikum Bielefeld in der Nacht. Dabei nutzte er neben der vorhandenen Straßenbeleuchtung einen Handblitz, um die Szenerien zusätzlich zu beleuchten. Der kalte und überstrahlende Elektronenblitz tauchte die Gebäude in ein surreal anmutendes Licht. ← 10.23 Jonas Hartz (*1995) nahm als Student der Studienrichtung Grafik und Kommunikationsdesign an dem fotografischen Projekt teil und machte gelungene Schritte in der Formulierung einer angemessenen Bildsprache. → 10.24 Andreas Jon Grote (*1982) fotografierte die neu entstandenen Ensembles an der Herforder Straße. Er probierte verschiedene Konzepte aus, darunter eine Abwicklung an der Herforder Straße mit zahlreichen schwarz-weißen Hochformaten, die sowohl das Trei-

10.24 Jonas Hartz: *Wellehaus*, 2018

10.25 Andreas Jon Grote: *Handwerkskammer Ostwestfalen-Lippe zu Bielefeld*, 2018.

ben auf der Straße als auch die Gebäudeabfolge visualisieren. → 10.25 Patrick Fäth (*1989) verwandelte den Kesselbrink mit den Gebäuden der Volksbank und des BLB-NRW im Hintergrund zu einem extrem belebten Platz, wie man ihn in Asien antreffen könnte. Den ›Grünen Würfel‹ an der Friedrich-Verleger-Straße 5 fotografierte er von seinen vier Seiten und entfernte digital jeweils im Hintergrund die Stadtlandschaften, um Form und Charakter des Gebäudes herauszustellen. → 10.26 Und zu guter Letzt Alina Medvedeva (*1985), die einen ganz anderen Weg wählte. Sie erstellte einen Stop-Motion-Film über den Skulpturenpark der Kunsthalle. Dazu fotografierte sie über die Jahreszeiten hinweg die Skulpturen und die Kunsthalle aus verschiedenen Perspektiven und in zahlreichen Lichtstimmungen. Schließlich montierte sie Hunderte von Schwarz-Weiß-Fotos zu einem Film und kombinierte den ruckelnden und expressiven Bilderfluss mit dem *Prélude* der *Suite für Cello Nr. 1* in G-Dur von Johann Sebastian Bach. → 10.27

10.26 Patrick Fäth: *Der ›Grüne Würfel‹ auf dem Kesselbrink*, 2018

10.27 Alina Medvedeva: *Skulpturenpark der Kunsthalle Bielefeld*, 2019

STADT/GESTALTen
Gedanken zu Wahrnehmung und Raum

Michael Falkenstein

Stadt organisiert sich auf Ebenen von Absprachen. Den Raum außerhalb unserer vier Wände bezeichnen wir als öffentlichen Raum. Hier gelten Regeln, Regeln die definiert sind, und Absprachen, von denen wir ausgehen, dass sie auf allgemeiner Übereinkunft basieren. In diesem öffentlichen Raum gilt es sich zu organisieren und zu bewegen. Organisationsmodelle dieser Art sind Teil von städtischer Gestalt: Wir verstehen den Unterschied von Rad- und Fußgängerwegen, organisieren uns entlang von angebotenen Linien. ← 11.01 Ein Teil dieser Übereinkunft ist die Interpretation im Umgang mit dem angebotenen und vorgegebenen Benutzen des öffentlichen Raums. Spielregeln, miteinander vereinbart oder von anderen gesetzt, lassen uns durch die städtische Umgebung navigieren. Oft sind es hierarchische Prinzipien, die sich zum Beispiel durch Geschwindigkeit und Verdrängung definieren. Leitsysteme, die uns die Sicherheit unserer Bewegung durch ein eigentlich chaotisches Prinzip von unterschiedlichen Geschwindigkeiten, nonlinearen Interaktionen und nicht vorhersehbaren

11.01 *Walk in the City*-Motiv 1 aus der 3D-Installation *Bewegung, Kommunikation, Schwarm* von Michael Falkenstein, 2010

Aktionen führen. »Der Schrittzähler des Smartphones zählt die Schritte unabhängig seiner Wege.« [ ] **Stadt & Bewegung** → Bei Michel de Certeau setzt sich der Ort aus momentanen Konstellationen von festen Punkten zusammen, sein Raum ist »ein Ort, mit dem man etwas macht«. Er entsteht durch Handlungen und in der Behandlung, etwa durch die Aktivität des Gehens und Begehens (Michel de Certeau: *Praktiken im Raum*, in: *Kunst des Handelns*, Berlin 1988, S. 177–238). Diese Prozesse der Alltagspraxis enthalten ein gestalterisches Potenzial. Dank dieser Eigenschaften erweisen sie sich gegenüber vorgezeichneten Spuren, Konzepten, Gebrauchsweisen und Codes als resistent und subversiv gestalterisch. Räume entstehen durch Bewegung; unser Weg durch die Stadt ist nie wiederholbar – nicht durch das, was sich in jenem Moment an einem Ort trifft, nicht dadurch, dass wir an diesem Ort am gleichen Punkt unseres Denkens landen, und nicht durch das gleiche Aufeinandertreffen von einem Gegenüber. In diesem Sinne ist die Stadtgestalt in immerwährender Veränderung und zugleich sind die Orte Setzungen, Angebote, Markierungen. → 11.02 Die Wege zwischen diesen Orten sind gefüllt mit immer wieder neu entstehenden, individuellen Reiseberichten unserer Wahrnehmung von Raum. Hierin liegt ein enormer gestalterischer Akt. Die Aneignung von Raum ist so vielfältig, dass sich in ihr die unterschiedlichsten ästhetischen Modelle entwickeln, und diese Vielfalt macht es unmöglich, mit allen übereinzukommen. Es kann nicht alles gefallen. Das Zusammentreffen von so unterschiedlichen Entwürfen ist nicht homogen. Es gibt Bereiche, Viertel, wie zum Beispiel Einfamilienhaussiedlungen, die scheinbar homogen wirken, die einen gemeinsamen ästhetischen Code leben, aber diese Bereiche sind eher geprägt vom bewussten Rückzug aus dem kommunikativen Raum. Dieses Modell beschreibt eher Abgrenzung und Privatheit. Der Stadtraum ist das Aufeinanderprallen von unterschiedlichsten Konzepten, Biografien, Herkünften, Meinungen, Geschwindigkeiten und das komplette Gegenteil des Privaten oder der privaten Echokammer, in der man sich selbstreflexiv immer wieder aufs Neue zu bestätigen sucht. Raum

11.02 *Walk in the City*-Motiv 2 aus der 3D-Installation *Bewegung, Kommunikation, Schwarm* von Michael Falkenstein, 2010

von dieser Perspektive aus gesehen ist Kosmos, Diskurs, Toleranz oder auch einfach Gleichgültigkeit. Den sozialen Raum gilt es auszuhalten, mitzugestalten und nicht als zielgerichtet oder homogen zu sehen. Für die Erkundung und Auseinandersetzung mit sozialen Räumen hat die Chicagoer Schule mit ihrer Forschungsrichtung auf die qualitative Sozialforschung aus dem ersten Drittel des 20. Jahrhunderts Maßstäbe gesetzt. Innerhalb der Chicagoer Schule wurden unter dem Etikett der Sozialökologie zunächst Prozesse der wechselseitigen Anpassung zwischen menschlichen Gemeinschaften und ihrer physisch-räumlichen Umwelt untersucht. Vor dem Hintergrund der schnellen Verstädterung und der damit zusammenhängenden sozialen Probleme war von besonderem Interesse, wie unter den Bedingungen unterschiedlicher städtischer Lebensräume, Subkulturen und Milieus abweichende Handlungen und soziale Desintegration zustande kommen. [ ] **Stadt & Museum** → Beim Gedankenspiel, die Stadt oder Stadtgestalt in ihrer Vielfalt in einer Ausstellung zu thematisieren, gilt es, für sich eine Position zu definieren, was eine Ausstellung in diesem Kontext leisten können soll und mit welchen Werkzeugen sie arbeiten kann. Ausstellungsdesign versteht sich in erster Linie als Vermittlungsauftrag, umgesetzt durch Wahrnehmungsangebote und Setzungen. Die Betrachtenden können im Ausstellungsraum Positionen zum Gezeigten einnehmen und idealerweise das Gefühl der Akzeptanz oder der Kritik am Dargestellten definieren oder hinterfragen. Dieses Verhältnis zwischen Besucher, Objekt oder Thema findet traditionell im geschützten Museumsraum statt. Zum Thema Stadt gilt es, diesen Ort des Ausstellens genauer anzusehen und zu hinterfragen und gegebenenfalls zu erweitern: Was kann ein Museum im Kontext von Stadt und Gesellschaft leisten? Das, was der Ethnologe James Clifford unter dem Begriff »museums as contact zones« im ethnografisch musealen Kontext beschreibt, nämlich »Veränderungen im und durch das Museum« durch Partizipation der Urheber, kann im weitesten Sinn auch auf die Stadtbewohnerinnen/Betrachterinnen bzw. Stadtbewohner/Betrachter zum Thema Stadt übertragen werden. Sie sind die Experten für das weite Themenfeld, sie liefern die unterschiedlichsten Erfahrungen und Perspektiven und erweitern und ergänzen mit ihren Positionen die Ausstellung im Kontext. Dieser Aspekt soll in einer Ausstellung besonders zum Tragen kommen. Dadurch weitet sich der traditionelle Ausstellungsraum und stellt einen Aspekt von Partizipation, Teilhabe und alternativen Perspektiven in den Mittelpunkt. [ ] **Die Ausstellung** → Die Gegebenheiten für die Ausstellung haben sehr verschiedene Aspekte, die es herauszuarbeiten und zur Diskussion zu stellen lohnt. Ausgestellt werden in erster Linie Bilder von Gebäuden aus dem öffentlichen Raum, aufgenommen im Sinne einer großen Multiperspektive, festgehalten und beschrieben von verschiedenen Autorinnen und Autoren, geprägt durch ihren momentanen Blick und ihre körperliche Positionierung zum Gesehenen und Beschriebenen. Stadtgestalt, Museum, subjektive Wahrnehmung und öffentlicher Raum sind Zutaten, die es innerhalb eines Vermittlungskonzeptes als erfahrbaren Raum anzubieten gilt. Entstanden ist eigentlich schon fast zwangsläufig eine Vermittlungsidee, die den öffentlichen Raum selber als Wahrnehmungsebene nutzt. Das Historische Museum Bielefeld ist eingebettet in eine Parklandschaft, die ihrerseits einen geschichtlichen Wandel innerhalb von Stadt durchlaufen hat und sich heute als Teil des urbanen Raumes in einem sehr kontrastreichen Umfeld befindet. In diese Parklandschaft sollen mittels großformatiger Plakatwände die verschiedenen Perspektiven auf die ausgewählten Gebäude in einer geradezu ungeordneten Anordnung eingebracht werden. Auf diese Art und Weise entsteht ein Aufeinandertreffen in Bewegung – ohne zeitliche Limitierung durch Öffnungszeiten – entlang von nonlinearen Bewegungslinien durch die Stadt, das eine größtmögliche Vielfalt von Begegnungen zulässt und gleichzeitig einen besonderen Charakter von Stadtgestalt und Stadt nutzt.

Beispiele vorbildlicher Architektur in Ostwestfalen-Lippe

Bernd Lange
Kirill Starodubskij

Mit diesem Baukulturprojekt wird die Frage nach der Architektur- und Stadtqualität aus verschiedenen Perspektiven diskutiert und zugleich nochmals gefragt, was der Architekt Frei Otto (1925–2015), seinerzeit Professor an der Universität Stuttgart, 1977 als Festredner anlässlich des 122. Schinkelfestes in der Westberliner Hochschule der Künste gefragt hatte: »Wie weiter?« [ ] Bei der Sitzung des Fachbeirates für dieses Buchprojekt am 14. Dezember 2017 bezog sich die Diskussion auf Bielefeld und die bauliche Entwicklung des Städtebaus in Wirtschaft, Industrie und Dienstleitung in 14 Stadtbezirken, die gänzlich anders wirken als die übrigen Städte und Stadtlandschaften in Deutschland, vor allem aber in den Niederlanden. In der folgenden Debatte kristallisierten sich schließlich Kriterien heraus, die für die Aufnahme eines Objekts in dieses Projekt sprachen: bauliche Qualität, Originalität, Vielfalt, Einbindung in das städtische Umfeld und Vorbildfunktion. [ ] Gerade Letztgenanntes warf die Frage auf, ob es nicht sinnvoll sein könnte, einen kurzen Blick über den Tellerrand zu werfen und einige vorbildliche Architekturbeispiele aus Ostwestfalen-Lippe in das Buch mitaufzunehmen. Dadurch solle neben den eigenen guten Beispielen in Bielefeld ein kleiner, aber qualitätsvoller Bezugsrahmen zu unserer Stadt hergestellt werden, zumal es hier seit Jahren keinen Stadtentwicklungsplan, kein städtisches Planungsamt und daher nur eine reduzierte Planungskapazität gibt, die auch Gestaltungsfragen im Auge hat. [ ] Nach kurzer Diskussion wurde einvernehmlich entschieden, das Energie-Forum-Innovation in Bad Oeynhausen und das Marta Herford, beide von Frank O. Gehry, das Verwaltungsgebäude der HARTING Deutschland GmbH & Co. KG in Minden von Mario Botta, das Ausstellungs- und Schulungszentrum der Hörmann KG Verkaufsgesellschaft in Steinhagen des Architekturbüros Wannenmacher + Möller und den Glass Cube des Manifattura. LEONARDO Factory Outlet in Bad Driburg der Designagentur 3deluxe ins Projekt aufzunehmen. [ ] Im Folgenden sind diese fünf hervorragenden Architekturbeispiele zur Anregung und Orientierung zukünftiger Baukultur in Bielefeld dargestellt.

Energie-Forum-Innovation

Mindener Straße 44
32547 Bad Oeynhausen

Nur wenige Jahre, bevor die drei Stromversorger Paderborner Elektrizitätswerke und Straßenbahn AG (PESAG AG), Elektrizitätswerk Minden-Ravensberg GmbH (EMR) in Herford und die Elektrizitätswerk Wesertal GmbH in Hameln am 1. Oktober 2003 durch Fusion in der Nachfolgegesellschaft E.ON Westfalen Weser AG aufgingen, gelang es dem damaligen EMR-Geschäftsführer Dr. Manfred Ragati (*1938), den US-amerikanischen Architekten Frank O. Gehry (*1929) nach Ostwestfalen-Lippe zu locken. [ ] In dem 1995 eröffneten Bau des Energie-Forum-Innovation in Bad Oeynhausen mit seinen geschwungenen Außenmaterialien wie Zinkblech, Glas, Stahl und Putz wurden früh umweltfreundliche Energiespartechniken in einer Symbiose aus innovativer Energie, Technik und Architektur beworben. ← 12.01 Es war zugleich die Leitstelle des gesamten EMR-Versorgungsnetzes. Das architektonisch äußerst innovative Gebäude enthielt Büros verschiedener EMR-Fachabteilungen, eine Ausstellungshalle und einen Konferenzbereich mit Auditorium sowie eine Cafeteria, grundsätzlich mit Möbeln des Architekten ausgestattet. [ ] Mit dem EMR als Bauherr war die Frank O. Gehry & Associates Inc. in Kooperation mit Hartwig Rullkötter und der Archimedes Bauplanungsgesellschaft mbH, Herford, für die Errichtung des Gebäudes verantwortlich. 2016 hat die inzwischen als Westfalen Weser Energie GmbH & Co. KG firmierende Eigentümerin das Gebäude von Grund auf sanieren lassen.

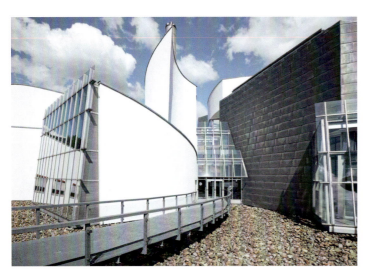

12.01 **Am Energie-Forum-Innovation fügen sich Materialien wie Zinkblech, Glas, Stahl und Putz zu einer außergewöhnlichen architektonischen Symbiose.**

Marta Herford – Museum für Kunst, Architektur, Design

Goebenstraße 2–10
32052 Herford

1996 entstand die Idee, in Herford ein Haus des Möbels zu gründen, das zur Weltausstellung EXPO 2000 fertiggestellt sein sollte. Nachdem das Erweiterungsvorhaben der Kunsthalle Bielefeld 1994 gescheitert war und zum anderen das Energie-Forum-Innovation in Bad Oeynhausen des Architekten Frank O. Gehry 1995 eröffnet worden war, schlug Dr. Manfred Ragati vor, Frank O. Gehry auch für Herford einen Planungsentwurf erarbeiten zu lassen. [ ] 1998 entschied der Rat der Stadt, das Haus zusammen mit einem Möbeldesignmuseum auf dem Gelände der Textilfabrik Ahlers Goldress an der Goebenstraße zu errichten, deren Stammsitz an die Elverdisser Straße verlegt worden war. [ ] Frank O. Gehry entwarf für Herford ein skulpturales, dekonstruktivistisches Gebäude → 12.02 aus roten Ziegeln und Edelstahl von internationaler Bedeutung, in das der 1959 errichtete und unter Denkmalschutz stehende sogenannte Lippold-Bau an der Aa, ein filigranes Fabrikgebäude des Herforder Architekten Arne Lippold, integriert wurde. [ ] 2001 begannen unter der Regie von Gehry Partners, LLP, und unter der Bauleitung der Architekturbüro Archimedes GmbH, Bad Oeynhausen (heute als Ingenieurbüro im Gebäudemanagement tätig), sowie in Kooperation mit rbb architekten, Herford (heute barthelmes architekten GmbH), die Bauarbeiten für das außergewöhnliche Museum mit einer Ausstellungsfläche von etwa 2.500 m², das 2005 unter dem Namen MARTa (›M‹ für Möbel, ›ART‹ für Kunst und ›a‹ für Ambiente oder Architektur) eröffnet wurde.

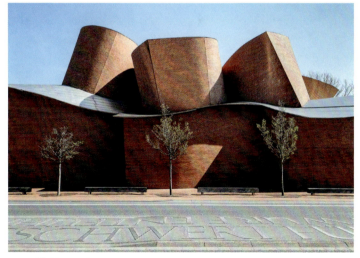

12.02 Die Verwendung roter Ziegel als Baumaterial ist eine Hommage Frank O. Gehrys an die ostwestfälisch-lippische Wirtschaftsgeschichte.

Verwaltungsgebäude der HARTING Deutschland GmbH & Co. KG

Simeonscarré 1
32427 Minden

Die Harting Technologiegruppe wurde im September 1945 von Marie und Wilhelm Harting als Wilhelm Harting Mechanische Werkstätten zur Herstellung von Kochplatten, Bügel- und Waffeleisen, Sparlampen und Feueranzündern in Minden gegründet. 1950 zog das bis heute in dritter Generation familiengeführte Unternehmen ins benachbarte Espelkamp um und expandierte hier schnell. In der Nachkriegszeit stellte Harting zunächst Phonoartikel wie Musik- und Jukeboxen, Plattenspieler und Tonbandgeräte her; später kamen medizinische Apparate, Zigarettenautomaten und dann insbesondere Industriesteckverbindungen hinzu, mit denen Harting Weltmarktführer wurde. Heute entwickelt, produziert und vertreibt das Unternehmen unter anderem industrielle Verbindungstechnik, Windenergie-, Verkehrs- und Automatisierungtechnik, Kassenzonen für den Einzelhandel sowie Hard- und Software beispielsweise für Anwendungen in der Automatisierungstechnik und Robotik (Industrie 4.0). [ ] Das Unternehmen ist heute mit 13 Produktionsstätten und Tochtergesellschaften in 44 Ländern vertreten und beschäftigt weltweit etwa 5.300 Mitarbeiterinnen und Mitarbeiter, die einen Jahresumsatz von knapp 800 Millionen Euro erwirtschaften. Der Mindener Verwaltungsbau für die Harting-Vertriebsgesellschaft wurde vom Schweizer Architekten Mario Botta (*1943) auf dem über 5.000 m² großen Grundstück der ehemaligen Simeonskaserne entworfen, das die letzten britischen Soldaten im Frühjahr 1994 verlassen hatten. ← 12.03 Unter der Bauleitung des Planungsbüros Minden des architekturstudios pm (Oliver Zech, Jörg Halstenberg) wurde ein 26 Meter hoher, halbellipsenförmiger, skulpturaler Bau aus Sandstein und Glas errichtet, dessen Höhe zur Rückseite hin ansteigt und der von zwei Erschließungs- und Versorgungstürmen flankiert wird, die zugleich das H des Firmennamens Harting darstellen. 2001 wurde das außergewöhnliche Gebäude mit einer Bürofläche von 2.700 m² als Entree zum architektonisch anspruchsvollen Innenstadtbereich Mindens eröffnet.

12.03 **Architektonische Innovation und unternehmerische Präsenz auf dem Areal der früheren Simeonskaserne, das die British Army of the Rhine 1994 verlassen und damit Mindens Zeit als Garnisonsstadt beendet hat.**

Ausstellungs- und Schulungszentrum der Hörmann KG Verkaufsgesellschaft

Upheider Weg 94–98
33803 Steinhagen

Die heutige Hörmann KG Verkaufsgesellschaft wurde 1935 unter dem Namen Bielefelder Stahltore von August Hörmann (1886–1944) in Bielefeld gegründet. Dessen Sohn Hermann Hörmann (1912–1994) übernahm das Unternehmen 1944 und verlegte den Firmensitz mit der Gründung der Hörmann KG Amshausen nach Steinhagen. Mit dem Erwerb des Patents für ein neuartiges Garagentor, das Berry-Schwingtor, legte er in den 1950er-Jahren den Grundstein für die heutige Unternehmensgruppe. In den 1960er-Jahren folgte die Entwicklung von sich senkrecht öffnenden Sektionaltoren für Garagen sowie für Industrie- und Gewerbebauten, deren Erfolg die weitere wirtschaftliche Unternehmensentwicklung beflügelte. Die Produktpalette umfasst heute neben den bekannten Klassikern auch Roll-, Schiebe- und Schnelllauftore, Haus- und Innentüren, Zargen, Tor- und Türantriebe, Feuer- und Rauchschutzabschlüsse, Verladetechnik sowie Automatikschiebetür- und Zufahrtskontrollsysteme. In 36 Werken und über 100 eigenen Vertriebsstandorten in Europa, Nordamerika und Asien sind mehr als 6.000 Mitarbeiterinnen und Mitarbeiter tätig, die einen Jahresumsatz von mehr als einer Milliarde Euro erwirtschaften. [ ] 2015 eröffnete die heute in dritter Generation familiengeführte Hörmann KG Verkaufsgesellschaft an ihrem Hauptsitz in Steinhagen ihr neues Ausstellungs- und Schulungszentrum, → 12.04 das vom Bielefelder Architekturbüro Wannenmacher + Möller geplant wurde. Rechts neben dem Haupteingang steht die 5,7 Meter hohe und etwa drei Tonnen schwere Großplastik Großer Kniender von Stephan Balkenhol (*1957), die für die Unternehmerfamilie Hörmann symbolisch für ihr unternehmerisches Selbstverständnis und angesichts des internationalen Renommees des Künstlers auch für ihre weltweite Marktpräsenz steht.

12.04 Im Ausstellungs- und Schulungszentrum werden Mitarbeiterinnen und Mitarbeiter der Hörmann KG Verkaufsgesellschaft sowie ihrer Händler aus der ganzen Welt geschult. In der Ausstellungsetage wird die umfangreiche Produktpalette präsentiert.

Manifattura. LEONARDO Factory Outlet

Lange Straße 127
33014 Bad Driburg

Die glaskoch B. Koch jr. GmbH+Co. KG mit der Marke Leonardo wurde 1859 von Benedikt Koch als Glashandelsunternehmen in Bad Driburg gegründet und expandierte insbesondere in den 1950er- und 1960er-Jahren. Seit den 1970er-Jahren sind LEONARDO-Produkte international bekannt. Das Familienunternehmen mit etwa 300 Mitarbeiterinnen und Mitarbeitern vertreibt seine Produkte in über 80 Länder und wird heute in fünfter Generation von Oliver Kleine und seiner Frau Bianca geführt. Das Kerngeschäft umfasst »Produkte für den gedeckten Tisch, die Küche und das Wohnen«, die bereits mehrfach vom Rat für Formgebung ausgezeichnet wurden; 2016 wurde LEONARDO als Marke des Jahrhunderts ausgezeichnet. [ ] Die 2007 eröffnete Manifattura, der Glass Cube von LEONARDO, in dem sich auf 2.900 m² Nutzfläche das Factory Outlet, ein Museum, ein Ausstellungsraum und ein Veranstaltungszentrum befinden, spiegelt das unternehmerische Selbstverständnis. Das Gebäude wurde von der Wiesbadener Designagentur 3deluxe – transdisciplinary design geplant, die in den Bereichen Architektur, Innenarchitektur, Grafik-, Produkt- und Mediendesign tätig ist. Der Glass Cube, der aus einem quaderförmigen Hüllvolumen und einer in der Mitte eingestellten Freiform besteht, ← 12.05 ist der erste Bau, den 3deluxe auf der Basis eines innovativen, interdisziplinären Entwurfs- und Gestaltungskonzepts verwirklicht hat und das Architektur, Interior- und Grafikdesign sowie Landschaftsplanung zu einer komplexen ästhetischen Einheit zusammenführt.

12.05 Die Glasfassade des Glass Cube stellt die Schnittstelle zwischen Innen und Außen und zugleich den Übergang in eine »hypernaturalistische, ästhetisch überhöhte Welt« dar (3deluxe).

Anhang

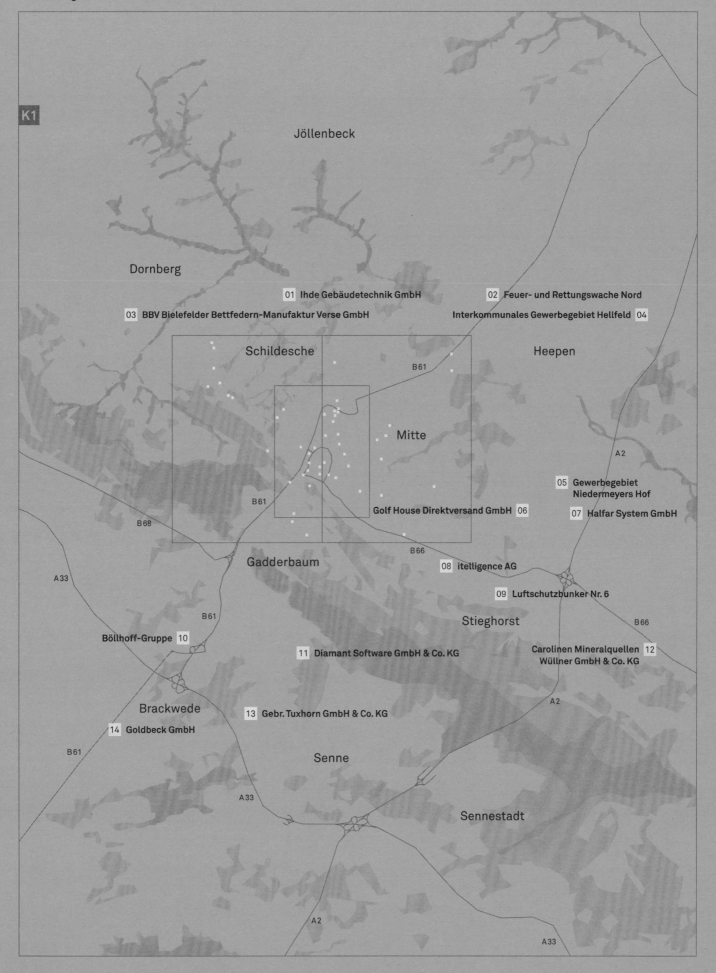

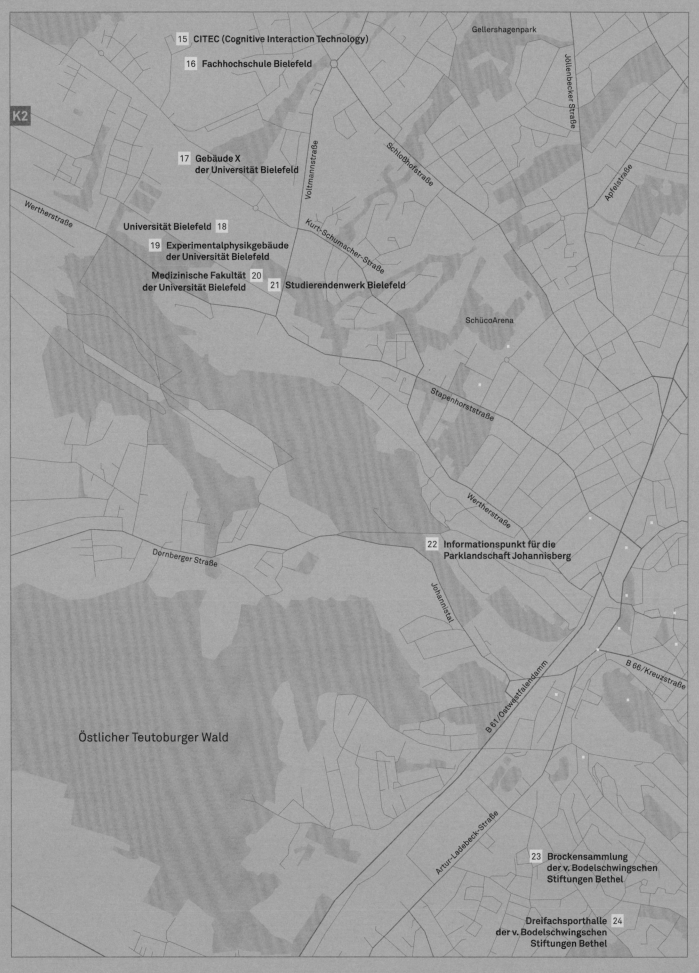

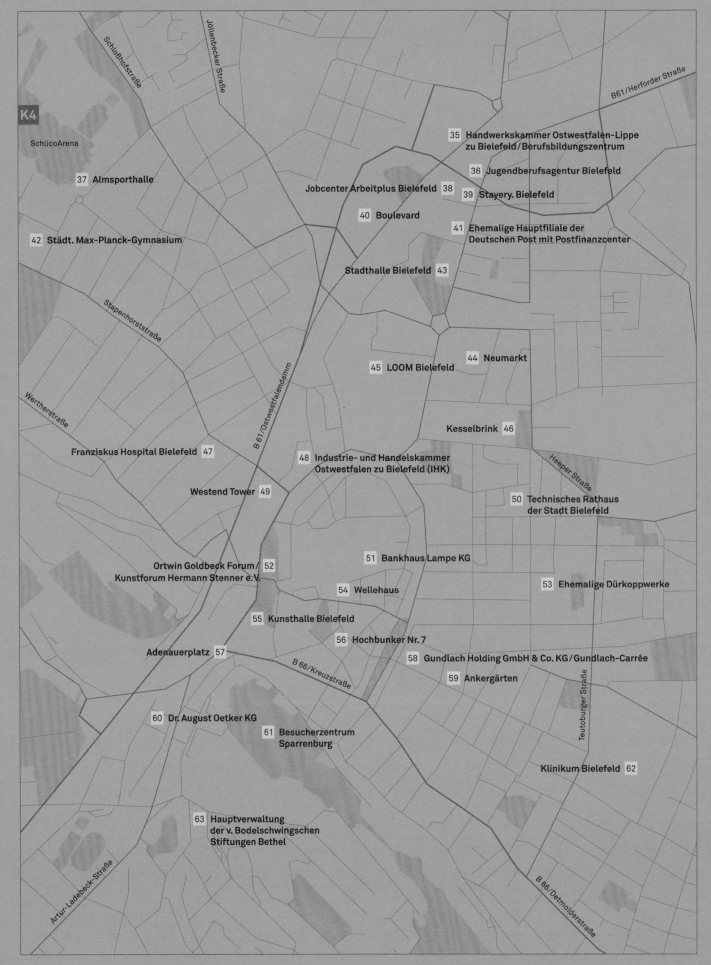

Anhang

Kartenverzeichnis

A Adenauerplatz → K4.57
   Almsporthalle → K4.37
   Ankergärten → K4.59

B Bankhaus Lampe KG → K4.51
   BBV Bielefelder Bettfedern-Manufaktur Verse GmbH → K1.03
   Besucherzentrum Sparrenburg → K4.61
   Böllhoff-Gruppe → K1.10
   Boulevard → K4.40
   Brockensammlung der v. Bodelschwinghschen Stiftungen Bethel → K2.23
   Büro- und Geschäftsgebäude Werner-Bock-Straße 38–40 → K3.30

C Carolinen Mineralquellen Wüllner GmbH & Co. KG → K1.12
   CITEC (Cognitive Interaction Technology) → K2.15

D Diamant Software GmbH & Co. KG → K1.11
   Dreifachsporthalle der v. Bodelschwinghschen Stiftungen Bethel → K2.24
   Dr. August Oetker KG → K4.60
   Dr. Wolff-Gruppe GmbH → K3.26

E Eastend Tower → K3.34
   Ehemalige Dürkoppwerke → K4.53
   Ehemalige Hauptfiliale der Deutschen Post mit Postfinanzcenter → K4.41
   Experimentalphysikgebäude der Universität Bielefeld → K2.19

F Fachhochschule Bielefeld → K2.16
   Feuer- und Rettungswache Nord → K1.02
   Franziskus Hospital Bielefeld → K4.47

G Gebäude X der Universität Bielefeld → K2.17
   Gebr. Tuxhorn GmbH & Co. KG → K1.13
   Gesellschaft für Arbeits- und Berufsförderung (GAB) → K3.32
   Gewerbegebiet Niedermeyers Hof → K1.05
   Goldbeck GmbH → K1.14
   Golf House Direktversand GmbH → K1.06
   Gundlach Holding GmbH & Co. KG/Gundlach-Carrée → K4.58

H Halfar System GmbH → K1.07
   Handwerkskammer Ostwestfalen-Lippe zu Bielefeld/Berufsbildungszentrum → K4.35
   Hauptfeuerwache → K3.29
   Hauptverwaltung der v. Bodelschwinghschen Stiftungen Bethel → K4.63
   Hochbunker Nr. 7 → K4.56

I Ihde Gebäudetechnik GmbH → K1.01
   Industrie- und Handelskammer Ostwestfalen zu Bielefeld (IHK) → K4.48
   Informationspunkt für die Parklandschaft Johannisberg → K2.22
   Interkommunales Gewerbegebiet Hellfeld → K1.04
   itelligence AG → K1.08

J Jobcenter Arbeitplus Bielefeld → K4.38
   Jugendberufsagentur Bielefeld → K4.36

K Kesselbrink → K4.46
   Klinikum Bielefeld → K4.62
   Kunsthalle Bielefeld → K4.55

L Lenkwerk → K3.28
   LOOM Bielefeld → K4.45
   Luftschutzbunker Nr. 6 → K1.09
   Luftschutzbunker Nr. 8 (Sedanbunker) → K3.31

M Medizinische Fakultät der Universität Bielefeld → K2.20

N Neumarkt → K4.44

O Ortwin Goldbeck Forum/Kunstforum Hermann Stenner e.V. → K4.52

S Schüco International KG → K3.25
   Stadthalle Bielefeld → K4.43
   Städt. Max-Planck-Gymnasium → K4.42
   Stayery. Bielefeld → K4.39
   Studierendenwerk Bielefeld → K2.21

T Technisches Rathaus der Stadt Bielefeld → K4.50

U Universität Bielefeld → K2.18

W Wellehaus → K4.54
   Westend Tower → K4.49
   Wohn- und Geschäftshäuser am Ostmarkt → K3.33

Z Ziegenbruch GmbH → K3.27

Verzeichnis der Autorinnen und Autoren

Andreas Beaugrand

1960 geboren in Hamm. 1981–1987 Studium der Geschichtswissenschaft, Germanistik und Philosophie an der Universität Bielefeld, Magister Artium; Promotionsstipendium, 1992 Promotion zum Dr. phil. 1987–2003 Mitarbeiter des Bielefelder Kunstvereins e.V., 1990–2001 Lehrbeauftragter für Kunst- und Kulturgeschichte am Fachbereich Design (seit 1999: Gestaltung) der Fachhochschule Bielefeld, 1993–2001 Lehrbeauftragter für Kunstanalyse an der Fakultät für Theologie, Geographie, Kunst und Musik der Universität Bielefeld. Seit 1995 Honorarprofessor, seit 2001 Professor für Theorie der Gestaltung am Fachbereich Gestaltung, 2008–2016 Vizepräsident für Studium und Lehre der Fachhochschule Bielefeld. 2003 zusammen mit Georgia Beaugrand Gründung der Beaugrand Kulturkonzepte Bielefeld, Gründungs- und Vorstandsmitglied der Sozial-Aktien-Gesellschaft Bielefeld, Vorstandsmitglied der Bielefelder Stiftung Solidarität bei Arbeitslosigkeit und Armut, Vorsitzender des Vereins der Freunde und Förderer der Ziegelei und Gipshütten Westeregeln e.V., künstlerischer Leiter des Kunstvereins Oerlinghausen e.V. Autor zahlreicher Beiträge in geschichts- und kunstwissenschaftlichen Publikationen, Vorträge und Veröffentlichungen zur Kunst-, Kultur-, Regional-, Architektur- und Wirtschaftsgeschichte; Kurator zahlreicher Ausstellungsprojekte zur zeitgenössischen Kunst und Kultur.

Florian Böllhoff

1943 geboren in Bielefeld. Nach dem Abitur Studium der Soziologie und Betriebswirtschaftslehre in München und Münster. Abschluss 1968 als Diplom-Soziologe, 1975 Promotion zum Dr. sc. pol. 1970–2015 Managementtätigkeit, Geschäftsführung, Vorstand und selbstständiger Unternehmerberater. Aktiver Pensionär mit langjährig vielfältigem bürgerschaftlichem Engagement in Bielefeld. 1982–1997 Vorsitzender des Bielefelder Kunstvereins e.V., 1998 Leinewebermedaille des Verkehrsvereins Bielefeld e.V., Mitglied des Fachbeirats Kultur der OWL Marketing GmbH und des Aufsichtsrats der gemeinnützigen Betriebsgesellschaft mbH der Kunsthalle Bielefeld.

Ulrich Andermann

1955 geboren in Bielefeld. Nach Ausbildung zum Industriekaufmann und anschließend erlangter Hochschulreife ab 1978 Studium der Geschichtswissenschaft und Philosophie an der Universität Bielefeld. 1984 Abschluss mit der Ersten Staatsprüfung, 1988 Promotion zum Dr. phil. Seit 1987 wissenschaftlicher und Hochschulassistent an der Universität Osnabrück. 1994 Habilitation im Fachgebiet Mittelalterliche Geschichte. 1998 Ernennung zum apl. Professor. Forschungsgebiete: mittelalterliche Rechtsgeschichte, Humanismus- und Stiftsforschung. Seit 2019 Vorsitzender des Historischen Vereins für die Grafschaft Ravensberg.

Felix Bernhard

1993 geboren in Augsburg. Nach dem Fachabitur Ausbildung zum Fotografen, seit dem Wintersemester 2017/2018 Bachelorstudium der Fotografie und Medien am Fachbereich Gestaltung der Fachhochschule Bielefeld.

Roman Bezjak

1962 geboren in Ptuj, SR Slowenien/Jugoslawien. 1982 Abitur in Hilden, danach Studium der Fotografie an der Fachhochschule Dortmund. 1986–1999 Tätigkeiten als fester freier Fotograf für das *FAZ-Magazin* und andere deutsche Printmedien, seit 2000 Professor für Fotografie am Fachbereich Gestaltung der Fachhochschule Bielefeld, hier seit 2014 Dekan. Zahlreiche Ausstellungen, unter anderem im Sprengel Museum Hannover, der Pinakothek der Moderne, München, und dem GoEun Museum of Photography, Busan (Südkorea), sowie fotografische Veröffentlichungen, zuletzt im Verlag Hatje Cantz über die Sozialistische Moderne. Es folgten Arbeiten über Pjöngjang, Taschkent und Skopje.

Christian Böllhoff

1964 geboren in Bielefeld. Studierte Volks- und Betriebswirtschaftslehre, Politikwissenschaften und Recht an der Ludwig-Maximilians-Universität in München. Darauf folgten Stationen bei der Treuhandanstalt, Bosch-Siemens-Hausgeräte und Gemini Consulting. Seit 2000 ist Christian Böllhoff für die Verlagsgruppe Georg von Holtzbrinck in verschiedenen Führungspositionen tätig, unter anderem als Geschäftsführer des *Handelsblatts*. Im Jahr 2003 wurde er zum geschäftsführenden Gesellschafter der Basler Prognos AG berufen. Zudem ist Christian Böllhoff als Mitglied des Wirtschaftsausschusses der IHK Berlin und in einigen Aufsichtsräten engagiert.

Pit Clausen

1962 geboren in Düsseldorf. 1981 Abitur in Hilden, 1982–1989 Studium der Rechtswissenschaft an der Universität Bielefeld, 1989–1990 wissenschaftlicher Mitarbeiter am Lehrstuhl von Prof. Dr. Peter Schwerdtner, seit 1990 Richter in der Arbeitsgerichtsbarkeit, eingesetzt an den Arbeitsgerichten Düsseldorf, Herford, Detmold, Bochum, Hagen, Paderborn und Bielefeld. Seit 1994 Mitglied des Rates der Stadt Bielefeld, seit 2002 Vorsitzender der SPD-Ratsfraktion, seit 2009 Oberbürgermeister der Stadt Bielefeld.

Reinhard Drees

1950 geboren in Lüdinghausen. 1965–1968 Tischlerlehre, anschließend Studium, Ingenieurschule für Bauwesen in Münster und RWTH in Aachen, Tätigkeit als Architekt und Stadtplaner in Münster und Bielefeld, seit 1985 in Bielefeld freischaffend tätig, seit 1985 Mitglied der Architektenkammer NRW. Zurzeit Mitglied im Beirat für Stadtgestaltung Bielefeld und Rheda-Wiedenbrück, Mitglied im Bund Deutscher Architekten (BDA), Mitglied Vereinigung Stadt-, Regional- und Landschaftsplanung (SRL), Mitglied der Deutschen Akademie für Städtebau- und Landesplanung (DASL).

Jan Düfelsiek

1993 geboren in Halle/Westf. Nach dem Abitur Bachelorstudium der Fotografie an der Fachhochschule Dortmund, seit dem Wintersemester 2016/2017 Masterstudium der Fotografie und Medien am Fachbereich Gestaltung der Fachhochschule Bielefeld.

Patrick Fäth

1989 geboren in Lübbecke. Nach dem Fachabitur Ausbildung zum Mediengestalter, seit dem Wintersemester 2013/2014 Bachelorstudium der Fotografie und Medien am Fachbereich Gestaltung der Fachhochschule Bielefeld.

Michael Falkenstein

1965 geboren in Köln. Nach abgeschlossener Raumausstatterlehre in Köln und dem Abschluss am Oberstufenkolleg Bielefeld Studium an der Kunstakademie Münster, Klasse Prof. Timm Ulrichs, Diplom Freie Kunst 1997. Seit 2000 selbstständiger Szenograf unter dem Label SYREX, seit 2017 wissenschaftlicher Angestellter am Historischen Museum Bielefeld.

Dirk Fütterer

1967 geboren in Dinslaken. 1986–1989 Ausbildung zum Herrenschneider bei der Maßschneiderei Radermacher in Düsseldorf, Geselle; 1989–1996 Studium des Kommunikationsdesigns an der Universität GHS Essen, Diplom-Designer; 1991–1996 Freier Mitarbeiter bei verschiedenen Designagenturen, u.a. Claus Koch, Düsseldorf; 1996–1998 Designer bei Büro Hamburg; 1998–2000 Senior Designer bei Chermayeff & Geismar, New York; 2000–2003 Design Director bei Enterprise IG, New York; 2004 Gründung der Designagentur Fütterer:id in Berlin. Seit 2004 Professor für Typografie an der Fachhochschule Bielefeld, hier seit 2006 Leitung des Instituts für Buchgestaltung. Seit 2012 Prodekan des Fachbereichs Gestaltung der Fachhochschule Bielefeld. Diverse Veröffentlichungen und mehrfach ausgezeichnete Publikationen.

Daria Gatska

1987 geboren in Bratsk, Russland, 1991 Umzug der Familie in die Ukraine. 2004 Abitur in Nowograd Wolynsk, 2004–2009 pädagogische Ausbildung an der staatlichen Iwan-Franko-Universität, Zhytomyr. 2009 Umzug nach Riwne. 2016–2020 Bachelorstudium der Fotografie und Medien an der Novia University of Applied Sciences, Campus Jakobstad, Finnland, Wintersemester 2018/2019 und Sommersemester 2019 Erasmus-Austauschsemester am Fachbereich Gestaltung der Fachhochschule Bielefeld.

Andreas Jon Grote

1982 geboren, in Bremen aufgewachsen. Seit über 15 Jahren als freiberuflicher Mediengestalter tätig, seit dem Wintersemester 2015/2016 Bachelorstudium der Fotografie und Medien am Fachbereich Gestaltung der Fachhochschule Bielefeld.

Thomas Handke

1978 geboren in Posen/Polen. Nach dem Abitur Ausbildung zum Mediengestalter in Hamburg, danach ein erstes Studium der Literaturwissenschaft und Anglistik an der Universität Bielefeld, seit dem Wintersemester 2017/2018 Bachelorstudium der Fotografie und Medien am Fachbereich Gestaltung der Fachhochschule Bielefeld.

Jonas Hartz

1995 geboren in Gütersloh. Nach dem Abitur Praktikum, kurzzeitige Anstellung in einer Bielefelder Werbeagentur, seit dem Wintersemester 2016/2017 Bachelorstudium der Grafik und des Kommunikationsdesigns am Fachbereich Gestaltung der Fachhochschule Bielefeld.

Andreas Hollstein

1953 geboren in Gevelsberg. 1973–1976 Studium der Philosophie und Kunstgeschichte, 1980–1984 Studium der Architektur an der Fachhochschule Dortmund. Seit 1986 Mitglied der Architektenkammer NRW, seitdem Tätigkeit als Architekt und Stadtplaner in Dortmund und Bielefeld, seit 2018 freiberuflich. Zurzeit Erarbeitung einer Gestaltungssatzung für die Bielefelder Altstadt.

Constantin Iliopoulos

1990 geboren in Salzgitter-Bad. Nach dem Abitur Bachelorstudium der Fotografie und Medien am Fachbereich Gestaltung der Fachhochschule Bielefeld, hier bis zum Sommersemester 2019 Masterstudium der Fotografie und Medien.

Jasmin Klink

1990 geboren in Bielefeld. Nach dem Fachabitur Ausbildung zur gestaltungstechnischen Assistentin, seit dem Wintersemester 2016/2017 Bachelorstudium der Fotografie und Medien am Fachbereich Gestaltung der Fachhochschule Bielefeld.

Bernd Lange

1964 geboren in Neustadt/Dosse. Berufsausbildung zum BMSR-Techniker mit Abitur, 1985/1989 Studium der Technischen Kybernetik und Automatisierungstechnik an der Technischen Hochschule in Leipzig, bis 2015 leitender Angestellter in der Elektroindustrie. 2016 Vorstudium der Bildenden Kunst und des Designs an der Leipzig School of Design, seit 2016 tätig als freischaffender Fotograf und seit dem Wintersemester 2017/2018 Bachelorstudium der Fotografie und Medien am Fachbereich Gestaltung der Fachhochschule Bielefeld.

Christoph Maurer

1996 geboren in Ebersberg. Seit dem Wintersemester 2016/2017 Bachelorstudium der Fotografie und Medien am Fachbereich Gestaltung der Fachhochschule Bielefeld.

Alina Medvedeva

1985 geboren in Leningrad (Sankt Petersburg), Russland. Nach dem Abitur 2002–2007 Studium der Europäischen und Russischen Kultur und Geschichte an der Staatsuniversität Sankt Petersburg, dort 2003–2005 Studium der Germanistik sowie 2006–2010 Kunst- und Fotoausbildung. 2011/2012 Masterstudium der Studies in European Societies an der Staatsuniversität Sankt Petersburg, 2012 Forschungssemester an der Fakultät für Soziologie der Universität Bielefeld, 2015–2018 Bachelorstudium, 2018–2020 Masterstudium der Fotografie und Medien am Fachbereich Gestaltung der Fachhochschule Bielefeld. Kulturhistorikerin, Kuratorin und Künstlerin und seit 2019 wissenschaftliche Mitarbeiterin der Datenverarbeitungszentrale der Fachhochschule Bielefeld.

Corinna Mehl

1988 geboren in Berlin, aufgewachsen in Celle. Nach Studienaufenthalten in Berlin, Hamburg und Budapest Diplom im Fach Kommunikationsdesign mit dem Schwerpunkt Fotografie an der Hochschule Darmstadt. Seit dem Wintersemester 2016/2017 Masterstudium der Fotografie und Medien am Fachbereich Gestaltung der Fachhochschule Bielefeld.

Wolf Meier-Scheuven

1959 geboren in Bielefeld. Studienabschlüsse als Diplom-Psychologe und Diplom-Kaufmann. Von 1990 bis 1995 Vorstandsassistenz und leitende Funktionen. Seit 1995 geschäftsführender Gesellschafter Boge Kompressoren. Seit 2008 Mitglied im Hauptvorstand des VDMA, Sprecher des Clusters ProduktionNRW. Seit 2014 Präsident der Industrie- und Handelskammer Ostwestfalen zu Bielefeld.

Gerhard Renda

1956 geboren in Nürnberg. Studium der Kunstgeschichte und Geschichte an der Universität Erlangen, 1984 Magister Artium, 1985/1986 wissenschaftliche Tätigkeit am Museum Schnaittach, 1987–1989 am Germanischen Nationalmuseum Nürnberg. 1990 Promotion, danach wissenschaftlicher Mitarbeiter am Historischen Museum Bielefeld, seit 1998 stellvertretender Direktor des Museums. Zahlreiche Veröffentlichungen zur jüdischen Kulturgeschichte, zu Kunst und Kunstgewerbe im 19. und 20. Jahrhundert, zur Geschichte des Museumswesens und zu regionalhistorischen Themen.

Tina Schmidt

1994 geboren in Lübbecke. Nach dem Fachabitur Praktikum in einer Hamburger Agentur, 2015–2020 Bachelorstudium der Fotografie und Medien am Fachbereich Gestaltung der Fachhochschule Bielefeld.

Ingeborg Schramm-Wölk

1963 geboren in Lörrach. Nach dem Abitur 1982 Studium der Biologie an der Eberhard-Karls-Universität Tübingen und der Freien Universität Berlin, Diplom in Biologie Freie Universität Berlin, berufsbegleitendes Medizininformatikstudium an der Technischen Fachhochschule Berlin (heute Beuth Hochschule für Technik Berlin), Diplom Informatik, Medizinische Informatik, 2004 Promotion zur Dr. rer. medic. an der Humboldt-Universität Berlin. Langjährige Tätigkeit als wissenschaftliche Mitarbeiterin an der Charité Universitätsmedizin Berlin sowie als IT-Entwicklerin und Projektmanagerin. 2004 Ruf an die Technische Fachhochschule Berlin (heute Beuth Hochschule für Technik Berlin), 2004–2009 Professur Informatik und Multimedia, Fachbereich Informatik, Hochschule Anhalt. 2009–2014 Gründungsdekanin der Fakultät Kommunikation und Umwelt, Hochschule Rhein-Waal und Professur Informatik, Biologie, 2014/2015 Dekanin der Fakultät Kommunikation und Umwelt, Hochschule Rhein-Waal. Seit September 2015 Präsidentin der Fachhochschule Bielefeld.

Larissa Siepmann

1994 geboren, in Gütersloh aufgewachsen. Nach dem Abitur Freiwilligendienst im städtischen Umweltschutz, seit dem Wintersemester 2015/2016 Bachelorstudium der Grafik und des Kommunikationsdesigns am Fachbereich Gestaltung der Fachhochschule Bielefeld. Freiberufliche Selbstständigkeit, sozialökologisches und politisches Engagement in Bielefeld.

Kirill Starodubskij

1991 geboren und aufgewachsen in Kiev, Ukraine. Nach dem Erwerb der Fachhochschulreife 2012 Besuch der Berliner Technischen Kunsthochschule (BTK, heute University of Applied Sciences Europe), Studienort Iserlohn. Seit dem Wintersemester 2015/2016 Studium der Fotografie und Medien am Fachbereich Gestaltung der Fachhochschule Bielefeld.

Kerry Steen

1986 geboren in Homburg. 2012 Jahrespraktikum in der Agentur Toelle, Bielefeld, danach Westfalenkolleg. 2015–2020 Bachelorstudium der Fotografie und Medien am Fachbereich Gestaltung der Fachhochschule Bielefeld.

Miriam Steff

1996 geboren in Ahlen. Nach dem Realschulabschluss Ausbildung zur Gestaltungstechnischen Assistentin und Fachabitur in Gestaltung, seit dem Wintersemester 2016/2017 Bachelorstudium der Grafik und des Kommunikationsdesigns am Fachbereich Gestaltung der Fachhochschule Bielefeld.

Wilhelm Stratmann

1957 geboren in Ostbevern. Nach dem Studium der Geschichte und Volkskunde in Münster, Basel und Regensburg 1988 Promotion zum Dr. phil., danach Tätigkeit als Kurator in Krefeld und Mönchengladbach. Seit 2005 dort Direktor des Städtischen Museums Schloss Rheydt, seit 2009 Direktor des Historischen Museums der Stadt Bielefeld.

Till Stürmann

1994 geboren in Bad Driburg. Nach dem Abitur am Niklas-Luhmann-Gymnasium seit dem Wintersemester 2016/2017 Bachelorstudium der Fotografie und Medien am Fachbereich Gestaltung der Fachhochschule Bielefeld.

Lucia Thiede

1995 geboren in Herdecke. 2013/2014 Studium der Theologie in Halle (Saale), 2015 Praktikum am Theater Hagen, 2015–2018 Bachelorstudium des Kommunikationsdesigns, seit dem Wintersemester 2018/2019 Masterstudium am Fachbereich Gestaltung der Fachhochschule Bielefeld und Studium der Psychologie an der Fernuniversität Hagen.

Lea Uckelmann

1994 geboren in Coesfeld. Nach dem Abitur Ausbildung zur Fotografin mit Abschluss als Gesellin in Münster. 2016–2020 Bachelorstudium der Fotografie und Medien am Fachbereich Gestaltung der Fachhochschule Bielefeld. Seit August 2019 Teil des Marketingteams eines Bio-Großhandels und Serviceunternehmens in Coesfeld.

Ascan von Neumann-Cosel

1957 geboren in Bensberg/Bergisch Gladbach. Architekturstudium an der TU Hannover mit Schwerpunkt Stadtplanung, 1987–1989 Ausbildung für den höheren bautechnischen Verwaltungsdienst mit Abschluss Bauassessor (Hochbau), 1989–1993 Tätigkeit in verschiedenen Architekturbüros in Hannover und Bielefeld, seit 1993 leitender Mitarbeiter im Bauamt der Stadt Bielefeld in verschiedenen Aufgaben- und Zuständigkeitsbereichen: Bauaufsicht, verbindliche Bauleitplanung, Stadtgestaltung, Denkmalschutz und Sonderprüfungen sowie Geschäftsführung des Beirates für Stadtgestaltung.

Paul von Schubert

1974 geboren in Eutin. Nach dem Abitur 1994 Ausbildung zum Verlagskaufmann bei der Bertelsmann AG, Gütersloh und Hamburg. 1996–2000 Studium der Wirtschaftswissenschaften in Fribourg, Schweiz, Abschluss als lic. rer. pol. 2000–2004 verschiedene Tätigkeiten beim DSV Deutscher Sportverlag GmbH, Köln. Seit 2005 geschäftsführender Gesellschafter der Gundlach Gruppe, Bielefeld.

Bernd J. Wagner

1955 geboren in Brackwede. Ausbildung zum Elektromechaniker und Berufstätigkeit als Nähmaschinenmechaniker bei Dürkopp, Studium der Geschichte und Soziologie an der Universität Bielefeld und am Department of Community Medicine der University of Connecticut (USA), 1988 Magister Artium. Seit 1996 im Stadtarchiv Bielefeld (Historische Bildungsarbeit, Archivpädagogik), Lehrauftrag für Historische Hilfswissenschaften (Paläographie) der Fakultät für Geschichtswissenschaft der Universität Bielefeld, zahlreiche Veröffentlichungen zur Sozialgeschichte des Krankenhauses, Lokal- und Regionalgeschichte.

Anke Marie Warlies

1992 geboren, aufgewachsen in Marsberg. Nach dem Abitur Ausbildung zur Gestaltungstechnischen Assistentin und Mediendesignerin (Print und Web) am bib International College in Paderborn. 2014–2015 Freiwilliges Soziales Jahr beim Verein Freizeit ohne Barrieren e.V. 2015–2019 Bachelorstudium der Grafik und des Kommunikationsdesigns, seit dem Wintersemester 2019/2020 Masterstudium am Fachbereich Gestaltung der Fachhochschule Bielefeld. 2020 Praktikum bei Heine/Lenz/Zizka in Berlin.

Joachim Wibbing

1956 geboren in Bielefeld. 1976 Abitur, 1979 Laufbahnprüfung für den gehobenen Archivdienst im Land Nordrhein-Westfalen (Diplom-Archivar FH). 1989 Erstes Staatsexamen für Geschichte und Latein für das Lehramt (Sekundarstufe I und II) an der Universität Bielefeld, 1989/1990 Archivar bei der Bielefelder Baugenossenschaft Freie Scholle, 1990–1992 Mitarbeiter des Landeskirchlichen Archivs der Evangelischen Kirche von Westfalen, 1993–1998 Gemeindearchivar in Verl, Schloß Holte-Stukenbrock und Langenberg, 2001–2019 Archivar bei der Stadtwerke Bielefeld GmbH. Seit 1999 Stadtführungen in Bielefeld, Autor zahlreicher Veröffentlichungen zur Regionalgeschichte.

Register

360°-Haus → 10 f., 28, 46 f., 51, 108 f., 304
ADAC Ostwestfalen-Lippe e.V., Geschäftsstelle → 32, 40
Adenauerplatz → 8, 26, 32, 39, 45 ff., 68, 107 ff., 111, 167, 190 f., 197, 267, 289, 304, 329
Almsporthalle → 9, 32, 201, 206, 329
Alter Markt → 32, 66, 42, 81, 120, 122 ff., 194, 259, 336
Amerikahaus → 53, 167, 336
Ankergärten, Anker-Werke, ehemalige → 8, 31, 147, 151 ff., 191, 305, 329
Arbeitsagentur → 31, 141
Baer & Rempel (Phoenix) → 133
Bankhaus Lampe KG → 8, 73, 81 ff., 329
Bau- und Liegenschaftsbetrieb NRW Bielefeld (BLB NRW) → 39, 58, 60, 208, 219, 221, 307
BBV Bielefelder Bettfedern-Manufaktur Verse GmbH → 9, 171, 186, 329
Besucherzentrum Sparrenburg → 8, 19, 32, 40, 73, 96, 98 f., 105, 329
Bielefelder Verlag (BVA) → 1, 7, 25, 158, 340
Böllhoff-Gruppe → 9, 269, 296 ff., 329
Boulevard → 8, 15, 18., 20 f., 31, 65 f., 127 ff., 166, 329
British Army of the Rhine (Britische Rheinarmee) → 32, 172, 192, 253, 318
Brixton Barracks → 172
Brockensammlung der v. Bodelschwinghschen Stiftungen Bethel → 9, 32, 223 ff., 329
Büro- und Geschäftsgebäude Werner-Bock-Straße 38–40 → 9, 31, 171, 177 ff., 329
Campus Bielefeld → 32, 35, 192, 197, 216 f.
Capella Hospitalis → 232
Carolinen Mineralquellen Wüllner GmbH & Co. KG → 9, 32, 40, 269, 279 ff., 329
Catterick Barracks → 32
Ceyoniq Technology GmbH → 128
Charly's House Bielefeld → 53 f., 168
CinemaxX Entertainment GmbH & Co. KG → 31, 128, 166
CITEC (Cognitive Interaction Technology) → 9, 32, 197, 201, 206 f., 212, 305, 329
Deutsche Post, ehemalige Hauptfiliale mit Postfinanzcenter → 8, 32, 66, 127, 133 ff., 145, 165, 329
Diamant Software GmbH & Co. KG → 9, 32, 269, 290 f., 329
Dr. August Oetker KG (Oetker-Gruppe) → 9, 24, 31, 260, 263, 269, 289, 329 Dr. Oetker Welt → 31, 289
Dreifachsporthalle der v. Bodelschwinghschen Stiftungen Bethel → 9, 12 f., 223, 227, 329
Dr. Wolff-Gruppe GmbH (Alcina) → 9, 31, 269, 274 ff., 304, 329
Droop & Rein → 30 f., 143, 165 f.
DSC Arminia Bielefeld → 3, 22, 37, 166
Dürkopp Adler AG → 148, 164
Dürkopp Tor 1 → 31, 191
Dürkopp Tor 6 → 191, 199
Dürkoppwerke, ehemalige → 8, 30 f., 62, 68, 123, 147 ff., 164, 192, 305, 329
E.ON Westfalen Weser AG → 314

Eastend Tower → 8, 32, 39, 73 ff., 191, 306, 329
Elektrizitätswerk Minden-Ravensberg GmbH (EMR), Herford → 314
Elektrizitätswerk Wesertal GmbH, Hameln → 314
Energie-Forum-Innovation, Bad Oeynhausen → 313 f., 317
Evangelisches Johanneswerk gGmbH → 198
Experimentalphysikgebäude der Universität Bielefeld → 9, 197, 201, 212, 221, 329
Fachhochschule Bielefeld → 3, 5 f., 9, 23 ff., 28 f., 31 f., 35, 69, 121, 162, 172, 192, 195, 197, 201, 206, 208 ff., 219, 261, 266, 305, 329
Feuer- und Rettungswachen → 9, 223, 230 f.
Feuer- und Rettungswache Nord → 230, 329
Fitness First Bielefeld → 128, 166
Flugplatz Bielefeld (Windelsbleiche) → 64 f.
Forum Baukultur OWL e.V. → 43
Franziskus Hospital Bielefeld → 9, 32, 223, 228 f., 329
Gebäude X der Universität Bielefeld → 9, 32, 197, 201, 212, 219 f., 329
Gebr. Tuxhorn GmbH & Co. KG → 9, 269, 288, 305, 329
Gesellschaft für Arbeits- und Berufsförderung (GAB) → 9, 42, 249, 253 f., 329
Gewerbegebiet Niedermeyers Hof → 9, 42, 171, 187 ff., 199, 237, 329
Gildemeister/DMG Mori AG → 30 f., 164 f., 263
glaskoch B. Koch jr. GmbH + Co. KG, Bad Driburg → 322
Glass Cube des Manifattura. LEONARDO Factory Outlet, Bad Driburg → 313, 322
Gloria-Palast → 102 f.
Goldbeck GmbH → 9, 14, 24, 31, 40 f., 53, 58, 128, 136, 168, 187, 195, 269, 293 ff., 329
Golf House Direktversand GmbH → 9, 32, 269, 278, 329
›Grüner Würfel‹ → 58 f., 307
Gundlach Holding GmbH & Co. KG/Gundlach-Carrée → 8, 24, 30 f., 147, 158 f.
Halfar System GmbH → 9, 31, 171, 180 ff., 183, 305, 329
Handwerkskammer Ostwestfalen-Lippe zu Bielefeld/Berufsbildungszentrum → 8, 32, 86, 127, 143 f., 166, 197, 307, 329
Hans Gieselmann Druck und Medienhaus GmbH & Co. KG → 25, 340
HARTING Deutschland GmbH & Co. KG, Minden → 313, 318
Hauptbahnhof Bielefeld → 30 f., 35, 64 ff., 128, 132, 141, 145, 161 f., 164 ff., 192, 236, 238 f., 260
Hauptbahnhofsumfeld → 8, 126 ff.,
Hauptfeuerwache → 177, 230, 306, 329
Hauptverwaltung der v. Bodelschwinghschen Stiftungen Bethel → 9, 223, 226
Haus der Wissenschaft (WissensWerkStadt) → 197
HILTI Store Bielefeld → 242, 246
Hochbunker Nr. 7 → 9, 103, 249, 255 ff., 329
Hörmann KG Verkaufsgesellschaft, Steinhagen → 24 Ausstellungs- und Schulungszentrum → 313, 321
Hörsaalgebäude Y der Universität Bielefeld → 197
HUNTER International GmbH → 31, 187
Ihde Gebäudetechnik GmbH → 9, 32, 269, 283, 329
Industrie- und Handelskammer Ostwestfalen zu Bielefeld (IHK) → 3, 8, 32, 65, 73, 87 ff., 329
Informationspunkt für die Parklandschaft Johannisberg → 8, 32, 40, 73, 96, 98, 105 f., 329
Innovationszentrum Campus Bielefeld (ICB) → 216 f.
Interkommunales Gewerbegebiet Hellfeld → 9, 171, 180, 183 ff., 329
Ishara Familienbad → 32, 128, 166
it's OWL (Intelligente Technische Systeme Ostwestfalen-Lippe) → 265, 266
itelligence AG → 9, 32, 40, 269, 284 ff., 306, 329
JAB Josef Anstoetz KG → 31, 195, 278
Jahnplatz → 62 f., 65, 67 f., 163 f., 192, 196
Jobcenter Arbeitplus Bielefeld → 8, 127, 141, 145, 329
Johannisberg → 26, 108, 115 ff., 190, 192, 196, 240, 243
Jugendberufsagentur Bielefeld → 8, 32, 127, 141 f., 329
Kesselbrink → 2, 8, 32, 39, 45, 58 ff., 63, 68, 121, 166 ff., 192, 307, 329
Kinderzentrum der v. Bodelschwinghschen Stiftungen Bethel → 29, 32
Kletterzentrum der Bielefelder Sektion des Deutschen Alpenvereins → 42, 253 f.
Klinikum Bielefeld → 8, 39 f., 192, 223, 232 f., 243, 306, 329 Ärztehaus → 16 f., 39, 232 f., 236
Kochs Adler AG → 30 f., 148, 163, 164
Kunsthalle Bielefeld → 3, 8, 22 f., 32, 46, 73, 90 ff., 107, 109 ff., 114, 121, 167, 190, 197, 267, 307, 317, 329
Légère Hotel Bielefeld → 52 ff., 168
Lenkwerk → 9, 29, 31 f., 39, 171 ff., 177, 192, 306, 329
LOOM Bielefeld → 8, 32, 73, 85 f., 192, 196, 329
Luftschutzbunker Nr. 3 → 232
Luftschutzbunker Nr. 6 → 9, 32, 39 f., 249, 252, 329
Luftschutzbunker Nr. 8 (Sedanbunker) → 9, 32, 249 ff., 329
Luftwaffenbekleidungsamt → 32, 172, 177
Marta Herford → 313, 317
Medizinische Fakultät der Universität Bielefeld → 9, 32, 35, 197, 201, 216 f., 228, 329
Metallit GmbH → 31, 187 f.
Miele & Cie. KG → 195, 236
moBiel GmbH → 67, 69 ff.
Neues Bahnhofsviertel → 128, 143, 164 ff., 191, 236, 238
Neumarkt → 8, 32, 45, 53 f., 57, 63 ff., 166 ff., 306, 329

Bildnachweis

Ortwin Goldbeck Forum/Kunstforum Hermann Stenner e.V. → 8, 32, 73, 84, 106, 167, 197, 329
Ostwestfalendamm (OWD) → 22, 35 ff., 62, 64 f., 69, 108, 121, 162, 163, 165, 191, 242, 264
Paderborner Elektrizitätswerke und Straßenbahn AG (PESAG AG) → 314
Porsche Zentrum Bielefeld → 187 f., 237
PricewaterhouseCoopers-International-Bürohaus (PWC) → 39, 46, 52, 110
Ravensberger Spinnerei → 2, 37, 63, 116, 120 f., 162 f., 238 f.
Richmond Barracks → 32, 172
Rochdale Barracks → 32, 42, 253
SB Möbel Boss → 246
Schlachthofviertel → 31, 177
Schüco International KG → 3, 9, 24, 29, 31, 40, 110, 187, 194, 258, 263, 269, 270 ff., 305, 329
Seidensticker/Seidenstickerhalle → 31, 177, 195, 267
Sparrenburg → 3, 94, 98, 106, 108 f., 113, 115 ff., 121, 123, 125, 191, 196, 240, 259, 267
Stadtbahn → 46, 65, 67 ff., 108, 123, 162 ff.
Stadtbibliothek/Stadtarchiv und Landesgeschichtliche Bibliothek Bielefeld → 42, 53, 55, 115, 118, 151, 163, 166 ff., 197
Stadthalle Bielefeld → 8, 32, 39, 127, 136 f., 164 f., 306
Stadtwerke Bielefeld GmbH → 30, 64, 68 f., 123, 187, 192, 236
Städt. Max-Planck-Gymnasium → 9, 32, 201 ff., 329
Stayery. Bielefeld → 8, 127, 138 ff., 329
Streitbörger PartGmbB → 46, 49 f., 109
Studierendenwerk Bielefeld → 9, 201, 217 f., 329
Studierendenwohnheim Rotunde → 29
Technisches Rathaus der Stadt Bielefeld → 8, 32, 73, 76 ff., 104 f., 304, 329
Telekom-Hochhaus (Fernmeldehochhaus), ehemaliges → 41 f., 53 f., 56, 58, 121 f., 168, 192, 194
The Cube → 46 ff., 51
Universität Bielefeld → 3, 6, 9, 26, 29, 32, 34 f., 66, 68 ff., 182, 162, 197, 201, 206, 208, 212 ff., 216 ff., 221, 228, 237, 261, 266, 305, 329
v. Bodelschwinghsche Stiftungen Bethel → 22, 32, 197, 198, 224, 226 f., 260, 264, 305
Volksbank Bielefeld-Gütersloh eG – Hauptstelle Kesselbrink → 58, 61, 155, 307
Wellehaus → 8, 32, 73, 94 f., 307
Westend Tower → 8, 32, 39, 73 ff., 192, 306
Westfalen Weser Energie GmbH & Co. KG, Paderborn → 314
Wilhelm Böllhoff GmbH & Co. KG → 24, 340
Wirtschaftsentwicklungsgesellschaft (WEGE) → 183, 187, 195
Wohn- und Geschäftshäuser am Ostmarkt → 8, 147, 155 ff.
Ziegenbruch GmbH → 9, 32, 269, 292
Zurbrüggen Wohn-Zentrum Bielefeld → 237

Architekten Wannenmacher + Möller GmbH → S. 194: 7.05, 7.06
Archiv der Sparkasse Bielefeld → S. 122: 5.07
Beaugrand, Andreas → S. 35: 2.03; S. 39: 2.08
Bernhard, Felix → S. 230/231; S. 306: 10.22
Bielefeld Marketing GmbH → S. 197: 7.09–7.11
Böllhoff, Florian → S. 27: 1.02, 1.03
Boström, Jörg → S. 30: 1.08, 1.09
Brockpähler, Daniel → S. 64: 3.03
brüchner-hüttemann pasch bhp Architekten und Generalplaner GmbH → S. 32: 1.16
crayen + bergedieck architekten stadtplaner BDA → S. 102: 4.02; S. 103: 4.04
Dohle und Lohse Architekturen GmbH/Drees, Reinhard; Hollstein, Andreas → S. 106: 4.06
Dr. August Oetker KG → S. 31: 1.12
Drees, Reinhard; Hollstein, Andreas → S. 105: 4.06; S. 108: 4.08; S. 109: 4.09
Düfelsiek, Jan → S. 172–176; S. 306: 10.19; S. 330–335
Fäth, Patrick → S. 59–61; S. 307: 10.26
Falkenstein, Michael → S. 308/309
Flughafen Bielefeld GmbH → S. 64: 3.03
Fricke, Jens → S. 112: 5.01
Friedrich, Iris → S. 35: 2.02
Gabrysch + Weiner Architektur GmbH & Co. KG → S. 29: 1.07
Gatska, Daria → S. 12–13; S. 224–227; S. 305: 10.18
Goldbeck GmbH → S. 41: 2.10
Grote, Andreas Jon → S. 133–135; S. 138–145; S. 307: 10.25
Grüntuch Ernst Architekten → S. 43: 2.11
Handke, Thomas → S. 31: 1.11, 1.13; S. 148–154; S. 305: 10.17
Hartz, Jonas → S. 81; S. 84–86; S. 94/95; S. 307: 10.24
Historisches Museum Bielefeld → S. 117: 5.04; S. 121: 5.06
Hof, Max → S. 192: 7.03
Honnef, Klaus (Hg.): *Albert Renger-Patzsch. Fotografien 1925–1960. Industrielandschaft, Industriearchitektur, Industrieprodukt*, Köln 1977 → S. 64, S. 302: 10.04
Iliopoulos, Constantin → S. 36: 2.05; S. 273
jonek + dressler architekten gbr → S. 29: 1.06
Keißelt, Tim/Warlies, Anke Marie → S. 325–328
Klink, Jasmin → S. 284–287; S. 306: 10.20
Kresings Architektur GmbH → S. 191: 7.02
Kunsthalle Bielefeld → S. 114: 5.03
Lange, Bernd → S. 76–80; S. 183–186; S. 202–205; S. 250/251; S. 255–257; S. 290/291; S. 304: 10.13; S. 314–321
Maurer, Christoph → S. 32: 1.14; S. 206/207; S. 210–221; S. 305: 10.16
Medvedeva, Alina → S. 90–93; S. 307: 10.27
Mehl, Corinna → S. 180–182; S. 274–277; S. 304: 10.14
Neue Westfälische → S. 62: 3.01; S. 64: 3.02; S. 65: 3.06, 3.07; S. 67: 3.08
NRW-Staatsarchiv Münster → S. 113: 5.02
Pankow, Oliver → S. 199: 7.12

Prognos AG Berlin/Warlies, Anke Marie → S. 262: 9.02; S. 263: 9.03; S. 264: 9.04
Renda, Gerhard → S. 122: 5.08
Schmidt, Tina; Steen, Kerry → S. 288/289; S. 305: 10.15
Schüco International KG → S. 40: 2.09
Sonntag, Alexandra → S. 194: 7.04; S. 195: 7.07; S. 196: 7.08
Stadtarchiv Bielefeld → S. 64: 3.04; S. 103: 4.03; S. 118: 5.05; S. 160: 6.01; S. 161: 6.02; S. 165: 6.06; S. 166: 6.07
Starodubskij, Kirill → S. 10–11; S. 14–21; S. 26: 1.01; S. 28: 1.04; S. 31: 1.10; S. 36: 2.04, 2.06–2.07; S. 46–54; S. 56–58; S. 74–75; S. 82–83; S. 87–89; S. 96–99; S. 128–132; S. 155–159; S. 177–179; S. 187–189; S. 190: 7.01; S. 208–209; S. 228–229; S. 232; S. 252–254; S. 258: 9.01; S. 267: 9.05; 270–272; S. 278–283; S. 292–299; S. 296–299; S. 304: 10.12; S. 322–323
Stürmann, Till → S. 233–235; S. 306: 10.22
Thiede, Lucia → S. 236: 8.01; S. 237: 8.02; S. 238: 8.03; S. 242: 8.04; S. 243: 8.05; S. 245; 8.06; S. 246: 8.07, 8.08
Uckelmann, Lea → S. 55; S. 136/137; S. 306: 10.21
v. Bodelschwinghsche Stiftungen Bethel → S. 29: 1.05
Wagner, Bernd J. → S. 162: 6.03, 6.04; S. 165: 6.05; S. 166: 6.08; S. 169: 6.09
Wittig, Detlef/Neue Westfälische → S. 31: 1.15; S. 34: 2.01; S. 100: 4.01; S. 106: 4.07

http://www.damianzimmermann.de/blog/?s=Hilla+Becher (20.12.2019) → S. 302: 10.05
http://www.damianzimmermann.de/blog/the-new-west-von-robert-adams (20.12.2019) → S. 303: 10.07
https://beateguetschow.de/s-serie/?lang=de (20.12.2019) → S. 304: 10.10, 10.11
https://commons.wikimedia.org (20.12.2019) → S. 300: 10.01; S. 301: 10.02; S. 302: 10.03
https://www.andreasgursky.com/de/werke/1993/paris-montparnasse (20.12.2019) → S. 303: 10.09
https://www.moma.org/audio/playlist/45/709 (20.12.2019) → S. 302: 10.06
https://www.sfmoma.org/artwork/80.472.1 (20.12.2019) → S. 303: 10.08

Quellenverzeichnis

Diese Publikation thematisiert und visualisiert die Entwicklung der Bielefelder Baukultur in den vergangenen gut 30 Jahren und basiert auf den in diesem Zeitraum erschienenen analogen und digitalen Publikationen über Bielefeld und Umgebung. Sie sind dort wie im Stadtarchiv Bielefeld und in der Landesgeschichtlichen Bibliothek nachvollziehbar. Die von den Autorinnen und Autoren dieses Bandes verwendeten Quellen sind in den Anmerkungen des jeweiligen Beitrags vermerkt. Darüber hinaus wurden verwendet (29. Februar 2020):

https://www.abratec.de
http://www.ace-cae.org
https://www.ackermann-raff.de
https://www.agn.de
http://www.ahlert-architekturbuero.de
https://www.aknw.de
https://www.alpenverein-bielefeld.de
http://alpinzentrum-bielefeld.de
https://anwendungen.bielefeld.de
http://www.archimedes-fm.de
https://www.architekten-stuewe.de
https://www.architekt-krieger.de
http://www.architekturwettbewerb.at
https://www.architonic.com
https://www.archplus.net
https://www.archwerk.biz
https://www.a-sh.de
https://www.auer-weber.de
http://www.auferstandenausruinen.de
https://www.bak.de
https://www.bankhaus-lampe.de
https://www.barthelmes-architekten.de
http://www.baukulturrat.de
https://www.baukunst-nrw.de
https://www.baumeister-online.de
https://www.baunetz.de
https://www.baunetzwissen.de
https://www.bauplanungsbuero.net
https://www.bautra-immobilien.de
https://www.bauwelt.de
https://www.bbv-hermetic.de
https://www.bbvg-bielefeld.de
https://www.bda-bund.de
https://www.bda-nrw.de
http://www.bda-ostwestfalen-lippe.de
http://www.beaugrand-kulturkonzepte.de
http://www.bdb-owl.de
https://www.bethel.de
https://www.beton.org
https://www.bgw-online.de
http://www.bhp-architekten.de
https://www.bielefeld.de
https://www.bielefeld.jetzt
https://bingk.de
https://www.blb.nrw.de

https://www.bmi.bund.de
https://www.boellhoff.com
http://www.borofsky.com
https://www.borchard-dietrich.de
http://www.brewittarchitektur.de
http://www.brunsarchitekten.de
https://www.bsa-fas.ch
https://www.bundesstiftung-baukultur.de
https://www.bva-bikemedia.de
https://www.carolinen.de
https://www.carpus.de
https://www.ceyoniq.com
https://www.charlys.online
https://www.cit-ec.de
https://www.competitionline.com
https://www.constrata.de
http://www.crayen-bergedieck.de
http://www.crayen-partner-architekten.de
https://www.dai.org
https://www.dam-preis.de
https://designbote.com
https://www.detail.de
https://detering-architekten.de
https://www.deutsches-architekturforum.de
https://www.deutscher-werkbund.de
https://www.dezwartehond.nl
https://www.dhp-sennestadt.de
https://www.diamant-software.de
https://www.diearchitekten.org
https://www.dohle-lohse.de
https://dom-publishers.com
https://www.drwolffgroup.com
https://www.duerkopp-adler.com
http://www.ehw-architekten.de
https://www.ece.com
https://www.enderweit.de
https://www.facebook.com
https://feuerwehr-bielefeld.de
https://www.fh-bielefeld.de
https://www.forum-baukultur-owl.de
https://www.franziskus.de
https://www.gab-bielefeld.de
http://gab-service.de/geschichte
https://www.german-design-council.de
https://www.gmp-architekten.de
https://www.goldbeck.de
https://www.golfhouse.de
http://gruentuchernst.de
http://www.gundlach.de
https://www.haedrich-team.de
https://de.halfar.com
https://handwerk-owl.de
https://www.harting.com
https://www.hascherjehle.de
https://www.hauer-architekten.de
https://heinze.de
https://www.heise-immobilien.de
https://www.heitmann-architekten.de

https://www.hempel-tacke.de
https://www.herford.de
https://historischer-rueckklick-bielefeld.com
https://www.historisches-museum-bielefeld.de
https://www.hoermann.de
https://www.hunter.de
http://hv-ravensberg.de
https://icb-bielefeld.de
https://ihde-gebaeudetechnik.de
https://itelligencegroup.com
https://www.immowelt.de
http://interkomm-owl.de
https://itelligencegroup.com/de
https://www.jab.de
https://www.jba-bielefeld.de
https://www.jd-architects.com
https://www.jobcenter-arbeitplus-bielefeld.de
https://www.kenterplan.de
http://www.klausbeck-architektur.de
https://www.klinikumbielefeld.de
https://konkurado.ch
https://www.kortemeier-brokmann.de
http://www.kresings.com
https://www.kulturamt-bielefeld.de
https://kunstforum-hermann-stenner.de
https://www.kunsthalle-bielefeld.de
https://www.landschaftsgaertner.com
https://www.legere-hotels-online.com
https://www.lenkwerk-bielefeld.de
https://www.loom-bielefeld.de
https://www.lwl.org/dlbw/buendnis-baukultur
https://marta-herford.de
https://www.matteothun.com
https://www.maxdudler.de
https://www.mein-bielefelder.de
https://www.meinestadt.de
https://www.metallit.de
https://www.moebelkultur.de
https://www.moellmann-immobilien.de
https://www.mpg-bielefeld.de
https://mueller-reimann.de
https://www.nax.bak.de
https://www.novotny-bader.com
https://nrw-skulptur.net
https://www.nw.de
http://www.oehme-partner.de
https://www.oerlikon.com
https://www.oetker-gruppe.de
https://www.oetkercollection.com
https://www.ortwin-goldbeck-forum.de
https://www.ostwestfalen.ihk.de
https://pellikaan.com
http://www.peterswinter.de
http://poggenhans-muehl.de
https://www.porsche-bielefeld.de
https://pos4.de
https://www.proeinzelhandel-owl.de
https://www.pw-architekten.de

https://www.pwc.de
https://www.quakernack.info
https://www.radiobielefeld.de
http://rege-mbh.de
https://rkw.plus
https://sai-streich.de
https://www.sbp.de
https://www.schueco.com
https://www.siniat.de
http://www.sk-pharma-logistics.de
https://www.spornitz-partner.de
https://www.stadtarchiv-bielefeld.de
https://stadtbaukultur-nrw.de
https://www.stadthalle-bielefeld.de
https://www.stayery.de/bielefeld
https://www.steinhagen.de
http://www.stopfel.de
https://www.streitboerger.de
http://www.studierendenwerk-bielefeld.de
https://www.syston.de
https://www.tag-der-architektur.de
http://www.th-owl.de
https://www.tips-verlag.de
https://www.tr-architekten.de
https://www.tuxhorn.de
https://www.uni-bielefeld.de
https://www.vaa-nrw.de
http://vda-architekten.de
https://www.vdid.de
https://www.volksbank-bi-gt.de
http://www.wannenmacher-moeller.de
https://www.wege-bielefeld.de
https://www.westfalen-blatt.de
https://www.wettbewerbe-aktuell.de
https://de.wikipedia.org
https://www.wsr-partner.de
https://ww-energie.com
https://www.zentrumbaukultur.de
https://www.ziegenbruch.de
https://www.zukunftsinstitut.de
https://3xn.com

Danksagung

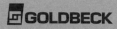

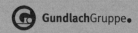

Impressum

Herausgeber
Andreas Beaugrand, Florian Böllhoff

Buchgestaltung
Anke Marie Warlies

Betreuung
Roman Bezjak, Dirk Fütterer

Fotografie
Felix Bernhard, Jan Düfelsiek, Patrick Fäth, Daria Gatska, Andreas Jon Grote, Thomas Handke, Jonas Hartz, Constantin Iliopoulos, Jasmin Klink, Bernd Lange, Christoph Maurer, Alina Medvedeva, Corinna Mehl, Tina Schmidt, Kirill Starodubskij, Kerry Steen, Till Stürmann, Lea Uckelmann

Baukulturtexte
Andreas Beaugrand

Lektorat
Hartmut Breckenkamp

Bildbearbeitung
Kirill Starodubskij

Druckvorstufe
Anke Marie Warlies, René Heine

Gesamtherstellung
Gieselmann Druck und Medienhaus GmbH & Co. KG, Bielefeld

Buchbindung
Integralis GmbH, Hannover

Papier
LuxoArt Samt, 150 g/m²
LuxoArt Gloss, 150 g/m²
Surbalin glatt, 115 g/m²

Schriften
Akkurat, Arnhem

Verlag und Vertrieb
BVA Bielefelder Verlag GmbH & Co. KG
Niederwall 53
33602 Bielefeld
www.bva-bielefeld.de

23. Sonderveröffentlichung
des Historischen Vereins für die Grafschaft Ravensberg e.V.

© 2020 Bielefelder Verlag GmbH & Co. KG
Autoren, Herausgeber, Künstler, Urheberrechtsinhaber

Nachdruck, auch auszugsweise, oder sonstige Vervielfältigung nur mit ausdrücklicher Genehmigung der Herausgeber und des Verlages.

ISBN 978-3-9821053-0-7